대
역
관

김
지
남

②

대역관
김지남

하치경 장편소설

조선의 새 화약을 만들다

비서 『자초신방』을 손에 넣다.

나라가 약하면
백성이 피를 흘립니다.

바른북스

1.

왕자탄생,
비극이 되다

"응애~ 응애~."

아기의 울음소리가 취선당의 밤하늘을 수놓았다.

해산을 돕던 궁녀가 기뻐서 어쩔 줄을 모르며 소리를 질렀다.

"고추이옵니다! 고추!"

1688년 10월 27일 창경궁 취선당의 10시경.

드디어 소의 장옥정이 임금이 애타게 기다리던 왕자를 낳았다.

제조상궁이 곧바로 대전으로 향했다. 임금도 소의의 해산을 기다려 미리 건너와 있었다.

"전하! 김 상궁이옵니다."

"그래, 어서 들라!"

"전하! 고추이옵니다. 고추!"

상궁은 흥분이 되어 엉겁결에 '고추'라고 아뢰었다.

"고추라!! 그래, 자네가 직접 보았느냐?"

"네, 그러하옵니다. 그리고 소의 마님의 분부가 있어 바로 달려오는 길이옵니다."

"옳거니! 정작으로 고추라 했겠다. 고추!"

임금은 옥좌에서 벌떡 일어나며 계속 "고추! 고추!" 하면서 춤을 추듯 주위를 맴돌았다.

"자네가 지금 분명히 '고추'라 했겠다."

임금은 상궁에게 조금 전에 했던 말을 다시 되풀이했다.

7

"네, 전하! 그러하옵니다."

"그래, 그럼 지금 바로 취선당으로 가자, 자네가 앞장을 서라!"

임금이 상궁을 따라 대전을 나오며 하늘을 바라보았다. 가을 하늘의 별들이 초롱초롱 빛나고 멀리 종루에서는 인정 소리가 은은하게 들렸다.

취선당에 이르자 주변은 대낮같이 밝은데 청아한 아기의 울음소리가 임금의 발길을 더욱 가볍게 했다.

"상감마마 납시오!"

상궁이 임금의 왕림을 알리자 장 소의가 자리에서 일어나려고 하는데 임금이 문을 열고 들어섰다. 산모는 풀린 머리를 채 올리지도 못하고 자리에서 일어나 앉으려 하고, 사가의 친정엄마가 아기를 안고 놀라서 자리에서 일어났다.

"산모와 아기는 건강한가?"

"네, 전하! 전하의 은혜를 입어 모두 건강하옵니다."

"그래, 과인이 직접 보고 싶어 건너왔느니라. 어디 한번 볼 수 있겠느냐?"

"네, 전하!"

아기를 안고 있던 왕자의 외할머니는 강보를 풀고 임금 앞에 건강한 사내 아기를 내려놓았다.

임금은 아기와 눈을 맞춘 뒤 아기의 몸과 팔과 두 다리는 물론 손가락, 발가락까지도 모두 살펴보았다. 아기의 고추를 확인하는 순간 아기는 두 다리를 버둥거리더니 고추에서 쪼르륵하고 오줌이 나왔다. 임금은 금싸라기라도 받듯이 얼른 무릎을 꿇고 아기의 오줌을 두 손으로 받았다.

"아이구! 이놈 봐라, 애비한테 이런 귀한 선물을…."

옆에 있던 외할머니와 궁녀들이 "아이구, 이 일을 어쩌나." 하면서 웃으며 손에 기저귀를 들고 건네려 했지만 임금은 오히려 오줌을 받쳐 들고 행복해하며 말했다.

"과인은 오늘 감개가 무량하다. 하늘이 이렇게 뜻을 내리시니 이제 이 땅에 국본(國本)을 세우게 되었고, 민심을 안정시켜 왕자와 함께 종묘·사직이 원하시는 선정을 베풀어 갈 것이다. 소의! 참으로 장한 일을 했소, 이제 과인은 소원을 풀었소."

"전하! 성은이 망극하옵니다. 전하!"

장 소의도 임금을 바라보며 뜨거운 눈물을 흘렸다.

그리고 임금은 그 자리에서 아기의 이름을 '윤(昀)'으로 한다고 하였다.

그 뒷날, 날이 새자 임금은 취선당을 다시 찾았다. 아기도 잘 자고 산모도 건강함을 확인하고 편전(便殿)으로 돌아왔다.

그런데 하루가 지나고 이틀이 지나도 왕자의 탄생을 축하하러 오는 신료가 그리 많지 않았다. 임금은 이를 괴이하게 여기고, 특히 조정 대신들에게 괘씸한 생각이 들었다.

그러나 당시 임금을 둘러싸고 있는 인경왕후와 인현왕후, 그리고 장 소의와의 관계를 보면 이해가 가는 부분도 없지는 않았다. 서인들이 첫 왕비인 인경왕후를 천거하였으나 후사 없이 10년 만에 승하하였고, 그 이듬해인 1681년에 인현왕후를 계비로 천거하였으나 8년이 지나도 후사가 없자 그들의 걱정은 이만저만이 아니었다. 그런데 이번에 느닷없이 남인 계열인 장 소의가 왕자를 탄생시켰으니 서인들로서는 이를 반가워할 이유가 없었기 때문이었다.

왕자는 나라의 근본이다. 예부터 왕자를 국본(國本)이라 칭하였던 것도 이 때문이었다. 적장자로서 왕자가 탄생하면 나라가 안정되고 백성이 편안하였다. 왕위를 물려받을 왕자가 일찍 선정되지 않으면 조정 신료들의 공작정치와 궁중 내 여인들의 암투는 온 나라를 혼란 속으로 빠뜨렸다. 그런데 이번에 비록 후궁이기는 하지만 소의 장옥정이 왕자를 탄생시켰으니 임금으로서는 더 이상 바랄 게 없었다.

그런데 경신대출척 이후 권력을 잡은 서인들은 권력을 계속 유지하려면 장 소의의 아들이 세자로 책봉되는 길만은 무조건 막아야 했다. 이런 정치적 구도를 잘 알고 있는 임금은 하루라도 빨리 왕자의 명호를 정해서 국본을 안정시키고 왕자를 보호하고 싶었다.

왕자가 탄생한 이듬해인 1689년 1월 10일, 임금은 왕자의 명호를 구하기 위해 대신들과 6경(六卿), 판윤, 그리고 3사 장관(三司長官)을 모두 불렀다. 친히 정호를 할 수도 있었지만 불자현의 도를 스스로 실천하기 위해 대신들에게 한번 기회를 줘본 것이었다. 그러나 몸이 아프다는 이유 등으로 많은 신료가 나오지도 않고, 오직 영의정 김수흥, 이조판서 남용익, 호조판서 유상운, 병조판서 윤지완, 공조판서 심재, 대사간 최규서, 지평 이언기, 수찬 목임일 등 10명만 나왔었다. 임금은 매우 불쾌했었다. 그러나 임금은 내색하지 않고 태연하게 말했다.

"이제까지 국본을 정하지 못해 민심이 매인 곳이 없었는데, 오늘 이야기하고자 하는 바는 다름이 아니라, 왕자의 정호를 구하는 것이요. 만약, 이를 지체하며 관망만 하거나 감히 이의를 제기하는 자가 있다면 벼슬을 반납하고 물러가야 할 것이요."

임금의 목소리에는 단호하고도 결연한 의지가 배어있었다.

정승들을 앞에 두고 이렇게 말하는 것은 조금이라도 거역하면 무조건 삭탈관직하겠다는 선전포고였다. 하지만 예상은 달랐다.

1. 왕자탄생, 비극이 되다

맨 먼저 영의정 김수흥이 아뢰었다.

"전하께서 오래도록 자손의 경사가 없으시다가 뒤늦게 후궁이 비로소 왕자를 낳았는데 어찌 관망하는 사람이 있겠습니까?"

그러자 임금이 다시 말했다.

"오늘 제신을 부른 것은 바로 왕자의 명호를 정하기 위함이오."

그 말에 이조판서 남용익이 반기를 들고 나왔다.

"인현왕후께서 춘추가 지금 한창이신데, 갑자기 이런 일을 의논하는 것은 너무 급하지 않겠습니까? 오직 전하께서는 신중하게 하소서. 전하께서 신을 물러가라고 말씀하셨으니, 신은 물러가겠습니다."

임금이 거역하려면 물러가라 했다고 하여 물러가겠다고 하니 이조판서 남용익은 임금에게 정면도전 한 것이었다. 하지만 호조판서 유상운도 뜻을 같이했다.

"지금 전하께서 국본을 생각하시어 이런 의논이 있게 되었으나, 이미 왕자를 두시어 신민이 의지할 곳이 생겼으니, 만약 훗날 중궁께서 생남의 경사가 없으면, 국본은 자연히 정하여질 것입니다."

이번에는 병조판서 윤지완이 나섰다.

"이조판서의 말이 옳습니다. 후일에 정궁에게 사자가 없다면 국본은 저절로 정해질 것입니다."

그다음에는 공조판서 심재가 아뢰기를,

"전하께서는 춘추 30에 비로소 왕자를 두셨습니다. 오늘 순문하신 바는 종사의 대계이니, 신민이 어찌 관망하는 뜻이 있겠습니까? 하지만 여러 신하들이 후일을 염려하는 것도 소견이 없지 않으니, 오직 성상께서는 널리 의논하셔서 처리하소서."

대사간 최규서는,

"전하께서 춘추가 한창이시고 왕자께서 탄생하신 지 겨우 두어 달밖에 되지 않았는데, 어찌 이와 같이 서둘러 명호를 정하려 하십니까? 제신의 말이 모두 옳습니다. 만약 뒷날 인현왕후께서 왕자라도 탄생시키시면 그때는 어찌하시겠습니까? 이러한 큰일을 물으시면서 벼슬의 진퇴를 가지고 아랫사람들을 위협까지 하시니, 아랫사람을 대접함이 또한 너무 야박하십니다."

라고 하며 오히려 임금을 겁박하였다.

그다음으로 지평 이언기가 또 아뢰기를,

"다른 날 정궁께서 만약 왕자를 탄생하여 기르시는 경사가 더디게 된다면, 하늘의 뜻과 인심은 저절로 귀착될 바가 있을 것입니다. 모름지기 몇 년을 기다렸다가 다시 의논하는 것이 옳을 것입니다."

수찬 목임일은,

"오늘 하순하심은 곧 종사의 계책이고, 이는 대사입니다. 오직 전하께서는 널리 물어 신하들과 의논하여서 처리하소서."

하였다.

이어서 영의정 김수흥이 다시 아뢰었다.

"왕자가 지금 강보(襁褓)에 계시는데, 갑자기 명호를 정한다면, 크게 서두르는 것이 아니겠습니까? 또 예전 사람은 태자에 대하여 교양을 성취하는 것을 우선으로 삼았던 것이었으나 명호를 급한 일로 여겼다는 것은 듣지 못하였습니다."

라고 거듭 반대하였고, 도승지 이언강은,

"오늘의 이 대사는 원임대신(原任大臣)과 2품 이상을 패초하여, 널리 의논하여서 처리하는 것이 옳겠습니다."

하였다.

이렇게 영의정과 도승지, 6조 판서와 대사간, 지평 등이 입이라도 맞춘

듯이 하나같이 반대를 하고 나오자 임금은 큰 충격에 빠졌지만 흥분하지 않고 차분하게 말했다.

"고훈에 이르기를, '불효에 3가지가 있는데 후사가 없는 것이 가장 큰 불효이다.'고 하였다. 내 나이 30이 다 되도록 저사(儲嗣)가 없어 밤낮으로 근심하고 두려워하다가 이제야 비로소 왕자를 두었으니, 지금 내가 명호를 정하려는데, 대소신료들이 어찌 전부 한목소리로 빠르다고 하는가?"

호조판서가 물러서지 않고 다시 반대하고 나섰다.

"이 일을 서둘러 행하려고 하시는 성상의 의향을 알지 못하겠습니다."

임금의 설득에도 불구하고 호조판서가 거역하니 임금은 단호하게 어명을 내렸다.

"책봉은 5세가 되기를 기다림이 마땅하나, 국세가 외롭고 위태한 데다 강국이 이웃에 있어 종사의 대계를 늦출 수가 없다. 그러니 왕자의 명호를 정하되 예조로 하여금 거행하게 하라."

임금은 대신들이 모두 다 한목소리로 정호에 반대하는 것은 사전담합이 있었다고 보고, 이들의 집단행동에 밀려서는 안 된다고 판단하여 정호를 실천에 옮긴 것이었다.

다음 날인 1월 11일 임금은 대신들의 반대를 무릅쓰고 일방적으로 왕자의 명호를 '원자(元子)'로 정하고, 하례는 일체 받지 않겠다고 명을 내렸다. 이러한 조처가 내려지자 조정 내의 신하들과 재야 유림들 사이에는 치열한 찬반 상소 전쟁이 벌어졌다.

맨 먼저 재야 유림 유위한이 원자 정호를 찬성하고 이를 반대하는 대신들을 비난하는 상소를 올렸다.

오늘날 성상께서 원자(元子)의 명호를 정한 것은 종묘사직과 백성을 위하는 생각이 보통 사람보다 만 배 뛰어나십니다. 그러나 대신들 중 단한 사람도 전하를 위하여 빨리 나라의 국본을 정하자고 청하는 이가 없고, 영의정도 일찍이 국본을 세우자는 말이 없었으니, 평소 대신을 믿었던 전하의 보람은 어디에 있습니까? 더구나 왕자의 명호를 이미 정하셨는데도 이를 받들려 하지 않고, 오히려 서두른다는 말만 하고 있으니, 도대체 영의정이라는 자가 무엇을 하는 사람인지 알 수가 없습니다. 명나라의 영종(英宗)은 낳은 지 겨우 4일 만에 책봉하여 태자로 삼았거늘 어찌 유독 오늘의 일만을 너무 서두르는 것이라고 하겠습니까? 하오니 하루빨리 왕자의 정호를 종묘·사직에 고하고, 국본이 바로 섰음을 널리 알려주시옵소서.

라며 임금의 정호를 반대한 영의정을 포함한 대신들을 맹비난하였다.

임금은 마치 유위한의 상소문이라도 따른 것처럼 다음 날 1월 15일에 원자의 정호를 종묘에 고하고, 다른 후궁들이 장 소의를 더 이상 괴롭히지 못하도록 희빈(禧嬪)으로 품계를 올리는 전지를 내렸다.

그런 일이 있은 지 보름 뒤인 2월 초하룻날, 서인의 영수 송시열이 원자 정호에 관한 장문의 상소문을 올렸다. 불행하게도 그의 상소문에는 임금으로서는 용납하기 어려운 글이 실려있었다.

지난 11월에 영상 김수흥이 왕자의 탄생을 알리는 글을 보내왔습니다. 그런데 일전에 왕자가 탄생한 지 석 달도 채 되지 않아 정호를 하고 종사에 고했다는 말을 전해 들었습니다. 이러한 왕자 정호에 대한 조처가 너무 이르다는 말이 많이 있습니다. 송나라 철종은 열 살인데도, 번왕(藩王)의 지위에 있다가 신종이 병이 들자 비로소 책봉하여 태자로 삼았습니다. 이와 같이 정호를 천천히 한 것은, 제왕의 큰 움직임은 항상 여유 있게 천천히 하는 것을 귀하게 여기기 때문입니다.

송시열의 이 말은 송나라의 철종도 태어난 지 10년을 기다렸다가 신종이 병이 들자 그때서야 세자로 책봉을 받았는데 이번에 장옥정이 낳은 아들은 무엇이 그리도 급해서 태어난 지 채 석 달도 되지 않아 정호를 하였느냐는 대놓고 임금을 비난하는 것이었다. 그런 데다 이 상소문 첫머리에 나타난 바와 같이 조정 안에서 일어나는 모든 일이 재야에 있는 송시열에게 낱낱이 흘러 들어가고 있다는 사실에 임금은 매우 불쾌하였다.

분을 참지 못한 임금은 승지와 옥당을 들라고 하였다. 승지 이현기와 윤빈, 그리고 옥당 남치훈, 이익수가 들어왔다. 임금은 용안을 잔뜩 찌푸린 채 떨리는 목소리로 말했다.

"지난 1월 15일에 왕자에 대한 명호가 원자로 이미 정해졌다. 모든 일이 다 결정된 지금 다시 논하는 것은 매우 부당하다. 봉조하 송시열이 '송나라의 철종은 열 살이 되도록 번왕으로 있었다.'고 하며, 은연중에 과인을 비난하고 있지만 그렇다면 대명 황제는 황자를 낳은 지 넉 달 만에 봉호한 일이 있었는데, 그것은 말하지 않는 이유가 무엇이냐?"

그러자 승지 이현기가 아뢰기를,
"송시열의 말은 망발이 분명합니다."
옥당 남치훈 역시 아뢰기를,

15

"명호가 이미 정해졌는데 쓸데없이 부당한 말을 한 것 같습니다."

이어 이현기가 다시 아뢰었다.

"봉조하는 역대 여러 조정에서 예우하던 신하이니, 여느 사람과는 다릅니다. 이제 비록 망발을 하였다 하더라도 다른 뜻이 있는 것은 아니니, 잘 알아듣도록 타이르심이 좋을 듯하옵니다."

그러나 임금은 생각은 달랐다. 송시열은 온 나라에서 존경을 받는 거목이므로 그의 한마디는 커다란 정치적 파장을 불러올 것이 분명하니 초기에 그런 조짐을 없애버려야 한다고 판단했다. 임금은 한참 동안 생각에 잠겼다가 말했다.

"송시열은 산림의 영수(領袖)로서 나라의 형세가 고단하고 약하여 민심이 물결처럼 험난한 때에 감히 송나라의 철종을 끌어대어 오늘날의 정호를 너무 이르다고 하였으니, 이런 것을 그대로 두면 임금을 무시하는 무리들이 장차 연달아 일어날 것이니, 마땅히 먼 곳으로 유배하여야 할 것이다."

라며 송시열을 귀양을 보내라고 명했다.

그다음 날인 2월 2일부터 영의정 김수흥, 승정원의 도승지 이세백과 좌승지 김재현, 좌부승지 서문유, 우부승지 조의징을 파직하고, 병조판서와 훈련대장에 이집, 어영대장에 윤이제, 이조판서에 오시복, 호조판서에 권대재를 명하는 등 서인(西人) 계열의 조정 대신들을 송두리째 갈아치우는 환국을 단행했다. 이른바 기사환국이었다.

이렇게 장 희빈 소생의 정호 문제를 두고 임금은 조기에 국본을 안정시키려는 의도가 있었지만, 만약 그렇게 된다면 조정의 모든 권력이 남인의 손에 넘어가기에 서인의 우두머리인 송시열은 서인을 지키기 위해 상소를

1. 왕자탄생, 비극이 되다

올렸던 것이다.

그의 상소가 있은 뒤로 서인과 남인들 간에는 하루도 빠짐없이 반대파를 헐뜯는 상소가 이어졌다. 이로 인해 온 나라가 두 파로 갈라져 볼썽사납게 서로를 물고 헐뜯었다.

조정 대신들은 그렇게 싸우고 난장판이어도 어린 왕자 윤은 세상모르고 무럭무럭 자라났다. 임금을 보면 눈을 맞추기도 하고 웃기도 하였다. 신료들의 싸움에 진저리가 난 임금은 윤을 볼 때가 가장 행복했다. 아기가 한 번 웃기라도 하면 임금은 갓 난 왕자에게 완전히 녹아버리고, 아기가 "아바"라고 옹알이를 하면 임금은 "아바마마"라고 했다며 거짓말까지 해가며 행복해하였다.

***

이제 4월이 되어 취선당에도 봄기운이 완연했다. 땅에는 진달래와 개나리가 어우러졌고 하늘엔 벚꽃이 뭉게구름처럼 피어있었다.

그날도 임금은 여느 때와 같이 왕자를 보려고 취선당으로 갔다.

임금이 왔다고 상궁이 고하는데도 장 희빈이 기척도 보이지 않았다.

괴히 여겨 문을 열고 들어가니 장 희빈이 아기를 안고 울고 있었다.

당황한 임금이 이유를 물으니 장 희빈이 눈이 붉게 충혈된 채 일전에 있었던 이야기를 하기 시작했다.

친정어머니가 아기 기저귀며 속옷 등을 만들어 놓은 게 있었는데 그것을 가지고 와야겠다고 하기에 장 희빈이 자기의 가마를 타고 갔다 오게 하였다.

그 가마는 보통의 가마와는 달리 지붕이 있는 화려한 옥교(玉轎)였다.

창경궁 문지기들이 창으로 앞길을 가로막으며 말했다.

"가마에 타신 분이 누구냐?"

하고 가마꾼에게 물었다.

"희빈마마의 어머니시오."

"뭐라? 희빈마마의 어머니? 희빈마마의 어머니가 왜 이런 옥교를 타고 다녀? 당장 내려서 걸어 들어가라고 해!"

그래서 "내려라!" "못 내린다!" 하고 교군들과 문지기들 사이에 시비가 벌어졌다. 그때 문지기들이 가마 안을 들여다보려고 하자 교군들이 막아서며 어디 감히 가마 안을 들여다보려고 하느냐며 싸움이 크게 벌어졌다.

문지기들은 그 안에 뭐가 들어있는지 아무래도 수상하다며 그중에 늙수그레한 자가 말했다.

"이번에 장 소의가 아기를 바꿔치기했다는 것도 이 옥교를 이용한 게 아니야?"

"그럴 수도 있지."

그 말을 듣고 있던 친정어머니가 도저히 참을 수가 없어 가마에서 내렸다.

"조금 전에 뭐라고 지껄인 거요? 뭐라고? '아기를 바꿔치기했다.'고? 할 말이 따로 있지, 대체 누가 그런 터무니없는 헛소문을 퍼트린 거야?"

"이 할망구가 왜 이리 난리야? 우리가 뭐 없는 말을 했나. 장 희빈이 아기를 바꿔치기했다는 것은 세상이 다 아는 이야긴데."

"아이구 분해! 아이구 분해! 대체 누가 이런 헛소문을 퍼뜨린 거야?"

그러자 그 늙은 문지기가 다시 말했다.

"몇 년 전에 황해도에 용한 보살이 소의 장 씨 팔자에는 사내아이가 없다고 했대, 그런데 이번에 아기를 낳았는데 역시 그 보살 말대로 여자 아기였는데, 친정 어미가 밖이 보이지 않는 가마를 타고 나가서 남의 집 사내아이와 바꿔치기해 왔다고 소문이 나있어. 세상이 다 아는 이야기를 가

　　　　　　　　　1. 왕자탄생, 비극이 되다

지고 왜 이래? 이건 내 소리가 아니야."

그러면서 문지기들이 다 같이 껄껄거리고 웃어댔다. 그 수모를 당한 친정어머니는 더 이상 말을 못 하고 가마에서 내려 취선당으로 달려갔다.

"뭐라고요?"

친정엄마의 이야기를 전해 들은 장 희빈은 기가 막혀 뒤로 쓰러질 듯 얼굴이 창백해졌다. 장 희빈은 이 소문이 이미 세상에 퍼져있다면 이것은 그냥 넘길 일이 아니다 싶어 몸종들을 풀어 이 헛소문의 진원지를 알아보게 했다. 그런데 알고 보니 그 진원지는 놀랍게도 중전이라고 했다. 그러나 물증이 없이 궁녀들의 말만 듣고 중전에게 따질 수도 없어 속으로 애만 태우고 있던 차에 임금이 오늘 오신 것이었다. 장 희빈은 이번에 있었던 일을 낱낱이 임금에게 고해바쳤다. 임금은 눈을 감고 그녀의 하소연을 듣고 있었다. 그러면서 몇 해 전 중전이 아기를 낳기 위해 황해도 구월산 묘심 보살을 불러다 삼신굿을 하고 난 뒤 이야기를 떠올리고 있었다.

그때 중전이 말하기를 "꿈에 선왕선후(先王先后)가 나타나서 '장 소의는 팔자에 자식이 없고 재수가 없으니 궁 밖으로 내쳐야 한다.'고 하셨다."라는 말이 생각이 났기 때문이었다. 임금은 눈을 뜨고 혼잣말을 했다.

"괘씸한지고! 이번 일만은 과인이 결코 그냥 넘어가지 않을 것이야!"

임금은 장 희빈의 눈물을 손으로 직접 닦아주며 말했다.

"희빈, 과인이 왕자가 태어난 첫날에 직접 보지 않았소, 아기를 바꿔치기했다는 헛소문을 퍼뜨린 중전은 결코 그냥 넘어가지 않을 것이요."

"전하! 망극하오이다. 전하!"

그러나 궁내에 장 희빈이 "아기를 바꿔치기했다."는 소문이 나돌기는 했지만 그 헛소문의 진원지가 실제로 인현왕후였는지 아니면 장 희빈이 중전을 모함한 것인지 알 수는 없었다.

그러나 소문이란 일단 한번 퍼졌다 하면 당하는 쪽은 사실상 죽음이나 다름없는 법이기에 설사 그 진실이 밝혀진다 하더라도 때는 이미 늦어버린다.

　이번에 아기를 바꿔치기했다는 말은 임금이 아기가 태어난 첫날 '고추'를 직접 확인하였기 때문에 헛소문이라는 사실은 잘 알고 있었다. 그러나 그 진원지가 인현왕후인지는 알 길이 없었다. 어찌 되었든 간에 그런 소문이 퍼지고 난 뒤, 항간에는 임금이 인현왕후를 폐비시킬 것이라는 소문까지 나돌았다.

　이미 송시열에게는 절도에 유배하라는 어명이 있었는데도 그해 4월 21일, 대사헌 목창명, 응교 이식, 지평 정선명, 정언 조식 등 대간(臺諫) 11명이 빈청에서 송시열의 죄를 빨리 국문해서 나라의 법질서를 바로잡아 달라고 아뢰었다.

　임금은 송시열뿐만 아니라 궁궐 내에도 변괴가 있으니 먼저 대간들이 송시열의 죄상부터 먼저 말하라고 했다. 그러자 대사헌 목창명이 아뢰었다.

　"송시열은 이번 상소뿐만 아니라 효종임금의 때에도 지은 죄가 있으니 이번에는 결코 용서해서는 안 됩니다. 하오니 빨리 국청을 열어주시옵소서."

　응교 이식과 다른 대간들도 이구동성으로 송시열의 죄상을 낱낱이 들춰가며 시급히 단죄할 것을 요청했다.

　송시열에 대한 대간들의 간언이 두어 시간 정도 하고 끝나자, 이번에는 임금이 갑자기 인현왕후의 투기에 관한 이야기를 꺼내기 시작했다.

　"말세가 될수록 인심은 나빠지지만 내가 당한 것 같은 이런 일이 어찌 세상에 또 있겠는가? 경들에게 말하노니 과인은 이를 그냥 넘기지 않을 것이며 반드시 발본색원할 것이다. 중궁전(인현왕후)이 덕은 없고 투기하는 습관만 있어서 병인년에 장 희빈이 처음 숙원이 될 때부터 분을 터뜨리고 투기를 일삼은 정상은 이루 다 말할 수가 없다. 어느 날 중전이 나에게

1. 왕자탄생, 비극이 되다

말하기를, '꿈에 선왕(先王)과 선후(先后)를 만났는데 두 분이 말씀하시기를 '중전과 귀인은 복이 두텁고 자손도 많지만, 숙원(장옥정)은 아들이 없을 뿐만 아니라 복도 없으니, 오랫동안 궁궐에 두게 되면 남인들과 결탁하여 국가에 이롭지 못할 것이다.'라고 했다.'고 하였소. 여자의 투기는 본래 있는 것이지만 어찌 조상을 끌어다가 거짓말을 꾸며 과인을 이렇게 무함할 수가 있겠는가? 이렇게 고약한 사람은 고금에 다시없을 것이다. 만약 그 말이 사실이었다면 이번에 원자(元子)는 어떻게 탄생되었는가? 그 거짓된 작태가 여기에서 명백히 드러났다."

임금은 인현왕후에 대한 불쾌감을 노골적으로 드러냈다.

임금이 중전에 대해 그토록 심한 말을 하니 대간들은 모두 겁을 먹고 아무 말도 하지 못했다. 특히 "중전의 투기를 발본색원하겠다."는 임금의 말에 모두 놀라는 표정들이었다.

한동안의 침묵이 흐른 후, 교리 이시만(李蓍晚)이 침묵을 깨고 임금에게 아뢰었다.

"전하께서 신들을 자식처럼 여기시고 신들은 전하를 아버지처럼 섬기고 있습니다. 여염의 가정으로 말하면, 부모가 불화한데 자식의 마음이 편안할 수 있겠습니까? 궁위(宮闈) 사이에 미안한 일이 있더라도 서서히 진정하시면 될 것인데, 이와 같이 드러내어 말씀하시니 몸 둘 바를 모르겠사옵니다."

그러자 임금이 다시 말하기를,

"원자가 탄생해도 기뻐하지도 않고, 오히려 '실로 이는 뜻밖이다.' 하였다. 그러니 과인이 어찌하면 좋겠는가? 과인이 서둘러 국본을 정한 데에는 다 이런 깊은 뜻이 있었던 것이다."

라고 하였다.

그러자 대사헌이 아뢰었다.

"신들은 중전마마를 어머니처럼 우러르고 있는데 이러한 하교를 들으니 어찌 마음이 편할 수가 있겠습니까?"

그러자 이시만이 다시 아뢰었다.

"옛사람이 말하기를, '어리석지 않고 귀먹지 않으면 가장(家長) 노릇을 할 수 없다.'고 하였습니다. 장공예(張公藝)는 참을 인(忍) 자 하나로 9대가 한 집에 동거할 수 있었습니다. 여염집 부인이 어떻게 일마다 사리에 합당하게 할 수가 있겠습니까? 중전께서도 여염집에서 나고 자랐으니 여염집 부인과 무엇이 다르겠습니까? 오직 용납하고 통촉하여 주시옵소서."

정언 조식(趙湜)이 뒤를 이었다.

"전하께서는 신들에게 아버지이시고 중전은 어머니이신 것입니다. 그런데 오늘 하교하심이 이에 이르렀으니 진실로 대답할 바를 모르겠습니다. 신이 바라는 바는 더욱 가정의 화평에 힘을 다하여 주시라는 것뿐입니다."

교리 강선(姜銑)은,

"중궁께서 일국의 국모로 군림하여 온 지가 우금 10년인데, 무슨 잘못이 있었기에 용납하여 참으려 하지 않으시는지 모르겠습니다. 비단 신료들만 차마 들을 수 없을 뿐만 아니라 후세에 전해지면 실로 전하께 누가 되는 일입니다."

라고 하니 교리 이윤수(李允修), 수찬 심벌(沈橃)이 마치 경쟁이라도 하듯이 임금이 참고 포용할 것을 아뢰니 임금이 더욱 노여운 안색으로 말했다.

"내가 어찌 제가(齊家)하려 하지 않겠는가? 그러나 중전은 투기할 뿐만이 아니라 선왕과 선후의 말이라고 속이는 것이 이 지경에 이르렀으니, 내가 무엇을 어떻게 할 수 있겠는가? 중전의 마음이 이러하니 원자를 자기

1. 왕자탄생, 비극이 되다

가 낳은 것으로 여긴다는 것은 나로서는 생각할 수 없는 일이다."

하였다.

그러자 이시만이 또 아뢰기를,

"궁위에 혹시 부족한 점이 있더라도 어찌 포용하여 참으려 하지 않으십니까? 가장은 어리석지 않고 귀먹지 않으면 안 된다고 하는 격언도 있습니다. 옛사람이 살다 보면 통곡할 만한 것이 있고, 눈물 흘릴 만한 것이 있다고 하였는데, 이는 바로 오늘을 두고 이른 것 같습니다."

라고 하며 눈물을 흘리자 임금이 이를 보고 더 화를 내며

"이시만은 무례하기 그지없다. 통곡하고 눈물을 흘릴 만하다는 말까지 하며 절의를 세우려 하니 참으로 놀랍다. 저자를 파직하라."

하였다. 목창명이 이시만을 파직시키라는 명을 환수할 것을 청하니, 임금은 듣지 아니하였다. 이와 같이 대간들이 설사 중전의 잘못이 있었다 하더라도 폐비만은 결코 안 된다는 간쟁을 하였으나 그렇게 하면 할수록 임금은 더욱 화를 내며 강경한 조처를 내리니 영상과 대간들은 어쩔 도리가 없었다.

***

1689년 4월 23일, 영의정 권대운을 비롯한 삼정승과 육조판서와 참판, 판윤과 사직 등 19명의 대신들이 모여 인현왕후의 탄일(誕日)에 대한 문안을 올리려 하였다. 그러자 임금은 문안을 하지 말라며 오히려 비망기를 내려 인현왕후를 폐비 조치한다는 전교를 내렸다.

그리고 여러 궁과 내수사에서 올린 공상단자를 전부 내치시고 차린 음식을 모두 다 치우라고 명했다. 그러자 영의정 권대운이 아뢰었다.

"중전마마의 탄일에 대한 신료들의 문안은 예부터 내려오던 상례인데,

뜻밖에 이러한 전하의 전교가 왜 있게 된 것인지 모르겠사옵니다. 신들은 종내 행하여 오던 상례를 궐하는 것이 못내 아쉬울 따름입니다."

"내 나이 30에 비로소 원자(元子)를 두었으니 이것은 종묘·사직의 무한한 복인 것이다. 진실로 인간의 도리를 지키는 사람이라면, 경사스럽게 여기고, 자기가 낳은 자식과 다름이 없이 대하여야 하는 것이다. 그런데 원자가 탄생한 뒤부터는 매우 노여운 기색을 드러내며 도리에 어긋난 불평하는 말을 한 것이 한두 번이 아니다. 그래서 왕자의 앞날이 걱정되어 일찍 국본을 정한 것이다. 하늘에 계신 조상의 영혼이 어두운 가운데서 내려다보시고 우리 동방을 도우기 위해 원자를 탄생시킨 것이다. 그런데 무함하는 정상이 갈수록 더욱 드러나고 있으니, 실로 종사에 죄를 짓는 사람이다. 하루인들 이런 사람이 일국의 국모로 군림하게 할 수 있겠는가?"

임금이 목에 핏줄을 세우며 말하였다.

영의정이 다시 아뢰기를,

"부인(婦人)은 본디 편협한 성품을 가진 이가 많아서 투기하지 않는 사람이 드뭅니다. 서서히 진정시킨다면 어찌 감화시키기 어렵겠습니까?"

하니, 임금이 말하기를,

"내가 어찌 진정시킬 것을 생각하지 않았겠는가마는 감화시키기 어려운데야 어찌하겠는가?"

하였다.

그러자 병조판서 민암(閔黯)이 아뢰기를,

"먼저 감화시키는 도리를 극진히 하고 나서 그래도 끝내 고치지 않는다면 모든 신을 불러 조처하여도 진실로 불가할 것이 없습니다. 그런데 지금 갑자기 이렇게 하시니 너무도 과합니다."

라고 하며 눈물을 흘렸고, 이어서 형조판서 이우정(李宇鼎)도 눈물을 흘리며 중전의 용서를 빌었고, 연이어 우의정 김덕원(金德遠), 이조참판 유하익(兪夏益) 등이 번갈아 가며 임금의 조처를 거둬들여 줄 것을 아뢰었다.

그러자 임금이 말하기를,
"지금 눈물을 흘린 자들을 즉시 내보내라!"
하니 민암과 이우정이 드디어 밖으로 나가자 임금도 이제 그만하자고 하며 자리에서 일어나 침소로 떠나버렸다. 그러나 인현왕후의 폐비조처는 여기에서 그치지 않았다. 조정은 조정대로, 유림은 유림대로, 여항의 백성들은 백성대로 인현왕후 폐비반대 움직임이 들불처럼 번져갔다.

중전의 폐비전교가 내려간 이틀 뒤, 전 사직(司直) 오두인 등 86명이 연명으로 인현왕후 폐비반대 상소를 올렸다. 그들은 주로 전직 관리들이나 유림이었고 그중에는 일반 백성과 심지어는 아녀자들도 끼어있었다.
상소가 승정원에 제출된 것은 늦은 오후였다. 당직 승지는 상소문이 예사로운 게 아님을 알고 곧바로 임금께 바쳤고, 임금은 상소를 읽어 내려가기 시작했다. 상소는 엄청난 양의 장문이었지만, 요지는 다음과 같았다.

전하! 설령 중전께 조그만 잘못이 있다 하더라도 꿈 얘기를 한 것이 무슨 큰 허물이라고 폐비전교를 내리시는 것입니까? 원자가 탄신한 뒤, 중전께서 불평하는 마음을 품고 원망하는 기색을 드러냈다고 하나 왕후는 절대 그럴 분이 아니라고 사료되옵니다.

세상에 투기하지 않는 여인이 어디에 있습니까? 속담에도 "어리석지 않고 귀먹지 않으면 가장이 될 수 없다."고 하였습니다. 그렇게 하지 않으면 흔단이 서로 알력(軋轢)하는 사이에서 생기고 혐의가 서로 핍박하는 사이에서 일어나 사랑하고 미워하는 말들이 그사이에 난무하게 됨은 물론 침윤(浸潤)이 점점 익어가게 되는 것입니다. 전하께선 어찌 필부들도 가지 않는 길을 가시려 하십니까?

전하께서는 원자의 후환을 염려하신다고 말씀하셨습니다만, 신들은 이해하지 못하겠습니다. 설사 내전의 처사가 다소 잘못이 있으시더라도, 우리 선후(明聖王后)께서 중전을 돈독히 사랑하시던 일을 생각하신다면 어찌 차마 폐비를 할 수가 있겠습니까?

전하의 폐비전교에 대해 모든 대소신료와 삼사는 어떠한 처벌이 따른다 해도 간쟁을 그치지 않을 것입니다. 선비들은 물론이고, 심지어는 아녀자들도 달려와 눈물을 흘리지 않는 사람이 없습니다. 모두들 이렇게 하는 것이 무슨 까닭이겠습니까? 그것은 천지의 기운이 어긋나면 만물이 생성할 수 없고 부모가 화평하지 않으면 자식들이 편하지 못한 까닭에서 비롯된 것입니다.

신들은 모두 현직에서 물러나 있기 때문에 조정의 신료들과 함께 절박한 정성을 올릴 수 없어 이에 감히 서로 만나 간절히 호소하는 것입니다. 전하께서 살펴주소서.

이 집단 상소문은 임금을 극도로 흥분케 했다. 임금은 당직 승지를 큰소리로 다시 불렀다. 승지 김해일과 이서우가 부름을 받고 달려왔는데도, 임금이 얼마나 급히 서둘렀던지 이미 창덕궁 시민당(時敏堂)에 촛불을 켜놓고 기다리고 있었다. 임금은 상소문을 건네주며 읽어보라고 하였다. 이서우가 상소를 펴보니 이미 구겨지고 일부는 막 찢어버린 데도 있었다.

　　　　　　　　　　　1. 왕자탄생, 비극이 되다

"내용이 어떠한가?"

"진실로 지나치기는 합니다."

"근래 신료들이 중전을 어머니로 섬긴다는 평계로 오두인 등은 비망기(備忘記)를 제대로 살펴보지 않고 도리어 과인이 중간에서 이간질하는 사람들의 참언(讒言)을 듣고 죄도 없는 중궁전을 폐출하려 한다고 하니, 어찌 이럴 수가 있단 말인가, 3경까지 인정전(仁政殿) 문 앞에 국문을 설치하라!"

임금은 눈이 붉게 충혈되고 말이 떨렸다.

"전하! 역모도 아닌데 이 밤중에 국문할 필요가 있겠습니까?"

"말이 많다. 이는 역모보다 더 심각하다. 이 일은 반드시 뒤에서 사주한 놈이 있을 터이니 그놈의 목을 베야 한다."

하면서 임금은 가마를 타고 급히 인정문으로 나갔다. 급히 나가다 보니 그곳엔 미처 임금의 위엄을 갖출 아무런 준비도 되어있지 않았다. 단지 자리를 깔고 장막을 친 다음 흰 병풍을 둘러치고 가운데다 어상(御床)을 설치하였다. 좌우에 촛불 2개를 겨우 밝히고 내관(內官)과 총관(摠官) 2인이 칼을 차고 주위에 둘러섰다. 병조의 입직당상(入直堂上)과 낭청(郎廳) 각 1인은 뜰 밑에서 시립하고, 사관(史官)은 뜰 위에 엎드려 있고, 승지와 옥당은 뜰 밑에 엎드려 있었다. 이때가 2경 5점이었다.

그러나 그때까지도 다른 대신들이 보이지 않자 임금은 역정을 부렸다.

그러자 승지가 지금이 한밤중이고 다들 집이 너무 멀어서 늦어지고 있다고 설명을 해 올렸다.

그때 병조판서 민암과 영의정 권대운이 도착하고 연이어 좌의정 목내선이 도착하였다.

임금은 그들에게 상소문을 또 건네주면서 읽어보라고 하였다.

영의정이 읽기를 끝내자 임금이 물었다.

"상소가 어떠한가?"

"참으로 무례하기 그지없습니다."

영의정이 답하자 임금은 다시 말했다.

"이런 인간들을 어떻게 잠시인들 이 땅에 살려둘 수가 있겠는가?"

그때 상소문의 대표자로 되어있는 오두인(吳斗寅)이 망건을 쓴 채 잡혀 들어왔다.

임금이 병판 민암에게 말했다.

"어찌 죄인이 망건을 쓰고 저렇게 여유 있게 걸어 들어오고 있는가?"

하니 그 자리에서 오두인의 망건을 벗기고 목에 큰 칼(大枷)을 씌우고 발에는 족쇄를 채우니 나장이 장축을 가져와 그의 겨드랑이에 끼웠다.

임금이 오두인에게 물었다.

"비망기의 내용을 과인이 지어낸 말이라고 했다는데 그게 사실인가?"

"그럴 리가 없사옵니다. 어찌 감히 지어냈다고 했겠습니까?"

임금이 다시 물었다.

"흔단이 서로 알력(軋轢)하는 사이에서 생기고 혐의가 서로 핍박하는 사이에서 일어나 사랑하고 미워하는 말들이 그사이에 난무하게 됨은 물론 침윤(浸潤)이 점점 익어가게 된다는 말은 무슨 뜻이냐?"

"일반 백성들 사이에도 이런 일이 있기 때문에 미루어서 말한 것뿐이요, 궁위(宮闈)에 실제로 이런 일이 있었다는 것은 아닙니다."

"그래, 과인이 필부들도 하지 않는 짓을 한다고? 이 쳐 죽일 놈아!"

"가정을 유지하려면 필부도 여인네들이 하는 말을 일일이 갚지는 않고 있사옵니다."

"그래, 이놈아, 과인을 필부만도 못하다고 하니. 네가 과인을 얼마나 무시하는지 알았다."

1. 왕자탄생, 비극이 되다

임금의 말에 대답을 하지 않자 다시 물었다.

"상소를 누가 짓고 누가 썼느냐?"

"짓기는 여럿이 의논하여 하고, 쓰기는 박태보(朴泰輔)가 하였사옵니다."

그때가 이미 3경 5점이 되었을 때였다.

그때 박태보가 잡혀 들어왔다. 그에게는 오두인과는 달리 이미 죄수복이 입혀져 있었고 겨드랑이에는 장이 끼워져 있었다. 임금은 오두인을 제쳐두고 박태보에게 먼저 물었다.

"너는 어찌하여 상소를 집필하였는가?"

"여러 사람이 다투어 말을 하기에 소인이 받아 정리를 하였을 뿐입니다."

"누가 네놈에게 이렇게 하도록 시켰느냐?"

"그런 사람은 없었사옵니다."

"흔단이 서로 알력(軋轢)하는 사이에서 생기고 혐의가 서로 핍박하는 사이에서 일어나 사랑하고 미워하는 말들이 그사이에 난무하게 됨은 물론 침윤(浸潤)이 점점 익어가게 된다는 말은 무슨 뜻이냐?"

임금은 오두인에게 물었던 말을 박태보에게도 물었다.

"전하의 비망기를 신이 이미 보았습니다만, 상소문에서 서로 핍박하고 서로 알력한다는 것은, 여항이라 할지라도 한 아내와 한 첩을 둔 사람이면 역시 이런 걱정이 있을 수 있는 것입니다. 전하께서도 이미 후궁을 두셨으니 궁위(宮闈)의 사이도 그렇지 않다고 단정할 수가 없기 때문에 감히 말한 것입니다."

"그래, 과인이 필부들보다 못하다고!"

하면서

"장도를 대령하라! 저놈의 목을 쳐야겠다."

그러자 우의정 김덕원이 아뢰었다.

"전하! 바로 효수를 가하는 것은 법에 어긋나는 일입니다. 그리고 반드시 뒷날 폐단이 있게 됩니다."

하니 영의정과 좌의정도 우의정의 말에 동조를 하고 나왔다.

임금이 역정을 내며 병판에게 하명했다.

"흉역스러운 저놈은 중궁전에 절의를 세우고 과인을 배반하였으니 진술서(爰書)를 받을 필요가 없다. 그냥 죽을 때까지 장을 쳐라!"

그러자 박태보가 아뢰었다.

"전하께서 신이 전하를 배반하고 중전마마를 위하여 절의를 세우려 한다는 것으로 책하셨습니다. 전하를 배반하였다면 중전을 위하여 절의를 세운다 한들 그게 무슨 의미가 있겠습니까?"

"저놈이 주둥이는 살아서 독기를 부리는구나, 매우 쳐라! 매우."

임금은 박태보의 말은 들으려 하지 않고 무조건 장만 치라고 했다.

형리들이 장을 들고 박태보의 넓적다리를 후려치기 시작했다. '픽! 픽!' 하고 내려칠 때마다 장이 하나씩 뚝뚝 부러져 나갔다. 그래도 임금은 분이 덜 풀렸던지 소리를 질렀다.

"야! 이놈들아, 그게 먼지를 터는 거냐? 장을 치는 거냐? 어째서 죄인의 비명 소리가 여기까지 들리지 않느냐?"

하면서 죄인의 정강이를 치라고 하였다. 형리들이 장으로 박태보의 정강이를 후려치자 그가 묶여 있는 의자가 통째로 펄쩍펄쩍 튀어 올랐다. 그의 정강이에서는 선혈이 줄줄 흘러내렸고 그의 다리는 피로 붉게 물들었다.

그래도 박태보는 태연하였다. 그러자 임금은 더욱 노기를 띠며 말했다.

"저렇게 고문을 받고 있으면서도 비명을 지르지 않으니 참으로 독물이다. 너희들은 과인의 폐비전교가 전부 이간질하는 참언을 듣고 하는 것이라고 생각한다면, 내가 거짓말을 했다는 것이 아닌가? 계속 쳐라!"

그러자 형리들이 계속 정강이를 두들기니 살점이 누더기처럼 너덜거렸고 정강이뼈가 허옇게 보였다. 그래도 박태보는 비명도 지르지 않고 자세도 흐트러지지 않고 말했다.

"여자가 투기할 적에는 으레 핍박하는 일이 일쑤이기 때문에 그렇게 말한 것입니다."

"네가 기필코 음흉한 중전을 위해서 절의를 세우고 죽으려는 것은 무슨 의도냐?"

"궁중 내의 일을 소신이 어떻게 알 수 있겠습니까? 단지 전하의 폐비조처가 잘못된 것임을 신하로서 그냥 보고만 있을 수가 없어서 이에 감히 서로 의논하여 상소를 올린 것뿐입니다."

그러자 임금이 다시 소리를 질렀다.

"원자(元子)는 일국의 근본인데, 중전은 원자를 자신에게 불리한 존재로 여기고 있으니 죄인이다. 이제 네가 그 죄인을 위해서는 절의를 세우려는 것이 대역무도가 아닌가? 중전이 너희들과 같은 당파(黨派)이기 때문에 그러는 것이 아니냐? 너희들은 같은 패당끼리는 아무리 죄상이 나빠도 나쁘다고 한 적이 없지 않느냐?"

"전하께서는 소인이 서인(西人)이라 여겨서 이런 엄한 벌을 내리시는 것 같습니다. 그러나 소인은 서인도 아닙니다."

박태보가 말하자 임금은 듣기 싫다며 자꾸만 말대답을 하는 그에게 압슬을 가하라고 명했다. 나장이 그의 무릎을 꿇게 한 다음 그 위에 널빤지를 얹고 위에서 짓누르는 압슬을 가했다.

그래도 그는 비명 한 번 지르지 않고 꼿꼿하게 고개를 들고 아뢰었다.

"소인이 역신(逆臣)도 아닌데 이렇게 가혹한 벌을 내리십니까?"

"네놈이 중전을 위하고 임금을 배반하려 하니, 역적과 다름이 없다."

극도로 흥분한 임금은 압슬로도 부족했던지 이번에는 낙형(烙刑)을 가하라고 하였다. 임금이 워낙 흥분하여 날뛰니 어느 신료 한 사람도 감히 입을 뻥긋하지 못했다.

  드디어 낙형이 시작되었다.

  형리가 인두를 들고 옆에 있는 물독에다 한 번 푹 담갔다. 그러자 '푸지직!' 하고 소리를 내며 물이 튀어 오르며 하얀 김이 푹 솟구쳤다. 그 순간 모두 다 숨을 죽이고 있었다. 형리가 머뭇거리며 박태보의 얼굴 앞에 인두를 들이대자 임금은 빨리 지지라고 소리를 질렀다. 임금의 명이 떨어지자 형리는 박태보의 발바닥을 인두로 지졌다. 그러자 그는 하늘이 찢어지는 비명을 지르며 몸부림을 쳤다.

  "전하! 신은 무능하지만 이제까지 나라의 일에 혼신을 다했고, 전하를 하늘같이 믿고 모셔온 소신을 어찌 이리 대하십니까. 마지막 소원이 있다면 소신의 명을 속히 거둬주시길 바랄 뿐이옵니다."

  "오냐, 그렇게 해주마."

  하면서 판의금(判義禁)을 박태보의 곁에 서게 하여 온몸을 두루 지지게 하였다.

  그러자 영의정이 아뢰었다.

  "전하, 죄인에게 법을 집행하더라도 마땅히 상전(常典)을 써야 하는 것입니다. 지금 온몸을 다 지지는 것은 법 밖의 일로, 뒤에 폐단이 있을까 두렵습니다."

  "그럼 어느 곳을 지져야 되는가?"

  "낙형(烙刑)의 법규는 발바닥을 지질 뿐입니다."

  라고 하니, 임금이 그리하라고 하였다.

  박태보에게 인두로 다시 발바닥을 지지니 그는 그대로 실신하고 말았다. 그가 실신해 버리자 이번에는 오두인에게 다시 물었다.

  "너희 역적 놈들의 배후가 누구냐. 바른대로 대지 못하겠느냐?"

1. 왕자탄생, 비극이 되다

"배후는 결코 없었사옵니다. 이번 상소의 시작은⋯."

소명을 하려 하자 임금은 들으려 하질 않았다.

"듣기 싫다, 저놈을 무자비하게 쳐라!"

형리들이 임금의 눈치를 보며 오두인을 무자비하게 치니 그는 박태보와는 달리 금세 실신하였다. 그때 멀리서 닭 울음소리가 들렸다.

주모자로 지목하고 있는 박태보와 오두인이 모두 실신하자 임금도 지쳐서 배후를 밝혀내지 못한 채 국청을 마무리 짓고 말았다.

***

지난달 중전의 생일날, 폐서인 전교를 내린 지 채 열흘도 지나지 않은 5월 초이튿날, 드디어 인현왕후는 하얀 가마를 타고 창덕궁 서북쪽에 있는 요금문(曜金門)을 통해 나갈 것이라는 소문이 퍼졌다. 김지남도 아침 일찍 창덕궁 뒷문으로 향했다. 지남이 도착했을 때는 이미 장안의 유생과 백성들이 구름처럼 모여있었다. 왕후를 태운 가마가 문을 나온다는 소리가 들리자 사람들은 웅성거리기 시작했다. 구름같이 몰려든 인파가 요금문 쪽으로 쏠렸다. 대궐문이 열리자 폐비를 태운 하얀 가마가 모습을 드러냈다. 그 가마를 보자 백성들은 통곡하며 가는 길을 막았다.

"마마! 이곳을 두고 어디로 가시려 하나이까? 마마!"

여기서도 울고 저기서도 울고, 가마를 잡고 통곡하는 백성이 눈물바다를 이루니 왕후도 함께 울었다. 명문가의 규수로 어질고 착하다는 왕후가 이런 고통을 당하는 모습을 보니 지남의 가슴도 찢어져 내리는 듯하였다. 궁위에 어떤 잘못이 있었는지 지남으로서는 보지 않았으니 알 수가 없었다. 그러나 이제까지의 나라 정세를 보면, 왕후가 당하는 오늘의 이 가혹한 참사는 서인과 남인의 끊임없는 당파싸움이 빚어낸 결과라고 생각했다.

가마가 한 걸음도 나아가지 못하자 왕후가 직접 내려서 걸어가려고 하였다. 그때 지남이 그럴 수는 없다며 왕후를 가마에 태우고 백성들에게 한 걸음씩 뒤로 물러서 달라고 소리쳤다. 가마는 서서히 안국동(安國洞) 왕후의 사가(私家)로 향했고 백성들은 울면서 그 뒤를 따랐다. 지남도 그 뒤를 따르며 극심한 당파싸움이 빚어낸 이 통탄스러운 역사의 현장을 어떻게 받아들여야 할지 도무지 생각이 떠오르지 않았다.

인현왕후를 폐비시킨 나흘 뒤인 5월 초닷새, 임금은 영의정, 예조 참판, 참의 등 세 사람을 빈청에 불러놓고, 중관을 보내어 전지를 내렸다.
영의정이 전지를 받아들고 읽기 시작했다.
"지금 중궁의 자리가 비어있어 하루라도 늦출 수 없다. 희빈 장씨는 좋은 집에 태어나서 머리를 땋아 올릴 때부터 궁중에 들어와서 어질고 효성스러우며, 공손하고 검소하여 덕이 후궁(後宮)에 드러나 일국의 국모가 될 만하니, 함께 종묘를 받들고 영구히 하늘의 상서로움을 받을 것이다. 이에 올려서 왕비로 삼노니, 예관은 즉각 거행토록 하라."

영의정은 전지를 읽고 나서 한동안 할 말을 잊고 멍하니 천장을 처다보고 있었다. 중전을 책봉하는 자리에 영의정과 예조참판, 참의 등 단 세 사람을 불러놓고 전지를 내린다는 게 있을 수 없는 일이었기 때문이었다. 그 길로 영의정은 임금을 뵈러 시민당 안으로 들어갔다.

"전하! 엎드려 전지(傳旨)를 보건대, 곤위(位)가 이미 비었고 성상의 하교가 이와 같으시니, 밑에 있는 사람이 어찌 다른 뜻이 있겠습니까? 하지만 이는 중대한 일이므로 신과 예관(禮官) 두 사람으로 하여금 의논해 정하도록 할 수가 없습니다. 이와 같이 한다면 하교에 대한 사리와 체면이

도리어 가벼워지니, 2품 이상을 모두 부르는 것이 마땅하옵니다."

하니, 임금의 기색이 자못 노기를 띠며 말했다.

"그들의 의견을 모두 듣고 따르자는 것인가?"

"그런 것이 아니라 단지 그 일을 신중하게 하려고 할 뿐입니다."

"내가 전대의 역사를 보건대, 단지 승상·어사만 불렀고 비빈(妃嬪)을 간택할 때에도 단지 삼공(三公)과 예관(禮官)만 불렀기 때문에 경들을 부른 것이다."

그러자 예조참판이 말하기를,

"비록 전례는 없다고 하더라도 마땅히 여러 신하로 하여금 모두 알 수 있도록 해야 할 것입니다."

라고 하니, 임금이 2품 이상과 삼사(三司)를 즉시 부르라고 명하였다.

명을 받은 신료들이 시간을 아끼려고 시민당과 가까운 시강원(侍講院)에 모였다.

임금은 승지로 하여금 다시 전지를 낭독하게 하였다. 그런데 분위기가 워낙 엄중해서 그 누구도 감히 이의를 제기하는 사람이 없었다.

그러자 영의정이 다시 아뢰었다.

"택일(擇日)을 언제 하실 것입니까?

"바로 오늘이다. 일체 행사는 예조에서 거행하게 하라!"

지엄한 어명이 떨어지자 영의정도 감히 다른 말을 꺼낼 엄두를 내지 못하였다. 임금은 이렇게 간단한 약식 절차를 거쳐 장 희빈을 중전으로 삼아 버렸다. 그녀가 중전으로 등극하는 날 붉은 꽃가마를 타고 대전 앞 등극 행사장으로 향했다.

그리고 다음 날, 인현왕후가 임금과 가례를 올릴 때 입었던 장복, 타고 다니던 가마, 그리고 평소에 사용하던 물건을 모두 불태워 버렸다.

***

5월 초닷새, 진도로 유배 가던 박태보는 고문의 후유증으로 노량진에서 죽고, 의주로 유배 가던 오두인은 파주에서 죽고, 6월 초사흘, 서인의 우두머리인 송시열은 제주도에 유배되었다가 다시 불려오는 길에, 정읍에서 금부도사를 만나 그 자리에서 사사되었다. 이렇게 해서 서인의 세력은 모두 쇄락의 길에 접어들고 말았다.

장 희빈이 중전의 자리에 오르자 세상은 낙엽처럼 흩어져 있던 남인들의 천하로 바뀌었다. 그들의 중심에는 종실 동평군 이항과 중전의 오빠인 금군별장 장희재, 병조판서 민암, 민종도, 이의징 등이 있었다. 그들의 눈에는 이제까지 서인들이 해오던 일은 모두 눈엣가시였다. 그래서 장희재 등은 '위민척폐(爲民斥弊)'란 구실을 내세워 세상을 자기들 마음대로 바꿔나가기 시작했다. 그들은 중전과 임금을 등에 업고 못 하는 일이 없었고, 안 되는 일도 없었다. 많은 백성들이 그들을 두려워했다. 그러나 그들에게도 어려움은 있었다. 돈이었다. 자기들 세상으로 바꾸려면 우선 세를 불려야 했고 거기에는 많은 자금이 필요했다.

9년 전, 경신환국 때 서인에게 정권을 빼앗기고 난 후 9년 동안 찬밥 신세였으니 그들에게 당장 필요한 게 돈이었다.

저녁 무렵, 낯선 사람이 사역원으로 찾아들어 김지남을 만났다.

"금군별장께서 김 통사님을 좀 보자고 하십니다."

무과에 급제한 후 포도청과 내금위 등에서 겨우 자리만 보전하고 있던 장희재는 동생 장 희빈이 중전에 오른 뒤, 바로 금군별장으로 자리를 옮겼다. 왕을 호위하는 친위부대장인 셈이다.

36　　　　　　　　　　　　　　　　　　　　　1. 왕자탄생, 비극이 되다

초목이 벌벌 떠는 금군별장이 보자고 하니 지남은 무슨 일인가 해서 잔뜩 겁을 먹고 있었다. 지남은 그 사내를 따라 종로의 한 음식점으로 갔다. 방 안에 들어가니 아무도 없고 별장만 혼자 앉아있었다.

"어서 오게, 김 통사!"

그는 지남을 반가이 맞으며 자리를 권했다.

그때 지남은 말로만 듣던 장희재를 처음 만났다.

"예, 별장 나리."

깍듯이 예를 갖추고 지남이 장 별장을 마주했다. 별장은 바쁜데 와줘서 고맙다고 먼저 인사를 하고 세상 돌아가는 이야기를 하며 술을 권했다. 그때도 지남은 자기를 부른 까닭을 몰라 권하는 술도 마시는 시늉만 하고 있었다.

"김 통사, 듣자 하니 김 통사는 몇 년 전에는 왜와 청에 압물통사로 다녀온 적이 있다며?"

"네, 그러하옵니다."

"그래, 내가 오늘 좀 보자고 한 것은 다름이 아니라, 이번 7월에 동평군께서 폐비와 책비에 관한 주청사로 연행을 가시게 되는데 자네가 좀 가주어야겠네."

"예, 그렇게 하겠습니다."

"그런데 준비를 좀 할 게 있는데."

"말씀하시지요."

"내가 돈을 줄 테니 인삼을 한 1만 근만 준비해 주게."

"네? 그 많은 인삼을 어디서 구합니까? 지금 시세로 은 25만 냥인데요?"

"이 사람 놀라기는."

"별장 나으리, 그건 안 됩니다."

"이 사람아, 이제 천하가 우리 세상인데 안 될 게 뭐가 있나, 그 정도는 있어야 앞으로 우리가 원하는 세상을 만들어 갈 수가 있어."

"별장 나리, 소인은 그렇게 못합니다. 만약 소인이 배종을 한다면 법에 규정된 팔포 이외는 가져갈 수 없습니다."

"하! 이 사람, 왜 이리 쫌팽인가? 사람이 그렇게 해서 어떻게 큰일을 할 수가 있나?"

"별장 나리께서는 원자의 외삼촌이요, 중전마마의 오라버니이십니다. 하오니 별장께서는 두 분의 앞날을 복되게 하셔야 합니다. 이렇게 하시면 반드시 후일에 큰 화가 미칩니다. 9년 전 삼복의 옥을 생각해 보십시오."

"그런 것 너무 신경 쓰면 아무 일도 못 해. 모든 일은 때가 있는 법이야. 그러니 이때 필요한 자금을 마련하자는 거 아니냐?"

"별장 나리, 소인의 말씀을 들으십시오, 주청사로 가시면 본연의 임무에만 충실하셔야 합니다."

"어린애 같은 그런 말 하지 말고 내 말에 따라!"

장 별장의 언성이 점점 강압적으로 높아갔다.

"기회는 자주 오는 게 아니야. 주상전하께서 큰 돌, 작은 돌 다 치워놓았는데 이 기회를 놓쳐? 그리고 우리는 앞으로 장기 집권을 해야 돼."

그 소리를 들은 지남은 죄송하다며 인사를 하고 자리를 박차고 나와버렸다. 그런 후, 지남은 3년간 연행사나 통신사 수행을 일체 못 하고 사역원 교수로서 강의만 하며 독서로 세월을 보냈다.

2.

연행사의 길

1692년 10월 초, 출근길 바람이 어느새 제법 서늘해졌다. 길바닥엔 이미 나뒹구는 낙엽도 있었다. 원에 들어서니 담장의 은행나무 잎이 노랗게 물들어 볼수록 아름다웠다.

　그날도 첫 수업을 끝내놓고 잠시 쉬는 사이, 고향이 여주인 민재홍이 동료들과 인현왕후에 대해 들은 소문을 이야기하고 있었다. 지남도 인현왕후가 궁금하던 터라 귀를 기울였다. 이제 평민이 되어버린 왕후는 안국동 사가에서 외가가 있는 김천 청암사에 내려가 매일 자기를 버린 임금과 원자를 위한 불공을 드리고 있다고 했다. 인현왕후를 두고 항간에서는 어질고 착하다고 평이 자자했는데, 임금은 투기심 많다고 하여 폐비시켰다. 그런데 저렇게 또 자기를 버린 사람을 위해 기도를 드리고 있다고 하니 누구의 말이 옳은지 모를 일이었다.

　그때 예조판서가 부른다는 연락이 와서 찾아뵈었다.

　"어서 오게 상통사, 자네가 곧 있을 이번 사행에 나와 같이 좀 가줘야겠네."

　"광영이옵니다. 네, 명을 받들겠습니다."

　민취도 판서는 지남을 가까이 불러 조용히 말했다.

　"자네는 나와 행동을 같이할 필요는 없고, 그쪽 동정만 잘 살피고 오면 되네."

　지남은 알았다는 듯이 고개를 끄덕였다.

"나으리, 신명을 다하겠습니다. 그리고 이번에 그곳에 가면 소인이 하고 싶은 일이 하나 있습니다."

"그게 뭐냐?"

"염초입니다."

"염초라면 그건 화약의 원료인데 그건 왜?"

"우리의 화약이 중국에 뒤지는 것은 염초 때문입니다. 그래서 이번에 가게 되면 그것에 대한 서책이나 비법을 알아보고 싶습니다."

"오! 그래, 그런데 그 일은 자네가 조심스럽게 해야 할 걸세. 몇 년 전에도 유사한 일로 곤욕을 치른 사람이 있었네."

"물론입니다. 그런 점도 잘 알고 있사옵니다. 임술 사행 때 유황을 들여온 것도 같은 맥락이었습니다."

"역시 그랬구나! 그래도 이런 일은 매우 조심스러운 일이니 나에게는 일일이 보고를 해야 할 것이야."

예판 대감은 미리 준비해 두었던 묵직한 보따리 하나를 장에서 꺼내 건네주면서 다시 말했다.

"이건 이번 일에 경비로 쓰고, 자네가 함께 데리고 갈 사람은 자네가 정하게, 그러면 내가 지원해 줄 터이니."

집으로 돌아온 지남은 보따리를 풀어보고 깜짝 놀랐다. 그 속에는 은화 2천 냥, 청심환 50개가 들어있었다.

본래 연경에 가는 사신에게는 인삼 8포만 허락되었다. 나라에서 여비를 주지 못하니 인삼 10근씩 8포를 가지고 가서 경비를 쓰게 하였다. 그것이 바로 8포 무역이었다. 이를 은화로 환산하면 2천 냥에 해당하는 큰돈이었다. 그렇다면 지남은 이번 사행길에 나라로부터 여비를 받은 셈이 되었다. 이제 연경으로 누구를 함께 데리고 갈 것인지 고민하다가 갓마흔이 생각났다. 그는 양천현에 오기 전에 동래에서 취토장으로 일한 적이 있다고 한 말이 기억났다. 지남은 뒷날 바로 양천현으로 찾아갔다. 현감을 만나 사정을 이야기하고 협조를 부탁했다. 현감은 기꺼이 갈 수 있도록 조치를 하겠다고 했다.

***

지남이 가게 된 이번 사행은 매 3년마다 정월 초에 청나라 황제를 찾아 문안을 드리는 삼절연공행으로 정사 낭원군 이품, 부사 예조판서 민취도, 서장관 장령 박창한을 삼사로 하여 대통관, 압물관(押物官)과 자제 군관, 의원, 화공, 사령, 취수 포수, 마두, 원역노(員役奴) 등 전체 인원이 200여 명이었다. 이들은 모두 10월 28일 경기 감영 앞에서 출발하기로 했다. 만약 늦을 경우에는 그 뒷날 홍제원 앞에서 만나기로 했다.

지남이 이번 사행길에 같이 가기로 결정이 되자 바쁜 쪽은 어머니와 아내였다. 계해년(1683년) 연경에 다녀왔을 때, 귀와 손발이 모두 동상에 걸려 큰 고생을 했기 때문이었다. 며칠 동안 종로와 칠패 시장을 돌며 누비바지, 겹버선, 가죽신(革靴), 풍차와 목도리, 솜이불까지 철저히 준비했다.

출발 당일, 드디어 여명이 트기 시작했다. 온 가족이 이르지만 한자리에서 함께 아침 식사를 했다. 식사가 시작된 지 얼마 되지도 않아 문밖에는 인기척이 있었다. 갈 길이 머니 빨리 서두르라는 일행의 기침 소리였다. 지남은 밥을 먹는 둥 마는 둥 하며 숟가락을 놓고 일어서려고 하자 어머니는 지남의 손을 붙잡고 국에다 밥을 말아 국그릇을 건네준다. 지남은 어머니가 말아 주는 국밥을 그냥 훌훌 마시듯 먹고 자리에서 일어났다.

지남이 문밖에 나서니 예부에서 보낸 노자(奴子)가 수레 옆에 기다리고 있었다. 언제 왔는지 갓마흔도 이미 옷 보따리를 실어놓고 있었다.

노자가 지남에게 인사를 올렸다.

"이번 사행에서 통사님을 모실 병이 인사 올립니다."

"병이라고 했나? 전에 통신사를 갔을 때도 술병이라는 별명을 가진 이가 있었는데, 근데 체격이 보통이 아니구먼! 혹시 두 사람이 서로 아는 사인가?"

"아닙니다. 조금 전에 소인이 인사를 올렸습니다. 앞으로 형님으로 모시기로 했습니다."

지남이 그들과 이야기를 주고받는 사이 큰아들과 둘째가 짐을 들고나와 수레에 실었다. 이제 모든 출발 채비가 차려졌다. 수레에 실린 짐을 둘러본 병이가 웃으며 말했다.

"통사님, 짐이 생각보다 많습니다요?"

"이 정도가 무에가 많아, 호풍의 매서움을 아직 모르는 모양이구나."

병이의 말을 듣고 있던 어머님이 나무라듯 말했다.

"아이구, 마님 죄송합니다, 이놈이 그냥 속없이 내뱉은 말입니다요. 마님 말씀이 옳습니다."

병이는 금세 꼬리를 내렸다. 사실 지남도 짐이 다소 많다고 생각했지만 어쩔 수 없는 노릇이었다.

"어머님, 그럼 다녀오겠습니다. 너무 걱정 마세요. 이게 처음도 아니잖아요?"

어머니는 지남을 부둥켜안고 등을 쓰다듬으며 말했다.

"부디 몸 성히 잘 다녀오너라."

지남은 어머니와 아내에게 간단한 인사를 건네고 말에 올랐다.

"집 걱정은 마시고 몸 성히 잘 다녀오십시오!"

간절한 아내의 목소리를 뒤로하고 지남은 말을 몰았다. 가을이지만 아침 바람은 쌀랑했다. 지남의 뒷모습이 시야에서 사라질 때까지 어머니와 아내는 그 자리를 지키고 있었다.

지남이 돈화문을 지나 모화관(慕華館)에 도착하니 벌써 반나절이 지났다. 그곳에서 끼니를 해결하려 했으나 마침 청의 사신 일행이 먼저 와있다고 하여 경기 감영으로 갔다. 그곳에서 점심도 해결하고 감영으로부터 역마를 지원받아 수레를 채워 끌고 갔다. 홍제원에 도착하니 벌써 본진이 먼저 도착해 있었다. 지남은 그길로 민 대감을 찾아가 인사를 드렸다.

"나으리, 소인 도착했습니다."

"그래, 기다리고 있었느니라. 그래 일행은 구성했느냐?"

"대감께서 보내주신 노자와 소인이 임술년 통신사를 수행했을 때 함께 갔던 취토장 한 사람을 데리고 갑니다."

"취토장이라! 잘했구나. 무슨 일이 있으면 빨리 기별하고 조심해서 따라오게."

그날 저녁 지남은 행렬을 따라 고양군 객사로 들어갔다. 뜻밖에도 이방이 예방과 함께 찾아와 별도의 방을 안내해 주겠다고 했다. 지남은 자기 신분이 역관인데 의아했다.

"나한테까지 이렇게 해줄 방이 있소?"

"비변사에서 지시가 내려왔습니다."

지남은 이방을 따라 객사 뒤편 외딴채에 안내되었다. 군불도 미리 넣어두었다고 했다. 지남이 저녁을 먹고 숙소로 돌아와 수하들과 상견례 겸 막걸리를 마시고 있을 때 뜻밖에 이재호 후배 역관이 찾아왔었다.

"선배님, 반갑습니다."

"아니 자네가 나 여기 있는 걸 어떻게 알고 왔나?"

"다 아는 수가 있지요. 선배님이 이번 사행에 다른 일로 가신다는 것도 이미 다 알고 있습니다."

이 역관은 사역원에서도 평소에 지남을 친형처럼 따르던 사이였다. 그런데 이번 사행에서 지남이 같이 간다는 소식을 전해 듣고 반가워서 찾아왔다는 것이었다.

"그래 이번에 어떤 일을 맡고 있는가?"

"압물입니다."

"압물? 그것 골치 아픈데. 그건 그렇고 서로 인사나 하지. 여기는 내가 원에서 제일 아끼는 후배 역관이야, 그리고 이쪽은 이배리라고 나하곤 통신사도 같이 가고 아주 오랜 지기일세. 그리고 이쪽은 이번에 예조에서 나를 도와주겠다고 온 병이일세. 서로 인사하게."

지남은 서로 통성명을 시키고 이 역관에게 자기 경험을 이야기했다.

"압물 있잖아, 그것, 작은 거라도 하나 비면 물어내야 되고 골치 아파."

"그래서 제가 찾아온 것 아닙니까. 선배님 일본 가실 때 압물 보셨다면서요?"

"말도 하지 마! 이야기하기도 싫어, 그래도 너에게 맡기는 것 보니 너를 믿기는 믿는 모양이다."

"그건 잘 모르겠습니다. 하여튼 생각하면 골치 아프니 술이나 마십시다."

하고 이 역관의 건배로 전부 다 잔을 채워 막걸리를 쭈욱 한 잔씩 들이켰다.

이 역관이 병이에게 물었다.

"이 분이 어떤 분이신지 알고 있나?"

"아무렴요, 익히 들어서 잘 알고 있습니다."

"어떻게 알고 있는지는 잘 모르겠지만, 이 선배님은 나만큼 아는 사람이 없어, 내가 간단히 소개해 주지, 이 선배님은 첫째 잔정이 너무 많아. 그래서 남자가 눈물이 많아. 또 큰 벼슬도 아니면서 나라 걱정을 혼자 다 하는 분이셔. 그러니 일본 가서 유황 수입도 되게 해놓고, 또 사무실에선 틈만 나면 그놈의 화약을 공부한다고 얼마나 신경을 쓰는지 옆에서 보고 있으면 딱해…. 그런 사람이야."

"재호야, 실없는 소리 그만하고 술잔이나 받아."

술잔이 돌고 또 다른 이야기로 술잔이 돌다가, 서로의 낯이 익은 다음에야 이 역관은 자기 숙소로 돌아갔다.

아침을 일찍 먹고 고양군에서 출발했다. 날씨는 맑았지만 바람은 산들산들해서 길을 가기엔 좋아 정오엔 파주 교하현에 도착했다. 교하에서도 인근 수령들의 지원을 받아 술과 음식을 푸짐하게 내놓았다.

따뜻한 국물에 막걸리 한 잔씩을 하고 갓마흔이 말했다.

"나으리, 이번에 우리가 뭣 땜에 가는 겁니꺼?"

"이번 사행은 사은 겸 삼절연공행으로 가는 거네."

"그게 뭔데요?"

"설명하려면 길어."

"아니, 몰라서 묻는 걸 안 가르쳐 주십니까요?"

"지금은 안 돼, 그럴 시간이 없어, 점심 먹고 빨리 출발해야 해."

그들은 점심을 먹고 난 뒤 임진강을 건너 저녁 무렵에 장단부(長湍府)에 도착하여 숙소를 잡았다.

그날 저녁 장단부 객사에서 저녁을 먹고 갓마흔이 물었던 사은 겸 삼절연공행에 대한 설명을 시작했다.

"우리 조선은 명나라에 신년 축하를 하기 위해 보내는 정조사(正朝使),

동지 절기를 전후해서 보내는 동지사(冬至使), 명의 황제와 황후의 생일을 축하하기 위해 보내던 성절사(聖節使), 황태자 등의 생일을 축하하기 위해 보내던 천추사(千秋使) 등 여러 가지 명목으로 사신을 보냈는데, 청이 명을 멸망시킨 후부터 한양에서 북경까지는 길도 멀고 부담도 줄여준다고 여러 차례 오던 사신을 단 한 번만 오게 했는데 그게 바로 사은 겸 삼절연공행 일세."

"그럼 청이 명보다 고맙네요?"

"그런 면도 있는데 실제는 우리 역관들이 청을 드나들면서 끊임없이 청의 정세와 각종 기밀에 해당하는 문서들을 빼 오기 때문에 그것을 방지하기 위해서 취해진 조치였다고 들었어."

"그렇구먼요, 소인이 갑자기 유식해진 기분이 듭니다요."

하고 병이를 쳐다보니 그는 어느새 고개를 숙인 채 졸고 있었다.

3.

명기지향(名妓之鄕)

일행은 어둠 속에 아침을 먹고 장단을 출발했다. 연행사가 동틀 무렵 출발하는 것은 오래전부터 내려오는 선례였다. 10월의 마지막 날이라 밤새 서리가 내렸는지 길가 풀섶에는 희끗희끗한 빛이 보였다. 시야는 새벽안개가 자욱해서 사방 분간을 할 수 없었다. 갓마흔이 물었다.

　"나으리, 다음은 어딥니꺼?"

　"천수원이야, 개경 초입이지, 나도 오랜만에 오니 가물가물하네."

　"그럼 장단에서 개경은 가깝네요."

　"그렇지, 개경은 참 좋은 곳이야, 지금이야 불타고 남은 게 없어 별로지만, 고려 500년 도읍이니 유서도 깊고 볼 것도 많은 곳이지."

　"볼 것은 뭐가 그리 많습니까요?"

　하고 병이가 끼어들었다.

　"개경은 원래 고려 태조가 도읍을 정할 때 순조롭지 못한 수덕을 바르게 하고 지덕을 고르게 하기 위해 불력(佛力)으로 많은 절을 지었지, 그런데 지금은 나라를 다스리는 근본이념이 유교가 중심이 되면서 많은 절이 불타고 없어졌지. 하지만 아직도 명찰은 많이 남아있어."

　"그럼 구경이나 좀 해야겠네요."

　"그럴 시간은 없어. 그리고 서둘러도 안 돼. 늘 말했지만 사행(使行) 길은 사행(死行) 길과 같다고 생각해, 가다 보면 벼랑에 떨어져 죽고 한데서 얼어 죽는 일이 비일비재하지."

　세 사람이 이런저런 이야기를 하다 보니 어느새 개경 천수원에 도달했다.

지남 일행이 점심을 막 먹으려 하고 있는데 이 역관이 막걸리 한 병을 들고 또 찾아왔다.

"점심에 웬 술이야."

지남이 나무라자 이건 술이 아니고 반주인데 지남에게 주려고 일부러 가지고 왔다는 것이었다. 점심은 주먹밥 1개씩이었다. 지남은 막걸리를 마시며 그래도 자신을 챙겨주는 후배가 고맙다고 인사했다.

점심 식사 후 선죽교 다리를 지나게 되었다. 다리 옆에는 정자 하나가 사라진 왕조의 고독처럼 서있었다. 다리 표석에는 붉은 글씨로 "선죽교(善竹橋)"란 세 글자가 선명했다. 당대 천하 명필 한석봉 선생의 친필이었다. 그때 누가 말을 달려 지남에게 다가오는 사람이 있었다. 개경에 파견되어 있는 역시 사역원 후배였다. 사역원에서는 중국을 오가는 사신들의 통역을 위해 주요 곳곳에 역관들을 파견해 두고 있었기 때문에 그들은 사신이 오고 갈 때마다 서로 마중하고 배웅하였다.

"아이구! 선배님, 반갑습니다. 먼 길 오시느라 수고 많으셨지요?"

후배 역관 민구였다.

"오, 그래 오랜만이구만, 잘 지냈나?"

민 역관은 간단한 인사를 나누고 지남을 안내했다.

"선배님, 사전 연락은 받았습니다만, 어디로 모실까요? 저는 벽란도로 모시려고 준비를 해두었습니다."

"역시 이심전심이구만, 나도 그쪽으로 가려고 마음먹고 있었네."

지남이 벽란도에 숙소를 잡으려고 한 것은 그럴 만한 이유가 있었다. 벽란도는 고려시대 최대의 무역항으로 화상(華商), 왜상(倭商)과 멀리 아라비아 상인들까지 찾아와 송상(松商), 만상(灣商)과 함께 성시를 이루던 국제적인 무역항이었다. 거기에다 여말 최무선 대감이 화약을 만들려고 수년

간 갖은 애를 쓰다가 마지막에 이곳에 와서 중국의 화약 제조자를 만나 성
공했던 곳이기 때문에 지남은 혹시 지금도 화상들이 이곳에 들리는지 그
것이 궁금했다. 민 역관의 안내를 받으며 벽란도로 들어갔다.

어둠에 잠긴 예성강 하구의 물결 위로 상가의 불빛들이 일렁이고, 부서
지는 파도 소리가 벽란도의 밤을 적시고 있었다. 민 역관은 지남이 묵을
객줏집을 미리 잡아놓고 있었다. 안내를 받아 들어간 방은 군불도 미리 지
펴 여독이 일시에 풀리는 듯하였다.

"선배님, 이곳은 제 관할이니까 오늘 저녁은 제가 모시겠습니다."

"그래 자네가 모셔라, 돈은 내가 낼 테니."

지남의 지시에 따라 민 역관이 막걸리와 이곳의 명물인 마른 조기매운
탕과 부침개 등이 안주로 나왔다. 술잔을 돌리며 지남이 물었다.

"자네 이곳에 언제 왔는가?"

"온 지 꼭 1년 되었습니다. 그때 올 때 평양에 김정룡 역관하고 같이 왔
었습니다. 평양 가시면 김 역관이 마중을 나올 것입니다."

"그렇구나, 김정룡 역관이 안 보이더니 평양에 가있구나, 그런데 요즘은
이곳에 주로 어떤 상인들이 오는가?"

"이곳이 옛날과는 전혀 다릅니다. 온대야 옷가지나 들고 오는 봇짐 지고
오는 정도이고, 옛날같이 큰 화상들은 거의 오질 않습니다. 이제는 그 사
람들이 주로 제물포로 다 간다고 들었습니다."

중국 사람들이 전혀 오지 않는다는 소리에 지남은 약간 실망했다는 듯
이 고개를 흔들었다.

그때 병이가 지남에게 말했다.

"나으리, 송악에 오면 볼 게 많고 들을 게 많다더니 선죽교 다리 외는 별
로 볼 게 없는 것 같습니다요."

"볼 거야 수도 없이 많아, 다만 시간이 없을 뿐이지."

그 말을 듣고 있던 민 역관이 말했다.

"그래도 이곳 송악에 오면 뭐니 뭐니 해도 황진이 아닌가? 나도 이곳에 온 지 1년이 지나니까 황진이 풍월은 좀 하는 편일세."

"아. 역관님, 그것 좋습니다. 황진이 한번 들려주시지요."

"그럼 내가 좋아하는 황진이 시 한 수부터 읊을 테니 전부 다 술잔을 채우시오. 그리고 한 잔 쭈욱 드시고 황진이와 한번 놀아봅시다."

다 같이 술을 한 잔씩 하고 귀를 기울였다.

그러자 민 역관이 지그시 눈을 감고 황진이의 「별리」를 읊기 시작했다. 그 노래는 황진이가 진정으로 사모했던 소세양(蘇世讓)과 벽란도에서 이별하는 장면이었다.

> 먼 길 님 떠나실 제
> 허황한 그 심사는
> 옷고름 감싸 쥐고 통곡한 미소였네
>
> 방울 소리 뒷 십 리는
> 바람의 자취 되고
> 넋 잃은 눈망울만 제자리에 머물렀네
>
> 강은 바다로 이어지고
> 산은 구름 데려 노니는데
> 덩그런 벽란도만 하늘 아래 외롭네

하고 읊고 나자, 고개를 숙이고 듣고만 있던 병이가 갑자기 고개를 들고 주절대기 시작했다.

> 진이야 걱정 마라
> 오빠가 있지 않나
>
> 비록 키 작고 못났지만
> 가슴 하나 따뜻하다
>
> 사는 게 별거 있나
> 행복하면 그만이지

그러자 이번에는 더 큰 박수가 쏟아지며 모두는 병이가 황진이보다 낫다고 목청을 높였다.
"너 인마, 너 그렇게 안 봤는데 대단하다!"
하고 마흔이 병이의 등짝을 툭 치자,
"사람 무시하지 마세요, 이놈도 맞먹기는 좋은 놈이요."
라고 했다.
지남도 병이가 대단하다는 듯이 그의 얼굴을 한 번 흘낏 쳐다보았다. 지남과 시선이 마주친 병이도 계면쩍었던지 얼굴을 붉히며 고개를 숙였다.

다소 흥분된 분위기에 우쭐한 민 역관이 다시 말했다.

"선배님, 이것 말고 다른 시 한번 들려드릴까요?
"아니야, 그만하고 밥 먹어야지, 다들 배고플 텐데."

이제 그만하고 밥을 먹자는 지남의 말에 이어서 밥이 들어오고 모두들 술과 밥을 번갈아 먹으며 벽란도에서 첫날을 보냈다.

벽란도의 아침은 몹시 쌀쌀하였다. 서둘러 조반을 먹고 사행을 따라 길을 나섰다. 숙천을 거쳐 황해도 금교참에서 숙박을 하기로 했다. 그날 저녁 지남은 민 대감의 부름을 받고 찾아갔는데 젊은 한 사람을 소개해 주며 도움이 될 테니 데리고 가서 행동을 같이하라고 했다. 지남은 그 사람을 숙소로 데리고 와서 밥을 먹기 전에 수하들과 먼저 인사를 나눴다.

"소인의 이름은 '이솔'이라고 합니다. 비변사에서 여러 가지 잡일을 하고 있습니다."

그러자 지남은 갓마흔과 병이를 소개했다.

서로 인사를 한 후 나이를 따져보니 이솔은 갓마흔과 병이의 중간이었다. 그래서 앞으로는 갓마흔, 이솔, 병이 순으로 서로 형님 동생 하기로 막걸리 맹세를 하였다. 그 뒷날부터 황해도 금교참(금천)-평산현-총수관-재령의 서흥부-봉산군-삭주-황주를 거쳐 엿새 동안 같이 먹고 같이 자며, 12월 7일 드디어 평양 입구에 도착했다.

벽란도에서 개성까지는 민 역관이 안내를 하였다가 평양에서 마중 나온 김정룡 역관에게 지남 일행을 인계하고 민 역관은 돌아갔다. 김정룡 역시 지남의 후배 역관으로 서로가 잘 아는 사이였다. 통신사나 연행사가 일본과 중국을 오갈 때 그 지방의 수령들은 음식과 숙소를 제공하도록 되어있지만, 사역원에서는 주요 역에 역관들을 파견하여 외국 사신들과 동료 역관들을 돕도록 하고 있었다.

***

12월 7일 오후, 지남은 평양에 도착하자마자 민 부사에게 도착했음을 보고하고 김정룡이 잡아놓은 숙소로 향했다. 정룡은 높은 사람들과 거리를 두기 위해 일부러 평소에 자신이 자주 가는 외성 안의 단골 객줏집으로 잡아두었다.

평양성은 고구려가 쌓은 성으로 외성, 중성, 내성으로 3중성으로 되어 있었다. 내성엔 왕족이, 중성엔 귀족들이, 외성 안에는 일반 백성들이 살도록 되어있었다. 역시 평양의 중심거리는 즐비한 기와집에 거리도 넓어 옛 영화를 느낄 수 있었다.

"주인장!"

정룡이 객줏집 안으로 들면서 주인을 큰 소리로 불렀다.

"아이구! 어서 옵쇼, 나리."

장사치들은 벌어먹고 살기 위해 조그만 벼슬을 가지고 있어도 부르는 호칭이 '나으리'였다. 사실 알고 보면 갓마흔이나 병이가 지남을 부르는 '나으리'도 그와 크게 다르지 않았다. 상대를 높여 부르는 말은 약자들이 살아남기 위한 수단으로 어느 사회나 흔히 통용되는 관습처럼 되어버렸다.

"어느 방이요?"

정룡이 일전에 예약해 둔 방을 보자고 했다.

"아! 예, 예, 예, 나으리 말씀대로 제일 안쪽에 깨끗하고 조용한 방으로 모셨습니다요. 며칠 전부터 청소도 깨끗이 하고 군불도 많이 때서 주무시기에 아주 좋으실 겁니다."

주인장은 굽실거리며 호들갑을 떨었다. 방은 주인의 말대로 깨끗하고 조용해서 지남의 일행들이 먹고 쉬기에는 안성맞춤이었다. 지남이 안으로 들어가 여장을 풀고 자리를 잡는 동안 정룡은 밖으로 나가 술자리를 마련했다.

"선배님, 먼 길 오시느라 수고하셨습니다. 다 같이 한잔 하시지요."

하면서 일행에게 술잔을 권했다. 지남은 술을 한 순배 돌리고 나서 서로 인사를 시켰다.

"사신들이 평양에 오면 보통 며칠이나 머무는가?"

하고 물었다.

"보통 사흘에서 닷새 정도입니다. 왜냐하면 이곳 평양에 올 때까지 아랫 사람들이야 짚신이나 미투리에 짐 지고 따라오는데 발이고 몸이며 제대로 온전하겠습니까. 치료하는 데 적어도 사흘은 걸립니다."

그러자 이솔이 평소에 들은 이야기를 했다.

"아랫사람들 치료한다고 사흘씩 머문 게 아니겠지요. 평양 하면 기생인데."

그러자 정룡이 말을 받았다.

"잘 아시네요. 한양 대감들이 이곳에 오면 절대 그냥 가는 법은 없습니다. 기생 대접은 한번 받아야지요. 그것도 만약 소홀히 했다가는 평양 감사 자리보전 못 합니다. 몇 년 전에 김충 좌상대감이 진하사로 연경을 갈 때 이곳에 사흘을 머물렀는데 밤마다 기생 수청을 요구하였는데 당시 강천일 감사가 이를 서운하게 했다가 그 뒤 함경도 관찰사로 바로 쫓겨났다는 것 아닙니까. 그래서 사신에 대한 기생접대는 필수 과정인데 보통은 사흘이고 밤마다 기분이 좋으면 닷새까지 늘어나기도 합니다."

그러자 지남이 정룡에게 다시 물었다.

"그러면 이번에도 예외는 아닐 텐데, 그 사이에 우리는 뭘 하고 지내지?"

"별다른 방법은 없습니다. 평양성도 둘러보고 이리저리 하다 보면 날짜는 금세 지나갑니다. 여름이면 뱃놀이도 하고 좋은데 이처럼 겨울에는 좀 아쉽습니다."

"그래, 그럼 오늘은 여기서 실컷 먹고 내일 평양성 구경이나 하기로 하세."

"네, 그게 최선입니다."

그들은 즐겁게 저녁을 먹고 잠자리에 들었다.

김정룡 역관이 새벽같이 찾아와 아침 식사를 같이 했다.

"선배님, 성을 어떻게 둘러보시렵니까?"

"자네가 하자는 대로 해야지."

"그러면 보통 성을 일주할 때는 먼저 동쪽 정문으로 가서 강벽을 타고 북쪽 모란봉으로 해서 서쪽 칠성문을 거쳐 남쪽 외성을 둘러본 다음 다시 이곳으로 돌아오는 길을 택하니 그렇게 하겠습니다."

라고 하고 김 역관이 길을 앞서 나갔다.

***

일행은 정룡을 따라 평양성 정문인 대동문에 도착했다. 대동문을 바라보니 이 문은 동쪽에 흐르는 대동강을 향해 화강암으로 높이 대를 쌓아 그 위에 팔작지붕의 2층 누를 지어 올리고, 통로는 무지개 모양의 홍예문 형식을 갖춰 그 위용과 아름다움이 가히 견줄 데가 없었다. 그때 정룡은 이 대동문에 얽힌 이야기를 했다.

이 문은 평양성이 고구려 시대에 만들어지기는 했으나 임진왜란과 병자호란을 거치면서 지금의 홍예문 모습으로 변한 것이라고 설명했다.

대동문 문루에 올랐다 내려와서 왼쪽에 인접해 있는 연광정(練光亭)으로 향했다. 평양 하면 연광정이요, 영광정 하면 평양인데 이곳을 그냥 지나칠 수는 없는 일이었다. 김 역관은 평양 감사가 부임하면 첫 축하연을 베푸는 곳도 이곳이고, 중국 황제의 칙사가 오면 관반사들이 환영 만찬을 벌이는 곳도 이곳이라 하면서 연광정에 오르는 사람은 누구나 이곳이 조선 제일의 명승지라는 말을 주저하지 않는다고 했다. 정자에 오르니 상쾌한 바람이 얼굴을 스치고 지나간다. 난간을 잡고 정면을 바라보니 발아래 푸른 강물이 유유히 흘러가고 건너 백사장엔 금모래가 아침 햇살을 받아 반짝인다. 백사장 변 늘어진 능수버들 가지가 여인의 머릿결처럼 휘날리고 그 너머 올망졸망한 산들이 연꽃으로 피어났다.

지남은 순간 송도 기생 황진이가 이곳 연광정에 불려 와서 다소곳이 앉아 시를 쓰는 모습을 떠올렸다. 분홍 저고리 옷고름을 옆으로 살짝 비켜 앉히고 바른 손 끝동을 곱게 접어 올리니 뽀얀 손목이 눈부시게 드러난다. 황모필 힘 있게 잡고 송연묵 듬뿍 찍어 비단 화폭에 일필휘지하니 강물이 굽이치고, 버들이 춤을 추는 듯하였다. 장부로 태어나 어찌 그런 호사를 한번 누리지 못하는가 하는 탄식을 하며 눈을 뜨는 순간 정룡이 말했다.

"선배님, 황진이가 앉았던 자리에 한번 앉아보시렵니까?"

"아니, 여기에 황진이 자리가 어디 있어?"

"저는 압니다. 이곳에 오면 모두들 황진이가 앉았던 자리에 앉아보려고 야단들입니다."

"에끼, 이 사람아. 그렇다고 내가 어찌 황진이가 앉던 자리에 앉을 수 있나?"

"어때요? 「야사하」를 다 외우고 다니실 정도로 황진이를 좋아하시면서, 다른 사람들은 그 자리에 앉지 못해 안달복달인데요."

그러자 갓마흔이 대뜸 나서며 말했다.

"나으리, 내키지 않으시면 소인이 한번 앉아보고 싶습니더."

그러자 이솔이 나서며 목소리를 높인다.

"소인도 앉아보고 싶습니다. 그 자리가 어딥니까?"

황진이가 앉았던 자리라고 하니 병이까지 나서 서로 먼저 앉아보려고 성화였다.

"다들 생각이 그렇다면 '한둘셋'으로 순서를 정해보게."

갓마흔, 이솔, 병이 셋이서 서로 손을 내밀어 순서를 정한다.

'한둘셋'은 여러 사람이 순서를 정할 때 쓰는 방법으로, 손가락을 하나 내민 사람은 두 손가락을 내민 사람에게 지고, 두 손가락을 내민 사람은 세 손가락을 내민 사람에게 지는데, 세 손가락을 내민 사람은 한 손가락을 내미는 사람에게 지는 방법이었다.

"한둘셋!", "한둘셋!" 하고 손가락을 내밀었으나 셋 다 모두 각기 손가락을 하나, 둘, 셋씩 내밀어 우열을 가리지 못하다가 세 번 만에 마흔이 세 손가락을 내밀고 이솔과 병이가 한 손가락을 내밀어 일 차로 마흔이 탈락하였고, 그다음에 이솔과 병이가 서로 겨루었다. "한둘셋", "한둘셋" 하고 두 번을 연거푸 내밀더니 이솔이 손가락 하나를 내밀고 병이 두 손가락을 뻗어 결국 병이가 제일 먼저 황진이 자리에 앉는 행운을 가졌다.

그러자 정룡은 대동강이 정면으로 보이는 평양 감사 자리에 지남을 앉게 하고 그 바로 왼쪽에 병이를 앉히며 그곳이 황진이가 앉았던 자리라고 하였다. 그러자 병이는 눈을 감고 황홀해했다. 그다음으로 이솔과 마흔이 차례대로 그곳에 앉아보며 마치 황진이를 직접 대한 듯 행복해하였다.

연광정에서 내려와 그길로 북동쪽에 있는 장경문으로 향했다. 대동문이 평양성 전체의 정문이라면 장경문은 내성의 정문이었다. 장경문은 청류벽이 시작되는 곳에 동쪽을 향해있었다. 가파른 절벽인 청류벽 아래는 대동강물이 흐르고 중성에서 청류벽 아래 길로 가자면 장경문을 이용하게 되어있었다. 청류벽 역시 지형을 이용하여 적과 대적하도록 성첩을 쌓아두고 있었다. 청류벽의 벼랑을 따라 부벽루(浮碧樓)에 이르렀다.

부벽루는 강물 위에 드리워진 절벽 위로 구름처럼 떠있는 푸른 정자란 뜻이다. 이곳에 오르면 그 경치에 놀라 "맹인이 눈을 뜨고 농인이 말문이 터지는 곳"이라고 했으니 그 경치에 굳이 긴말 할 필요는 없었다. 정룡을 따라 부벽루에 오른 지남이 대동강을 바라본다. 능라도 물줄기가 청류벽으로 이어지고, 강가에 늘어진 버들가지가 허리가 휠 듯 바람을 감고 돈다. 부벽루는 본래 고구려 광개토대왕이 이곳에 영명사 절을 지으며 '영명루'란 이름으로 지어진 정자인데 그 주변의 경관이 하도 아름다워 후세에 부벽루라 개칭하였다고 했다. 부벽루에 달이 뜨면 선녀가 달을 가지고 논다 하여 부벽완월(浮碧玩月)이란 말이 생겨났다고도 했다.

***

지남이 부벽루 삼매에 젖어있을 때 정룡이 다가가서 말을 건넸다.

"선배님, 이곳에는 슬프고 아름다운 이야기가 있습니다."

"그게 무슨 말인가?"

"송도에 황진이가 있다면 평양에는 계월향(桂月香)이 있습니다."

"계월향? 대충은 알고 있네만 자세한 내용은 나도 모르네."

그러자 정룡을 잘난 척을 한번 해보겠다며 평양에 얽힌 계월향의 이야기를 전하기 시작했다.

"옛날부터 내려오는 '남남북녀'라는 말이 있지요. 이 말 중에 '북녀'는 평양 미인들을 두고 하는 말인데 이곳 평양에는 세상이 떠들썩하게 할 만큼 아름다운 기생이 있었는데 그 이름이 평양 명기 계월향입니다.

송도 사람들은 황진이가 더 예뻤다고 하고 평양 사람들은 계월향이 더 예뻤다고 서로 말다툼까지 하게 되었는데 이것이 두 지역의 자존심으로 번지게 되었다고도 합니다.

임진왜란 때, 선조 임금이 이곳 평양성으로 피난을 왔었지요. 그러다가 사태가 위급해지자 선조 임금도 자기가 살려고 의주로 도망을 갔었습니다. 그러나 이곳 평양 사람들은 죽어도 이 성을 왜놈에게 넘길 수 없다며 성안에 남았습니다. 그때 성을 빠져 도망간 인간들은 왕과 벼슬아치들이고 끝까지 싸우다 죽겠다는 사람들은 승려와 농민 그리고 기생을 포함한 이른바 팔천(八賤)들이었습니다. 이때 계월향도 도망가지 않고 왜적과 싸우는 백성들의 뒷바라지를 하겠다고 자진해 몸종 삼월이와 함께 남아 왜적과 싸웠답니다. 그러나 조총을 든 왜적을 당하지 못해 성이 함락되자 성안에서 싸우던 3~4천 명은 몰살하다시피 하고 월향이는 산 채로 붙잡혀 왜적의 포로가 되었답니다.

이때 계월향을 사로잡은 사람은 왜장 고니시의 부장 '소섭이'라는 장군이었는데 계월향을 잡고 보니 얼굴이 너무 예쁘고 몸매도 고와, 자기 나라에서는 아직 한 번도 보지 못한 미색이라 이를 죽이지 않고 뒤로 빼돌렸답니다. 그러다 그게 소문이 나서 고니시가 소섭에게 숨겨놓은 그 여자를 데리고 오라고 명했답니다. 그러자 소섭은 월향을 빼앗길까 봐 내놓지 못하겠다고 하다가 죽도록 얻어맞고 어쩔 수 없이 그녀를 고니시 앞으로 데리고 갔답니다. 고니시도 월향을 보자 얼마나 예쁜지 다리에 힘이 빠지고 현기증이 나서 중심을 잃고 쓰러져 버렸답니다. 그래서 보통 때 같으면 항명을 한 소섭을 죽였을 것인데 계월향도 소섭도 다 살려주었답니다.

그런 뒷날부터 고니시와 소섭은 연회를 자주 열고 월향이를 희롱했답니다. 그때 월향은 이 왜장들을 모조리 죽여야겠다고 계략을 꾸미고 삼월이에게 자기 가야금을 가져오게 하여 그 연회장에서 가야금을 치며 노래를 불렀답니다. 계월향의 노래와 가야금 소리를 들으려고 고니시는 더 자주 연회를 베풀었고, 그때마다 월향이로 하여금 수청을 들게 하였답니다. 월향을 빼앗긴 소섭은 고니시가 월향을 거르는 날만 골라서 월향에게 접근했답니다. 그러니 월향은 제1왜장과 제2왜장에게 돌아가며 몸을 더럽히게 된 것이지요. 그렇게 되자 월향은 이 두 왜장을 동시에 해치우는 계략을 세우고 그들에게 더 상냥하고 친절한 애교를 부리며 기회를 엿보고 있었답니다. 그러나 그 장수들은 주위의 경계가 워낙 삼엄하여 자기 힘으로는 어떻게 해볼 수가 없어서 궁리 끝에 성 밖에 있는 김경서 장군을 끌어들이는 계략을 꾸몄답니다. 그러던 어느 날 연회석에서 월향이가 눈물을 흘리자 고니시가 우는 까닭을 물었답니다.

'월향아, 너는 내가 있는데 왜 우느냐?'

'장군님, 소녀는 이렇게 장군님의 후한 사랑을 받고 있는데 이제 하나 남은 불쌍한 가족이 너무 보고 싶습니다.'

'그러면 그 가족을 데려오면 될 게 아니냐? 그게 누구냐?'

'오빠입니다.'

'그럼, 그 오빠를 성안으로 데려오게 하라.'

고 하여 오빠라고 속인 김경서(金景瑞) 장군을 성안으로 들여오게 하여 기회를 엿보고 있었답니다.

고니시는 수청을 잠깐 들게 하지만 소섭은 언제나 긴 밤을 수청을 들게 하였답니다. 그래서 월향은 소섭을 자기 방으로 유인하여 그에게 술을 잔뜩 마시게 한 후 곯아떨어진 틈을 타서 장롱 속에 숨겨두었던 김경서 장군으로 하여금 소섭의 목을 치게 하였다는 것입니다. 김 장군이 소섭의 목을 치려고 보니 목에 두꺼운 비늘이 있어 칠 수가 없었다고 합니다. 그래서 발로 소섭의 머리를 걸어차니 그가 기지개를 켰는데, 그때 희미한 달빛 사이로 김장군의 칼이 번쩍하자 놈의 목이 댕강 잘렸는데, 그 목이 굴러와

다시 붙으려고 하자 김장군이 냅다 걷어 차버리니 저만큼 나가떨어지며
하는 말이,

'월향아, 가지 마! 월향아, 가지 마!'

하고 소리쳐 울었다고 합니다.

그길로 두 사람은 야음을 틈타 평양성 담을 넘어 탈출하다가 그만 초병
에게 발각되어 싸움이 벌어졌는데 놈들의 숫자가 점점 불어나 두 사람이
모두 붙잡히게 되었답니다. 그때 월향이가 말하기를,

'장군님, 지금 상황으로 두 사람이 모두 탈출하기에는 너무 늦었습니다.
소녀의 뱃속에는 저 왜놈들의 씨가 자라고 있습니다. 어차피 죽을 몸이니
소녀를 장군의 손에 죽게 하여 주시옵소서.'

라고 애원하였답니다. 그래서 김 장군은 그 자리에서 애석하게도 월향
을 베고 혼자 성을 넘어 탈출하였다고 합니다. 이 이야기는 흘러다니는 소
문이 아니라 실제 있었던 사실(史實)입니다."

정룡이 계월향에 대한 이야기를 끝마치자 가장 흥분한 사람은 병이였
다. 병이는 마지막까지 남아 평양성에서 자랑스럽게 죽어간 사람들이 주
로 자기 신분과 같은 노비들이고, 천한 기생의 신분으로 왜의 최고 부장을
죽인 월향의 이야기에 감동을 받았던 모양이었다. 부벽루에서 계월향 이
야기를 듣고 나니 시간이 너무 지난 걸 알고 지남은 바로 모란봉으로 발길
을 돌렸다.

모란봉으로 가는 길에는 궁궐을 보호하기 위한 별도의 북성(北城)을 내
성 안에 또 쌓아두고 있었다. 모란봉에 오르니 평양성 전체가 한눈에 들어
왔다. 평양성은 앞에는 대동강이 뒤에는 보통강이 감돌고 성은 푸른 소나
무 숲과 늘어진 버들 숲으로 우거져 성이라기보다는 아름다운 명승지같이
보였다. 모란봉에서 평양성을 내려다보니 성채는 두 강 사이에 둘러싸이

고, 그 가운데는 영명사 절이 보였다. 왼쪽 아래로는 흘러가는 대동강 가운데에 능라도가 추억처럼 떠있었다. 우리 산하에 이러한 선경이 있다는 것이 너무도 고맙고 자랑스럽다는 생각을 하며 지남은 일행을 데리고 모란봉 서북쪽을 향해 을밀대로 발길을 돌렸다.

을밀대에 오르니 그야말로 평양성의 진수를 보는 듯했다. 을밀대는 평양성 서북쪽에 위치하고 장수가 전투를 지휘하는 장수대였다. 화강암을 두부모 자르듯 다듬어서 누구도 오르지 못할 높은 대를 쌓고 그 위에 지붕을 얹어 그 모양이 높고 아름다울 뿐만 아니라 견고하기까지 했다. 사방이 터져있어 어디서든 접근하는 적을 한눈에 바라볼 수 있고, 성 아래는 해자(垓子)를 너르게 둘러놓았으며, 요소마다 치(雉)를 만들어 삼면에서 적에 대한 공격이 가능하도록 되어있었다. 을밀대를 보면서 부산의 동래산성은 너무도 초라하다는 생각이 들었다. 거기에다 적은 총을 들고 덤비는데 우리는 활과 죽창으로 대응했으니 결과는 질 수밖에 없다고 생각했다.

***

그러면서 지남은 이 평양성이 참으로 잘 만들어진 훌륭한 성이라고 칭찬을 하자 김 역관이 대뜸 반박하고 나섰다.
"선배님, 전쟁은 요새만 가지고 되지 않습니다. 무기가 좋아야지요."
하면서 임진왜란 때 평양성 전투 실화를 말하기 시작했다.
"저도 이곳에 와서 들은 이야기입니다만, 그때 우리가 이렇게 견고한 성을 가지고도 패한 것은 화약무기가 없었기 때문이었다고 합니다. 저놈들이 대동문 쪽으로 정면 공격을 한 게 아니고 강이 가장 얕은 능라도 아래를 건너서 지대가 가장 높은 모란봉을 넘어왔는데 그때 위에서 쏘는 조총

3. 명기지향(名妓之鄉)

을 막을 길이 없어 그냥 밀리고 말았다고 합니다. 그런데 그 한 달 뒤 이여송이 명나라 지원군을 이끌고 와서 평성성 탈환전을 벌였는데 명군의 주무기는 화포였다고 합니다. 수많은 화포로 평양성을 공격하니 조총이 대포를 당하지 못해 왜적은 평양성을 버리고 도망갔다고 합니다. 그러니 전쟁은 결국 성이 아니고 무기라는 말씀이지요."

지남은 이번 평양성 방문에서 '성이 아니라 무기다.'라는 교훈을 다시 한 번 되새기게 되었다. 지남은 을밀대를 내려와 서쪽의 칠성문으로 향했다. 칠성문 장대에 올라 평양성 서쪽 지형을 둘러보고, 단군과 동명성왕을 모신 숭령전을 거쳐 무열사(武烈祠)에 도착했다. 사당에는 명나라 병부상서 석성(石星)의 위패가 모셔져 있었다. 지남은 일행을 데리고 사당 안으로 들어가 정중한 참배를 했다. 명나라 사람에게 예를 갖추니 수하들은 모두 까닭을 몰라 어리둥절했다.
"나으리, 이분이 뉘신데요?"
갓마흔이 묻는 말에 지남은 대답도 하지 않고 무열사 참배를 끝으로 평양성 탐방을 마치고 숙소로 돌아왔다. 평양 감영에서는 그때까지 기생들과 연회가 한창이었다.

4.

조선을
두 번 구해준 은인

다음 날 아침, 일찍 평양을 출발하여 순안, 영유를 거쳐 숙천부에서 묵게 되었다. 그날 밤, 갓마흔이 지남에게 다시 물었다.

"나으리, 엊그제 우리가 무열사에서 참배한 그분이 누굽니꺼?"

"알고 싶어?"

"이상하잖아요. 조선 사람도 아니던데."

"그분은 우리 조선이 절체절명의 위기에 처했을 때 나라를 구해주신 분이고, 우리 왕실에도 큰일을 해주신 분이야. 그러니까 사당에 모셔놓고 제사를 모시는 거지."

"무엇을 어떻게 구해주셨는데요?"

하면서 이솔까지 나서 설명을 청했다. 그러자 지남은 석성이 조선을 도와준 당시의 이야기를 했는데 그 골자는 이랬다.

***

임진왜란 때 선조 임금은 왜적에게 쫓겨 평양으로 피난을 갔고, 거기서도 며칠을 못 버티고 압록강 어귀까지 쫓겨 가서 의주에서 머물고 있었다. 그때 임금은 단 한 발짝도 더 물러날 곳이 없어, 명이 도와주지 않으면 임금은 압록강을 건너야 했고, 그렇게 되면 나라는 왜놈의 손에 넘어가게 되어 있었다. 그래서 임금은 급히 명나라에 구원병을 요청하는 주청사를 역관 홍순언과 함께 보냈다.

당시 명나라도 후금(後金)의 심한 위협을 받고 있었기 때문에 조선에 구원병을 보낼 형편이 못 되었다. 그래서 황실에서 조선에 구원병을 보내지 않기로 뜻을 모으자, 홍순언이 황제 앞에 나아가 아뢰었다.

"황제 폐하! 오늘 조선이 치르고 있는 전쟁은 조선이 조선을 위한 전쟁이 아니라, 명을 위한 대리전쟁(代理戰爭)이옵니다. 왜장 가또가 '명을 정벌하러 가려고 하니 길을 비켜달라.'는 정명가도(征明假道)를 외쳤을 때, 만약 우리 조선이 길을 비켜주었다면 지금 명은 왜적과 직접 전쟁을 치르고 있을 것이옵니다."

그 말을 들은 황제가 미심쩍게 여겨 주위를 두리번거리자 당시 병부상서였던 석성이,

"폐하, 조선의 역관이 아뢴 말씀은 진실이옵니다. 지난 5월에 왜는 조선에게 명나라를 함께 공격하자고 했고, 조선이 그 제안을 거절을 하니까 그럼 길이라도 비켜달라고 하였는데, 그것마저 거절하자 조선을 공격한 것이옵니다. 왜군은 현재 평양성에 머무르고 있습니다. 지금 조선을 도와주지 않으면 결국 우리가 왜와 직접 전투를 벌여야 할 상황이 벌어질 것이옵니다."

라고 진언하였다. 그러자 황제는 이여송으로 하여금 5만의 군사를 즉시 조선에 보냈고, 그 결과 이여송은 평양성을 탈환하고 왜적을 울산까지 밀어내어 임금이 한양으로 귀환하게 되었는데 그 공이 석성에게 있다는 것이었다.

그 말을 듣고 있던 갓마흔과 수하들은 진지한 표정으로 고개를 끄덕였다. 그때 정룡이 지남에게 물었다.

"선배님, 그때 만약 이여송을 보내지 않았다면 왜적이 명을 공격했을까요?"

"그건 알 수 없는 일이지, 그러나 겁이 많은 선조 임금은 분명히 왜적에

게 쫓겨 압록강을 건너갔을 테고, 그렇게 되면 나라는 왜놈들 손에 넘어갔 겠지."

라고 지남이 말하자 병이가 "휴!" 하고 한 숨을 내쉬었다. 그때 갓마흔이 지남에게 물었다.

"나으리, 원군을 보내지 않아도 왜군이 명을 공격할지가 의문이라면 석 성은 왜 그렇게 우리 조선을 도와주었을까요? 그게 의문입니다요."

"마흔이 머리가 빠르구나, 사실은 거기에 더 재미있는 이야기가 깔려있어." 하면서 석성이 적극적으로 조선을 도와준 배경을 설명했다.

***

"그러니까 임진왜란이 일어나기 이전에 있었던 일이지. 당시 조선왕실 에는 아주 골치 아픈 문제가 하나 있었어. 그게 뭐냐 하면 종계변무(宗系辨 誣)라고, 명나라 근본법인 『대명회전(大明會典)』에 태조(이성계)의 아버지 가 이자춘(李子春)이 아니라 이인임(李仁任)으로 기록되어 있었다는 거야.

그건 태조가 조선을 건국하기 이전인 고려말에 정적이었던 윤이(尹彝) 와 이초(李初)가 명나라로 도망을 가서 그렇게 거짓말을 했는데 그게 그대 로 기록되어 내려오고 있었던 거지. 그래서 역대 왕들은 그것을 고치려고 수차례 사신을 보냈는데 명에서 증거가 없다고 고쳐주지 않은 거야."

그러자 이솔이 말했다.

"그때도 거짓 제보가 있었군요."

지남은 이솔에게 남의 말을 중간에서 끊지 말라고 그의 무릎을 '탁!' 치 며, 하던 이야기를 이어나갔다.

"그러던 중 명종 임금이 이 문제를 풀려고 역관 홍순언과 주청사를 보냈

71

는데 그때도 명에서는 해주고 싶지만 물증이 없다고 안 고쳐주었대. 그러면서 예부 관리가 미안하다는 뜻으로 헤어지는 날 홍순언과 함께 통주(通州)의 한 기루(妓樓)로 갔었는데, 그때 홍순언 방에 들어온 여인은 하얀 소복을 입은 예쁜 소녀더라는 거야.”

예쁜 소녀가 들어왔다는 소리에 모두 귀를 쫑긋 세우고 지남의 입만 쳐다보고 있는데 병이는 혀까지 내밀며 입맛을 다셨다.

“그래서 홍 역관은 소복 입은 여인과 어찌 정을 통할 수 있겠느냐고 하며, 소복 입은 이유를 묻자 자기는 몸을 파는 기녀가 아니고, 아버지는 명나라 호부시랑(戶部侍郎, 재무부 차관)이었는데 반대파가 퍼뜨린 헛소문에 부모가 모두 죽고 재산도 몰수당해 부모님의 장례비를 마련하기 위해 이곳에 팔려 왔다고 하더라는 거야. 그래서 그는 불쌍한 생각이 들어 그 소녀의 털끝 하나 건드리지 않고 자기가 가진 돈을 주면서 장례를 치르라고 하고, 또 그녀를 기루에서 풀려나게까지 해주었다는 거야. 그러자 소녀는 이름이라도 알려달라고 하여 ‘조선역관 홍’이라고만 했다는 거야.

그렇게 해서 세월은 흘러가다가, 선조 임금이 또 그 문제를 해결하려고 홍순언을 주청사 황정욱(黃廷彧)과 함께 또 보냈다는 거야.

그때 명나라 예부(禮部)에 들어가니 어떤 사람이 주청사 명단을 들고 나와서, 홍순언이 누구냐고 찾더라는 거야. 그래서 자기가 홍순언이라고 하자, 자기는 예부시랑(예부차관) 석성이라고 하며, ‘과거 통주에서 자기의 반려자를 구해주었소. 고맙다.’고 인사를 하더라는 거야.

그리고 그다음 날 바로 종계변무를 바로 잡은 『대명회전 만력본』을 건네주더라는 거야. 그렇게 해서 역관 홍순언이 석성 덕분에 조선왕실의 가장 큰 숙제였던 종계변무를 바로잡아 주었대. 그리고 홍순언이 조선으로 돌아올 때 석성 부인(옛날 소복을 입었던 소녀)은 명나라 최고의 비단인 금

(錦) 100필을 보내면서 보자기에는 '報恩'이라고 친필로 써서 함께 보내주었다는 거야.

그러니 역관 홍순언에게 은혜를 입은 석성은 조선을 두 번 구해준 셈이지, 그래서 무열사 사당을 짓고 그에게 제사를 지내는 거야. 이제 알겠어?"

그러자 전부는 홍순언과 석성에 대한 놀라운 사실에 아무런 말을 하지 못하고 멍하게 있었다.

5.

발뒤꿈치를 잘린
조선인들

뒷날 숙천을 떠나 안주에 이르니 덕천 군수와 개천 군수가 마중을 나와 있었다. 그래도 이 먼 곳 안주까지 조정의 영이 하달되어 사신이 오면 마중을 나오고 음식과 잠자리를 제공하는 나라의 제도가 고맙고 신기하기도 했다. 그날 저녁, 인근 군수들이 전부 모여 밤늦게까지 연회가 이어졌다. 그러나 지남은 수하를 데리고 따로 나와 정룡이 잡아주는 숙소에서 안주의 하루를 보냈다. 다음 날 아침 일어나니 아침 바람이 눈을 뜰 수 없을 정도로 거셌다. 그날부터 닷새를 걸어 박천, 가산, 정주, 곽산, 철산을 거쳐 드디어 압록강이 보이는 의주에 도착했다.

　11월 20일 의주에 도착하니 역관 김영복이 마중을 나와 김정룡과 서로 교대를 하였다. 김영복은 지남의 선배이지만 벼슬은 지남이 더 높았다. 그날 밤 삼사는 의주 용만관(龍灣館)에서 여장을 풀고 지남이 묵을 장소는 김 역관이 평소에 잘 알고 지내는 만상 정영길 사가를 잡아놓고 있었다. 의주부도 객사가 좁아 사행단 30여 명이 전부 객사에서 잘 수는 없었기 때문이었다.
　"날씨도 고약한데 먼 길 오느라 수고가 많았네."
　"아닙니다, 평양은 평양대로, 선후배님들이 이렇게 잘해주시니 힘들 것도 없습니다."
　"통신사 갔을 때는 어떠했었나?"
　"왜관에도 우리 역관이 나가 있기는 했지만, 각 지방 수령들이 지대를 잘해주시는 덕분에 잠자리는 편했습니다."

"어쨌든 잘 오셨네."

"다들 영복 선배님께 인사드려, 내가 한양에 있을 때 모시고 있던 분이셔."

수하들은 모두 영복에게 인사를 했다.

"그런데 날씨가 이러니 고생은 좀 하게 생겼네."

"아닙니다. 나랏일 아닙니까?"

지남 일행이 짐을 다 풀자 영복은 일행을 주막거리로 데리고 나가 술과 저녁 대접을 하였다.

뒷날 오전, 아침 겸 점심을 먹고 지남은 통군정(統軍亭)으로 안내해 줄 것을 부탁했다. 날씨 차가운데 그곳엘 왜 가느냐고 영복은 물었다. 그러나 지남은 꼭 가고 싶다고 하여 어쩔 수 없이 찬 바람을 맞으며 그곳으로 갔다. 통군정은 의주 읍성의 장대(將臺)다. 그곳에 오르니 압록강 건너에 중국 땅이 손에 잡힐 듯 붙어있었다. 정자는 사면이 터져있어 주변 일대를 한눈에 바라볼 수 있었다. 지남은 통군정에 자리를 잡고 앉았다. 북쪽을 바라보며 한동안 생각에 잠겨있었다. 찬 바람이 몸속을 파고들었다. 병이는 그냥 내려가자는 소리는 못하고 에둘러 말했다.

"바람이 엄청 춥네요."

"이게 삭풍일세."

하고 영복이 말을 받았다. 그때 지남이 한이라도 맺힌 듯 북쪽 먼 하늘을 바라보며 입을 열었다.

"우리가 지금 앉아있는 이 자리는 임진왜란 때 선조 임금님이 앉아계시던 자리야. 나는 꼭 이 자리에 한번 와보고 싶었어."

그 말을 듣고서야 영복도 지남이 이곳에 가보자고 한 의중을 알아차렸다.

"임란 때 왜적에게 쫓겨 이 초라한 정자에나 앉아있었으니 그 심사가 오

죽했을까? 더구나 그때 명나라 사신의 손을 잡고 나라를 통째로 바칠 테
니 살려달라고 울면서 애원했다고 하니 한이 서린 이 통군정을 어찌 그냥
지나칠 수 있겠는가? 이 정자는 '統軍亭'이 아니라 '痛君亭'일세."

하면서 일어날 줄을 몰랐다. 찬 바람에 수하들이 떨고 있는 모습을 보고
김 역관이 지남의 팔을 끌고 통군정에서 내려와서 의주 읍성을 두루 구경
했다.

***

동짓달이라 해는 짧았다. 의주 읍성을 한 바퀴 돌고 어정거리다 보니 어
느새 해가 저물기 시작했다. 김 역관은 지남의 일행을 데리고 한 주점으로
안내했다. 주점 안에 들어가니 방마다 꽉 메운 손님들과 소리를 지르는 주
모와 바쁘게 음식을 나르는 종업원들로 매우 소란스럽고 왁자지껄했다.

"와! 무슨 주막이 이렇게 크고 화려합니꺼?"

"왜, 싫어?"

"아니요, 한양에서도 이런 곳은 와본 적이 없어서요."

갓마흔과 김 역관이 주고받는 대화를 들으며 지남도 이런 주막은 별로
본 적이 없다고 생각했다. 마치 왜의 요시와라나 북경에서 본 듯한 그런
주점이었다.

김 역관이 지배인을 불렀다.

"오늘 아주 귀하신 분들을 모시고 왔으니 신경 좀 써서 해주게!"

"예, 예, 여부가 있겠습니까? 술과 안주는 뭘로 하시겠습니까?"

"일단 막걸리 두 되, 제육볶음 하나, 부침개 하나를 먼저 주게."

"그것만 하면 되겠습니까? 혹시, 이거는?"

하면서 왼손 주먹을 쥐고 새끼손가락을 세워 보이며 씽긋 웃어 보였다.

"좋은 애들 있어?"

"의주가 어딥니까? 계집이라면 조선 천지에 의주만 한 곳이 또 어디 있 겠습니까? 한족, 여진족, 몽고족, 조선 계집아이도 있습니다요."

"조선 계집아이라니?"

"아, 우리가 잡아다 키우는 것들이 있습니다. 아주 젊어서 야들야들합니 다."

"그래 그러면 말이 통하는 조선 애 하나만 들여보내 봐."

김 역관이 지배인을 불러 술을 시키고 나니 모두들 주막 구경한다고 주 위를 두리번거리고 있었다. 잠시 뒤 안주상을 들고 오는 주모 뒤를 한 여 자아이가 술병을 들고 따라왔다. 그녀는 한창 피어서 피부가 뽀얗고 댕기 머리를 보니 한눈에도 조선 처녀임을 알 수 있었다. 오랜만에 여자를 보니 전부 다 눈이 돌아가는 듯했다.

"순이라고 하옵니다."

라고 다소곳이 인사를 하며 문 앞에 꿇고 앉았다.

"'순이' 그 이름 한번 좋다. 너는 그쪽에 앉지 말고 저 안쪽에 계시는 어 른 옆에 가 앉아."

김 역관이 계집아이를 지남 옆에 앉게 하자 지남은 그 아이를 마흔이 옆 에 앉으라며 그쪽을 가리켰다. 바깥은 추웠지만 술집 안은 소란으로 열기 가 넘치고 있었다. 그때 지남이 김 역관에게 물었다.

"의주에 기생이 어째서 그렇게 많소?"

"기생이야 돈 따라다니는 거지 뭐? 조선 천지에 의주만큼 돈이 성한 데 가 있나. 부산 왜관도 여기만은 못할 걸세. 의주는 중국을 오가는 거상들 이 얼마나 많아."

김 역관은 의주에 거상들이 많다는 게 마치 자기 자랑인 듯 으스대며 말 했다.

5. 발뒤꿈치를 잘린 조선인들

"의주 상인들은 주로 어떤 거상이 많답니까?"

지남은 그들이 혹시 화약이라도 다루고 있나 해서 계속적으로 만상들에 대한 질문을 했다.

"아, 이곳 만상들이야 취급 안 하는 게 있나. 중국의 서책이며, 모필, 그림 등 여러 가지지만 특히 비단이 제일 많지. 그런데 이 집 주인도 장사는 했지만 돈은 통발로 모았대."

"통발로요?"

술집 주인이 통발로 돈을 벌었다고 하니 지남은 궁금해 다시 물었다.

"통발로 무슨 돈을 벌어요? 압록강에는 돈이 떠내려 옵니까?"

"돈이 떠내려 오는 게 아니라 돈이 건너오지."

"그게 무슨 말이요?"

그때서야 김 역관이 압록강 통발업자들의 이야기를 하기 시작했다.

"이곳엔 20~30년 전만 해도 밤에 압록강에만 나가면 병자호란 때 포로로 잡혀갔다가 도망쳐 오는 사람들이 무척 많았어, 의주 상인들은 그 사람들을 잡아다 오랑캐한테 넘겨주고 떼돈을 벌었지."

"도환인(逃還人) 말인가요?"

지남이 되물었다.

"그렇지, 자네도 도환인을 아는구먼."

하면서 그 당시 청에 포로로 끌려갔다가 도망쳐 나온 조선인(도환인)의 실태를 이야기하기 시작했다.

"당시 청나라에서는 넓은 땅에 농사일을 시키려고 두 호란 때 조선 사람을 많이 끌고 갔었잖아. 그때 끌려간 사람이 수십만이었는데, 그 사람들이 밤만 되면 도망을 쳤다는 거야. 대부분의 사람은 도중에 잡혀 다시 끌려가거나 맞아 죽었고 용케도 살아남은 사람은 압록강을 건너다 의주 인간 백정들에게 붙잡혀 다시 넘겨졌다는 거야.

그때 하도 넘어오는 사람들이 많으니까 나무로 닭장 같은 집을 만들어 놓고 그 속에다 가두어 두었다가 날이 새면 그들을 묶어서 다시 청으로 넘겼는데 그래서 그 사람들을 통발업자라고 불렀다는 거야."

지남의 일행은 모두가 아무 말 없이 듣고 있다가 갓마흔이 불쑥 한마디를 내뱉었다.

"하이고! 역관님도 거짓말을 하더라도 어느 정도 하셔야지 말도 아닌 그런 말을 하십니까요. 그만하시고 술이나 마십시더."

하고 잔을 들고 술잔을 들이켰다. 그러자 옆에서 술 시중을 들며 듣고 있던 순이가 끼어들며 말했다.

"김 역관님의 저 말씀이 사실입니다. 저 말은 바로 저의 이야깁니다."

라고 하며 울먹였다.

"뭐라고? 너 이야기라고?"

"네. 저의 이야기와 똑같구먼요."

"그럼 너 이야기 한번 해봐!"

그러자 그녀는 차분히 자신의 이야기를 신세타령하듯 털어놓기 시작했다.

"병자호란 때 엄마가 강화에서 심양으로 끌려와서 오랑캐 집에서 종살이를 했습니다. 그러다 그곳에서 조선인 포로와 결혼을 해서 오빠와 저, 남매를 낳아 길렀습니다. 그 뒤, 아버지는 전쟁터에 끌려가서 소식이 끊겼고, 어머님 혼자 우리를 데리고 살았습니다. 그런데 어머님이 돌아가시면서 우리 남매는 고국에 돌아가라며 도망을 치게 해주었습니다. 그때 심양 고려촌에는 의주에 가면 황태업이라는 갑부가 살고 있는데 그 사람을 찾아가면 먹여주고 재워준 다음 고향으로 돌아가게 해준다는 소문이 파다했습니다. 그래서 오빠와 나는 근 두 달을 한밤중에 산속을 헤매며 압록강을 헤엄쳐 건넜습니다. 운 좋게도 압록강 가에서 황 갑부의 하인들을 만났는데 느닷없이 우리를 나무로 짠 우리 속에 가두었습니다. 그 안에는 먼저 간혀있는 사람들도 여러 명 있었습니다. 그들은 모두 다 이제는 황 갑부 덕분에 고국으로 돌려보내질 것이라는 기대에 부풀어 있었습니다. 그런데 그 바로 뒷날 잡혀 온 8명을 모두 마당에 모아놓고 갑자기 우리를 묶었습니다. 그런 다음 청나라 상인들에게 우리를 넘겼는데 저만 옆으로 빼더니 이렇게 3년이 넘도록 술을 따르게 하고 있습니다. 황 태업은 이렇게 인간 통발업을 해서 엄청 큰돈을 모았는데 2년 전에 술병이 나서 죽었습니다. 그런데 그 아들인 황고림은 아버지의 번 돈으로 돈놀이를 하였는데 이자를 제때에 못 갚으면 집이나 논을 마구 빼앗았는데 의주 땅 절반이 그 사람 땅이라는 소문도 있습니다. 그 작년에 심양에서 탈출하는 사람으로부터 오빠 소식을 들었습니다.”

그녀는 오빠 이야기를 하면서 한참 동안 말을 잇지 못하고 울먹이다 뒷말을 이어갔다.

“그때 오빠는 주인에게 넘겨졌는데, 그 오랑캐 주인은 다시는 도망가지 못하도록 오빠의 두 발뒤꿈치를 도끼로 모두 잘랐다고 들었습니다. 청나라 사람들은 도환인을 잡아 오면 무조건 발뒤꿈치를 도끼로 잘라버렸다고 했습니다.”

그 말을 끝으로 순이는 엉엉 울면서 말을 잇지 못했다. 그러자 그 자리는 눈물의 바다가 되고 말았다.

마흔은 주먹으로 술상을 꽝꽝 치며 눈물을 감추려고 고개를 뒤로 젖혔다. 그러나 눈에 찬 눈물이 눈가를 타고 목으로 흘러내렸다. 누구도 아무런 말을 하지 않았다. 지남의 눈에도 붉은 핏발이 서렸고 말없이 고개만 숙이고 듣던 이솔은 술병을 들고 그대로 입안에 부어 넣었다. 김 역관이 무슨 말을 하려고 머뭇거렸으나 차마 말이 나오지 않는 모습이었다. 지남이 말없이 일어나자 김 역관이 계산을 치르고 뒤를 따라 나왔다. 모두들 숙소로 돌아왔다.

***

모두 다 잠이 든 깊은 밤, 갑자기 어디서 불이 났다는 소리가 온 동네를 흔들었다.

"불이야! 불이야! 불 끄러 나오시오! 불 끄러 나오시오!"

불이 났다는 고함소리에 놀라 지남이 방문을 열었다. 대낮같이 불길이 뻗히고 있는 곳은 어제 주막 근처였다. 그렇다면 짐작컨대 황 갑부 집이거나 그 근처였다. 마을 사람들이 자다 말고 일어나 입은 옷에 제각기 물통을 들고 바쁘게 몰려가는 모습이 불빛에 비쳤다. 불길이 거센 밤바람을 타고 휘휘 흔들리며 기왓장 튀는 소리가 꽝! 꽝! 하고 울리며 마치 화승총을 놓는 듯했다. 주인 가족들도 안채에서도 일어나 불구경을 하며 서로 주고받는 목소리가 들렸다.

"아니 이게 무슨 아닌 밤중에 홍두깨래!"

"황 갑부집 맞지?"

"맞아, 맞아. 저 집도 이제는 운이 다 되어가나 보네."

"그래, 돈도 좋지만 사람은 남의 눈에 피눈물 나게 하면 안 돼!" 하고는 그 뒷말이 들리지 않았다.

지남이 자느라고 참고 있던 소변을 보러가니 옆방에서 자던 병이도 혼자서 불구경을 하고 있었다. 그런데 마흔과 이솔이 보이지 않았다. 지남은 그 둘은 아마 술에 곯아떨어져 자고 있나 보다 하고 생각하며 방으로 들어왔다.

뒷날 아침, 숙소 주인 정영길이 평양으로 갈 일이 있다며 떠나기 전에 아침 식사를 같이 하고 싶다며 다 함께하는 자리를 마련하였다.

"아이구, 모처럼 저의 집에 귀하신 분들이 오셨는데 소인이 바빠서 잘 모시지도 못하고 죄송합니다. 아침도 차린 게 변변치 않아 면구스럽습니다."

"무슨 겸손의 말을, 우리는 집에서 먹어보지도 못한 성찬이구만."

그런데 방 안에서 자꾸만 불 냄새가 나는 것 같다며 정영길이 코를 킁킁거리더니 하인을 불러 집 안을 둘러보라고 하고 식사를 시작했다. 그러나 불 냄새가 짙은 것으로 봐서 누군가 함께 밥을 먹는 사람들 옷에서 나는 게 분명했다. 지남은 짐작이 가는 데가 있어 화두를 얼른 다른 데로 돌렸다.

"주인장, 요즘 장사는 어떤가?"

"저희 같은 장사치들이야 연행을 가는 나으리들이 자주 오셔야 밥을 먹고 삽니다. 그런데 이태 전만 해도 1년에 대여섯 번씩 오가던 사신이 요즘은 1년에 한두 번으로 줄어들어 영 재미가 없습니다. 그러니 좀 자주 오시지요."

"그래도 이렇게 대궐 같은 집을 지니고 사는 걸 보니 부럽네 그려."

"하이구, 어제 저녁에 불난 황태업에 비하면 이거는 소꿉장난이지요. 그러나 저러나 저 황 갑부 집이 큰일이구먼요. 그 어른은 아직 더 살아도 될 나이인데 갑자기 죽더니 이제는 그 아들이 집에 저렇게 불까지 났으니 저 집도 이제 운이 다했나 봅니다."

"그 집이 통발업과 고리대금업을 했다면서?"

"네, 그랬지요. 그걸로 의주 제일의 갑부가 되었습니다. 어젯밤에 나가 들어보니, 한밤중에 건장한 두 사람이 황고림이 자는 안방에 침입해서 목에 칼을 들이대고 땅문서를 전부 내놓으라고 했답니다. 그런데 황고림은 절대 내놓을 사람이 아니거든요. 그래서 끝내 거절을 하자 칼자루로 목을 후려쳐 분질러 놓고 방 안에 불을 질러버리고 달아났답니다. 그런데 뒷마당에서 하인들과 맞닥뜨려 싸움이 벌어졌답니다. 범인 중 한 놈이 어찌나 날쌔고 칼을 잘 쓰는지 그 하인들을 모조리 그 칼자루로 쓰러트리고 담을 넘어 백암산 쪽으로 도망을 갔답니다. 그중에 한 놈이 '콰이! 콰이!'라고 중국말을 했다고 하는 것으로 봐서 한 놈은 조선 놈이고 다른 한 놈은 한족 같은데 잡기는 어려울 것 같답니다."

그 말을 듣고 있던 지남은 식사를 마치고 밥숟가락을 놓으며

"천벌을 받은 것 같은데…."

하고 이솔을 쳐다보니 이솔의 바짓가랑이에 시커먼 핏자국이 여기저기 묻어있었다. 지남은 밥상을 밀어 이솔의 바지를 슬그머니 가렸다.

"어떻게 아침 식사가 제대로 되었는지 모르겠습니다."

정영길이 말하자 지남은 배를 만지며

"앞으로 이틀은 굶어도 될 것 같네."

하면서 감사의 표시를 했다. 식사가 끝나자 갓마흔과 이솔은 얼른 자리에서 일어나 밖으로 나가버렸다. 그날 갓마흔과 이솔은 하루 종일 문밖을 나가지 않고 방 안에서 잠만 자고 있었다.

그날 저녁, 김 역관이 찾아와 아직 압록강을 건널 배도 준비가 덜 되고, 내일은 의주부윤 전별연 때문에 이틀간 더 머물러야 한다며 백마산성 구경이나 가자고 하여 그러기로 하였다.

***

다음 날 아침, 식사를 마치고 김 역관을 따라 백마산성으로 향했다. 의주읍성을 떠나 얼마 가지 않으니 웅장한 백마산성이 모습을 드러냈다. 성은 백마산 주봉인 장대에서 각 능선과 능선을 잇고 골짜기는 돌로 막아 배수구를 제외하면 어느 쪽에서도 적이 접근이 불가능하도록 되어있고, 낮은

곳은 높이 쌓고 험한 곳은 낮게 쌓아 균형을 맞추고 있었다. 장대에 올라서서 성 아래를 바라보며 김 역관이 이 산성에 얽힌 이야기를 해주었다.

"이 성은 본래 고구려 성인데 임경업 장군이 와서 다시 보강을 하였다네. 이 성은 용골성, 의주 읍성과 함께 우리 조선의 서북쪽을 막고 있는 가장 중심이 되는 보루야. 남에 동래 산성이 있다면 북에는 백마산성이 있다고 보면 될 걸세."

"그럼 이 성에서 벌어진 전투가 있습니까?"

이솔이 물었다.

"있었지, 1636년 12월(병자호란), 청태종이 용골대와 마부대를 앞세우고 이곳 백마산성에서 전투가 벌어졌었네. 그러나 그들이 아무리 공격해도 성이 함락되지 않자 아예 이곳을 피해 한양을 바로 공격하여 다음 해 바로 1월에 삼전도에서 인조 임금의 항복을 받은 것일세."

"그러면 백마산성에서는 임경업 장군은 이기고, 남한산성에서는 인조 임금님은 지고…. 피장파장이네요."

병이가 고개를 옆으로 갸우뚱하면서 말하자, 김 역관이 한탄하듯 뒷말을 이어갔다.

"역사가 그렇게 되었네. 그때 인조 임금이 남한산성에서 청 태종에게 삼배구고두례(三拜九叩頭禮)라 하여 세 번 무릎을 꿇고 절을 하며 한 번 무릎을 꿇을 때마다 세 번씩 머리를 땅에 박는 수모를 당했다고 했잖아. 뼈에 사무치도록 아픈 역사지."

김 역관의 말을 듣고 있던 지남이 자리에서 일어나며 김 역관을 보고 말했다.

"만약 당시 우리가 좋은 총과 화포를 가지고 있었다면 왜란도 호란도 당하지 않았겠지, 힘없으면 나라도 없고 백성도 없네. 그렇지 않습니까? 선배님."

일행은 북장대에서 내려와 주막거리에서 느지막하게 점심 겸 저녁을 먹고 용만관 앞에 도착했다. 어둡기도 전에 벌써 부윤의 전별연이 시작되어 인근 철산, 용천 수령들과 백마산성장과 용골성 성장, 만상대표와 수십 명의 기생들이 춤을 추고 연회가 한창이었다. 그러나 지남은 연회장으로 가지 않고 숙소로 발길을 돌렸다. 그러자 병희가 자꾸만 뒤를 돌아보며 지남에게 말했다.

"나으리, 우리도 연회장에 가봅시다요. 거기 가면 먹을 것도 많고 오랜만에 기생 구경이라도 한번 해보게요."

그러나 지남은 들은 척도 하지 않았다. 그러자 이번에는 김 역관이 지남 앞에 얼굴을 내밀며 말했다.

"김 통사, 웬만하면 한 번 가보지 그래, 수하들도 저렇게 가고 싶어 하는데. 그리고 거기 가면 우리가 앉을 자리도 별도로 마련되어 있네."

그래도 지남은

"아니요."

하면서 그냥 자기 갈 길을 가는 듯했다. 그러자 김 역관이 다시 말했다.

"혹시, 내가 뭐 서운하게 한 게 있나?"

하고 다그치듯 종용하자, 지남이 김 역관을 돌아보며 자기 속내를 드러냈다.

"선배님, 저도 오래전 통신사를 따라갔을 때는 환영회도 좋고 전별연도 좋아했습니다. 부산에서는 '영실'이라는 기생의 지성스러운 도움도 받아 지금도 생각하고 있습니다만, 지나고 보니 그때는 철이 없었던 때였습니다. 지금 우리가 가는 통신사나 연행사는 우리가 자진해서 가는 게 아니고 마지못해 가는 것입니다. 예물로 가져가는 각종 진상품도 있어서 가져가는 게 아니라 없는 백성들에게 기름 짜듯 짜서 가져가는 것입니다. 그런 걸 알고 나니 이제는 저런 연회도 한 번이면 족하다는 생각이 들고 가는 곳마다 환송, 전별연을 받을 일은 아니라는 생각이 듭니다. 그러니 가시려면 수하들 데리고 다녀오시지요."

단호한 입장을 보이자 김 역관도 목소리를 낮추며

"내 생각이 짧았네."

하고 지남은 가던 길을 그대로 재촉했다. 하면서 하는 말이

"자네들에게 미안하네."

라고 하자 마흔도, 이솔도

"아닙니다. 나으리 죄송합니다."

하고 말했다. 가만히 듣고 있던 병이가 자기가 한 말에 가책을 느꼈던지 오히려 더 너스레를 떨었다.

"아이구, 이런 연회가 평양에서도 있었고 그 앞에도 있었는데, 나으리 말씀을 들으니 저 기생들 노랫소리와 가야금 소리가 백성들의 비명 소리 같이 들립니다요."

"에끼 이놈아, 혓바닥 밑에 도끼 있는 줄 모르느냐?"

병이를 야단치며 숙소로 돌아왔다.

6.

사행의 사행길

다음 날인 11월 24일 아침, 김 역관이 찾아와 식사를 같이 했다. 식사를 마치고 나서 그는 제법 큰 보따리 하나를 풀었다.

"자, 내가 선물할 것은 없고 변변치 않지만 마음이니 받아주게."

하면서 모피 4장을 내놓았다.

"아니, 이게 늑대 가죽이야, 여우 가죽이야?"

지남이 놀라움을 표시했다.

"아닐세, 개가죽이네. 이것 가지고 가면 나중에 긴히 쓰일 곳이 있을 테니 받아주게."

김 역관이 개가죽 한 장씩을 나눠주자 누구보다 병이가 좋아했다. 병이가 허우대는 멀쩡하지만 추위를 많이 타는 체질이라 제일 반기는 모습이었다.

이제까지는 우리 땅에서 지방의 수령들 대접을 받았지만 압록강을 건너면 그때부터는 청나라에서 모든 숙식을 책임지도록 되어있었다. 그러나 실제 사정은 전혀 달랐다. 우리의 사신들의 장계에 의하면 그들은 한겨울에도 사신들에게 숙소를 주지 않고 산기슭이나 강가에서 자게 하고 식량을 제때에 공급해 주지 않아 양식이 부족해서 죽을 끓여 먹는 일이 비일비재했다. 알고 보면 사행(使行)길은 사행(死行)길이었다. 이러한 사정을 누구보다 잘 알고 있는 김 역관은 추위라도 이기라며 개가죽을 준비했던 것이다.

같은 사행길이라도 일본에 가는 통신사는 경우가 또 달랐다. 왜냐하면 우리 조선의 문물이 일본보다는 우월하고 특히 시문(詩文)에 강해 우월감을 가지고 있었으며 기본적으로 일본과는 서로 평등한 교린관계(交隣關係)였기 때문이었다.

뒷날 이른 새벽, 드디어 삼사의 출발을 알리는 나팔 소리가 울렸다. 맨 먼저 정사의 행렬이 통군정을 빠져나가 압록강 북동쪽의 검동도 쪽으로 향했다. 새벽의 강바람은 눈 뜨기가 힘들 정도였다. 삼사가 탄 가마와 수역과 자제 군관이 탄 말과 짐을 실을 수레와 무장한 의주부 군사들까지 족히 300~400명은 되어 보이는 행렬이 압록강 연도를 하얗게 뒤덮었다. 행렬은 조용했고 분위기는 엄숙했다.

수많은 깃발을 앞세우고 취주악대가 북치고 나팔 불며 행렬을 이어나가던 통신사행과는 사뭇 달랐다. 강변에 도착하니 의주부 단련사들이 인삼과 은화, 주요 서책 등 반출 금지 품목과 초과 소지에 대한 검사가 시작되었다. 두 줄로 늘어선 사람들이 모두 자기 짐을 풀어 헤쳐놓고 검사를 받기 시작했다. 단련사들은 서장관이 보는 앞에서 한 사람씩 바지와 저고리를 벗겨 몸 수색을 하고 조금이라도 의심스러우면 상투까지 풀어 헤쳤다. 검색을 받고 있는 짐과 보따리 뭉치들이 강변을 하얗게 뒤덮었다.

드디어 김지남과 수하들의 검색 차례가 다가왔다. 단련사가 지남 앞에 서자 김 역관이 지남의 검색을 도왔다. 단련사들이 지남의 명단과 얼굴을 한번 쳐다보더니 말없이 통과시켰다. 그다음은 이솔과 갓마흔, 병이 순이었다. 그들도 김지남의 같은 일행이라고 설명하자 모두들 무사히 통과되었다. 몇 발을 걸어나가는데 갑자기 한 단련사가 병이를 불렀다. 병이가 깜짝 놀라며 뒤를 돌아보는 순간 다시 오라고 손짓을 했다.

　　　　　　　　　　　　　　　　　6. 사행의 사행길

그러더니 병이의 바지를 벗으라고 했다. 병이는 왜 나만 가지고 그러느냐고 항의했다. 그러자 단련사는 말이 많다며 병이를 한쪽 옆으로 불러내어 두 손을 들게 하고 바지를 강제로 벗겼다. 바지를 벗고 보니 허리에는 김 역관이 준 개가죽을 두르고 있었다. 단련사는 이게 뭐냐고 따져 묻자 김 역관이 나서며 이것은 자신이 준 선물인데 다른 것도 아니고 개가죽이라고 말하자 단련사는 바지를 입게 하고 통과시켰다. 병이는 창피하게 자기만 바지를 벗었다고 투덜댔다. 그때 마흔이 말했다.

"야! 그걸 허리춤에 두르니 바지 속이 너무 불룩하잖아. 그러니 벗어보라 한 거지. 그래도 너 출세했다. 아랫도리에 압록강 구경도 시켜주고."

병이는 분하다는 듯이 놀리지 말라며 짜증을 부렸다. 이렇게 철저하게 조사를 거치다 보니 아침부터 시작된 검색이 한낮이 지나서야 끝이 나고 모두 압록강을 건널 수 있었다.

압록강을 건너온 사행단은 의주가 마주 보이는 구련성에 도착했다. 이곳은 단동의 동북쪽에 30~40리에 위치한 마을로 고려시대에는 금나라가 9개 성을 쌓았다 하여 구련성(九連城)이라 불렀다. 명, 청시대 중국을 오가는 양국의 사절이 꼭 거쳐야 하는 주요 통로였다. 구련성에 도착하니 날은 벌써 저물었다. 이곳은 원래 우리의 땅이었지만 현재는 청이 지배하고 있다. 그러면 당연히 청에서 숙소를 마련해 주어야 하는데 우리 사신에게 숙소를 제공해 주지 않는 말도 안 되는 짓을 하고 있었다.

말이 쉬워 노숙이지 이 한겨울에 한데서 별을 보고 잔다는 게 있을 수 없는 일이었다. 삼사는 조선의 왕족이요 재상들이다. 그럼에도 이런 푸대접을 한다는 것은 우리나라를 얼마나 얕보았으면 이런 짓을 할까 생각했다. 우리 땅을 벗어나니 바로 약소국의 설움이 시작되었다.

명, 청의 사신이 올 때는 우리는 대체 그들을 어떻게 대접했던가? 압록강을 건너오기 전부터 접반사라하여 고위 관리가 밀착 안내를 하다가 일단 우리 땅에 들어오면 그때부터는 칙사(勅使)라 하여 황제 모시듯 했다. 지남이 통신사 일행으로 갔을 때에 일본에서도 이런 일은 없었다. 지남은 과연 이 추운 밤을 산속에서 어떻게 지내야 할지 여간 걱정이 아니었다.

구련성을 한참 지나 인가도 없는 산기슭에 도착했다. 땅거미가 내릴 무렵 그곳에서 노숙을 한다고 하였다. 앞에는 작은 계곡이 흐르고 뒤편은 제법 높은 산이 있었다. 지남이 10여 년 전에 김주 대감을 모시고 갈 때도 이곳에서 노숙을 했던 기억이 떠올랐다. 민가도 없는 이런 외진 산기슭에 노숙을 한다고 불평을 늘어놓는 소리가 들렸다. 어제저녁까지만 해도 의주에서 편히 잤는데 바람과 추위를 막을 아무런 준비도 해놓지 않고 노숙을 시킨다고 하니 그럴 법도 했다. 그중에서도 특히 가마를 메고 가는 교꾼들의 움직임이 심상치 않았다. 잠시 뒤 교꾼 서넛이 모여 종사관을 찾아갔다. 자신들은 이 추운 곳에서 잠을 자고 나면 몸이 굳어서 가마를 메지 못한다고 자신들에게 천막을 하나 달라고 요청했다. 그러나 종사관은 없는 천막을 어떻게 하느냐고 그들을 달랬다. 그때부터 뒷말하는 사람들이 없어 각자 노숙 준비에 들어갔다.

삼사의 잠자리는 의주부에서 사람을 미리 보내 구덩이를 파고 구들을 만든 다음 그 밑에 불을 때고 위는 천막을 쳐서 완벽하게 만들었고, 수역들이 잘 곳은 맨땅을 다진 다음 그 위에 마른 거푸집을 깔고 그 위에 천막을 쳤고, 사신들이 개인적으로 데리고 온 자제군관들과 상통사들에게는 어디서 구입했는지 무명천으로 된 천막을 치고 있었다. 그러나 일반 역관들과 짐수레를 끄는 하인들은 몇 사람씩 모여 화톳불을 피워놓고 그쪽으로 발을 뻗어 둥그렇게 둘러누워 잠을 청했다.

지남도 한쪽 모퉁이에 자리를 잡았다. 이솔과 병이가 산에서 주워온 나뭇가지로 불을 피우고 그 위에 돌을 얹어 달군 다음 그 위에 거푸집을 깔고 한양에서 가져온 이불을 덮고 누웠다. 기댈 곳이라곤 오직 불에 달궈진 돌밖에 없었다.

밤하늘의 별들이 은가루를 뿌려놓은 듯했다. 지남은 자고 있을 가족들을 생각했다. 남의 땅 어느 산기슭에서 노숙을 하는 판이니 신분도 체면도 가릴 것도 없이 그냥 넷이서 서로의 체온에 의지하며 한 덩어리가 되어 누웠다. 지남은 풍차를 쓰고 두꺼운 누비이불을 덮으니 어머니의 정이 새삼 포근하게 느껴졌다. 그러나 이내 찬 공기가 이불을 뚫고 몸속으로 파고들었다. 그때 김 역관이 준 개가죽을 꺼내 그 위에 덮었다. 그때서야 영복이 개가죽을 선물해 준 뜻을 알았다.

돌아누운 이솔과 병이의 코고는 소리가 들렸다. 지남은 누워도 잠이 오지 않았다. 다시 하늘을 보았다. 하늘의 별들도 자지 않고 눈을 깜빡이고 있었다. 아들 경문, 현문, 순문의 얼굴이 아른거리고 아내와 어머니가 배웅하며 손을 흔들던 모습이 선했다.

지남은 명색이 사신을 따르는 역관이라고 하면서 남의 나라 야산에서 천막도 없이 노숙을 하는 것에 한심한 생각도 들었다. 그래도 여기저기서 드르렁드르렁 코 고는 소리가 들렸다. 그래도 세상모르고 코를 고는 순진하고 착한 저들이 고맙고 불쌍했다.

그러다 깜빡 잠이 들었는데 어머니가 "남아! 남아!" 하고 큰 소리로 부르는 소리가 들렸다. 놀라서 눈을 뜨니 '뿌우~ 뿌우~' 하고 천아성(天鵝聲) 나팔 소리가 온 산에 울려 퍼졌다. 횃불을 든 하졸들이 "호랑이다! 호랑이!" 하고 고함을 질러댔다. 호랑이라는 소리에 모든 사람들이 일어나 우왕좌왕하며 어쩔 줄을 몰랐다. 사람들이 일어나 웅성거리고 있을 때는 이미 호랑이가 한 사람을 물고 가버린 뒤였다. 상황이 이러니 모두 잠을 잘 수가 없고 옹기종기 모여 앉아 화톳불만 피우고 있었다.

그래도 지남은 자리에 다시 누웠다. 그런데 이번에는 북쪽 정사 대감이 자고 있는 천막 주위에 호랑이가 어슬렁거리고 있다고 고함을 지르며 나팔을 불어댔다. 무관들이 창과 횃불을 들고 그쪽으로 우르르 몰려갔다. 이렇게 하룻밤 사이에 두 번의 호랑이 소동을 피우고 나니 그냥 먼동이 텄다.

전날 밤을 뜬눈으로 새운 지남은 숙소를 벗어나 세수를 하고 정신을 가다듬었다. 몸이 얼음처럼 굳어 천근이었지만 수하들을 데리고 아침 식사를 하러 갔다. 아침밥이란 게 고작 흰죽 한 그릇이었다. 첫날부터 죽을 끓여주는 까닭을 알 수가 없었다. 여기저기서 쑥덕거리는 소리가 들렸다.
"대체, 이걸 먹고 어찌 산길을 넘어간대요?"
지남이 들어보니 말은 맞지만 도리는 없었다. 그래도 굶기지는 않는 것이 낫지 않는가라는 생각이 들었다.
"형님, 어젯밤에 호랑이가 사람을 물고 갔다면서요?"
"나도 몰라, 한창 자고 있었는데 잠결인지 꿈결인지 고함 소리가 들리기는 했지만 나는 그냥 잤어."
병이와 마흔이의 대화를 들으며 그 와중에 잠을 잤다는 마흔이 부러웠다.
갓마흔은 죽 한 그릇을 받아 들고 그 자리에서 후루룩 마셔버렸다. 그러더니 저만큼 뒤로 가서 줄 속에 또 끼어들었다.
"저 사람, 어디서 얌체 짓 하는 거야. 저 인간 잡아내."
하면서 뒷사람들이 소리를 지르자 아무 대꾸도 못 하고 얼굴을 붉히며 쫓겨 나왔다.

"나으리, 흰죽 한 그릇 마시고 어떻게 길을 간다는 것인가요?"

지남도 어쩔 수 없는 일이라 아무런 대꾸도 하지 않았다.

지남은 잠자리로 돌아와 짐을 챙긴 다음, 잠자리에 깔았던 돌을 하나씩 치우며 원상회복을 시켜놓았다. 여명이 트자 출발을 알리는 나팔 소리가 들렸다. 아침부터 오전 내내 산을 넘고 들을 건넜다. 정오가 되자 점심때 는 주먹밥을 한 덩어리씩을 주었다. 사행길이 저승길이라는 말이 빈말이 아니었다. 저녁 무렵 드디어 책문 외곽에 도착했다.

고려 때까지만 하여도 이곳은 우리의 땅이었기에 "고려문"이라 부르던 곳이다. 여진족이 청을 세운 이후, 이곳에 버드나무를 심어 유조변(柳條邊) 이라 하며 사실상 국경으로 삼았다. 아무튼 이 책문은 우리나라 사신들이 중국의 영내로 들어갈 때 거치는 첫 관문(세관)인 셈이다. 그리고 양국의 사신이 오갈 때 개경의 송상, 의주 만상과 청의 화상들이 몰려 이른바 책 문 후시를 여는 유명한 교역지이기도 했다. 책문은 봉황성 성장이 관할하 고 있었는데 뇌물을 주지 않으면 며칠간이고 결코 문을 열어주지 않는 곳 으로 유명했다. 예전에도 닷새나 문을 열어주지 않아 양국 간에 큰 문제가 생기기도 하였다.

어떻든 이번에도 봉황성장이 어떻게 나올지 몰라 불안한 마음으로 책문 에 도착했다. 그런데 이번에도 예외는 아니었다. 우리 사행단이 도착했는 데도 당연히 열어주어야 할 문을 열어주지 않고 있었다. 그들이 문을 열어 주지 않는 공식적인 이유는 봉황성장이 급한 일이 있어 아직 나오지 못했 다는 것이었지만 실상은 뇌물을 빨리 바치라는 뜻이었다.

조선 최고의 지위에 있는 종실과 재상들이 국서를 모시고 자기 나라 황제를 알현하러 가는데 변방의 일개 성장이 문을 열어주지 않는다는 게 지남으로서는 이해가 되질 않았다. 그러나 그것은 현실이었다.

　분을 이기지 못한 서장관이 담당 역관을 불러 주선을 잘못했다고 그들이 보는 앞에서 다짜고짜로 곤장을 때렸다. 그러나 그런 정도의 속임수에 넘어갈 오랑캐들이 아니었다. 그들은 끝내 문을 열어줄 기색을 보이지 않았다. 그렇다고 우리로서는 얼마 전까지만 해도 오랑캐라고 멸시하던, 그것도 변방의 일개 성장에게 뇌물을 주는 것도 자존심이 허락하지 않아 그대로 버티다가 결국 또 노숙을 해야 할 처지가 되고 말았다.

　상황이 이렇게 되자 여기저기서 이틀 연속 노숙은 못 한다며 불만을 털어놓기 시작했다. 심지어는 책문을 부수고 안으로 들어가자는 주장을 하기도 했다. 사태는 점점 심각해져 갔고 지남으로서도 그 진행상황을 지켜볼 수밖에 없는 상황이었다. 그때 어디서 몰려 왔는지 한 무리의 화상(華商)들이 몰려왔다.

　그 반대쪽에서는 송상과 만상으로 보이는 조선 사람들이 수레에 산더미처럼 짐을 싣고 나타났다. 분명히 어제 압록강을 건널 때는 보지 못한 사람들이었다. 그들의 옷차림도 그렇고 짐 보따리도 붉은색 푸른색 보자기로 덮어 새끼줄로 꽁꽁 동여맨 생소한 짐 꾸러미들이었다. 그러더니 그들은 오랜만에 만난 사이였는지 서로 손을 잡고 인사를 하며 아주 반가운 표정이었다. 그리고는 짐을 풀고 물건을 뒤적이며 거래를 하고 있었다.

　지남이 슬며시 다가가 쳐다보니 화상들이 가지고 온 물건은 비단과 약재, 그리고 짐승 뿔 등이었고 그중에는 서책(書冊)도 보였다. 조선 사람들이 풀어놓은 짐 속에는 면포, 담비 가죽, 종이, 먹, 부채 등이었다. 그런데 인삼 냄새가 진동하는 것으로 봐서는 어딘가에 인삼이 있기는 한데 어디에 감추어 놓았는지 보이지는 않았다. 인삼은 거래 품목이 아니라 적발되면 그 자리에서 몰수를 당하기 때문이었다. 그런데 또 다른 한쪽을 둘러보니 그곳에서는 아예 자루 하나를 풀어놓고 인삼을 흥정하고 있었다. 그리고 다른 한 곳에서는 중국의 헌책을 뒤척이며 이야기를 주고받기도 했다.

지남은 호기심이 발동하여 장사꾼인 것처럼 하고 그 속에 끼어들었다. 지남이 관심을 보인 것은 그들이 가지고 온 책이었다. 그 책은 화공(火攻)의 전법(戰法)에 관한 병서였다. 지남은 그 책이 얼마냐고 물었다. 그러나 값은 말하지 않고 얼마를 주겠느냐고 그는 말했다. 그러자 지남은 다른 책은 없느냐고 다시 물었다. 그러자 무엇에 관한 책을 찾느냐고 물었다. 지남이 화약에 관한 책이라고 하자 그는 왜 없겠느냐고 하면서 돈만 많이 주면 얼마든지 구해주겠다고 했다. 그러자 날이 저물어 책문이 열리면 안으로 들어가야 하니 내일 보자고 했다. 그랬더니 그 화상이 자신들의 물건이 다 팔릴 때까지 문을 열어주지 말라고 이미 손을 써놨으니 아예 시간 걱정은 하지 말라고 했다.

지남이 그때서야 책문을 열어주지 않는 이유를 알았다. 지남은 얼른 달려가 민 대감에게 이 사실을 알리고 싶었지만 그들 앞에서는 애써 태연했다. 그러면서 화약에 관한 책을 보자고 했다. 그러나 그런 책은 가지고 다니는 물건이 아니기 때문에 심양에 오면 서문 밖으로 나와 자기를 찾으라며 쪽지 하나를 건넸다.

거기에는 "馬椒介"라는 이름 석 자뿐이었다. 지남이 다시 물었다. '마초개'라는 이름 석 자를 가지고 그 넓은 심양에서 어떻게 찾느냐고 물으니 서문에 오면 자기 이름 모르는 사람이 없으니 능히 찾을 수 있을 거라고 했다.

지남은 자기 이름도 마상용(馬爽鏞)이라고 소개를 하였다. 그러자 마초개는 우리는 서로 같은 성씨라고 반가워하며 조선에도 마씨가 있느냐고 물었다. 지남도 이 중국 땅에 와서 일족을 만나 가족 만난 기분이라며 호의를 보인 뒤 헤어졌다.

***

지남은 마초개가 한 말을 기억하며 책문을 열 수 있다는 확신을 가지고 민 부사를 찾아갔다.

"나으리, 지금 제가 책문에 가서 담판을 짓고 오겠습니다."

"뭐라고? 자네가 담판을 짓겠다고? 무슨 담판을 짓겠다는 것인가?"

"저들이 문을 열어주지 않고 있는 이유를 알고 있습니다."

"이 사람아, 성장이 지금 급한 일이 있어 오지 못했다고 하지 않는가. 자네 같은 일개 역관이 무슨 수로 봉황성장이 열어주지 않는 책문을 열겠다는 것인가. 쓸데없는 소릴 말고 돌아가 빨리 산에 가서 마른 나뭇가지나 주워 오게."

호통을 쳐서 지남을 돌려보냈다. 지남이 돌아와서 보니 다들 야영준비를 한다고 구덩이를 파고 한편으로는 어둠 속에서 산에 올라가 나뭇가지를 줍다가 산에서 구부러지고 가시에 찔려 상처투성이가 되어 한 아름씩 나무를 안고 돌아오고 있었다. 그러나 그 정도로는 오늘 밤을 또 노숙하며 잘 수는 없다고 판단하였다. 지남은 민 부사를 다시 찾아갔다.

"부사 나으리, 저에게 한 번만 기회를 주십시오, 제가 꼭 이 문을 열고 오겠습니다."

"이런 정신없는 사람을 봤나. 네가 역관 주제에 무엇을 어떻게 하겠다는 것이냐?"

"어떡하든 문만 열고 오면 될 게 아닙니까?"

"아하, 이런 고이헌 일이 있나, 대체 네가 무슨 재주로 열겠다는 것이냐 그 내막이나 들어보자."

"그 내막을 아뢰기는 어렵고 만약 제가 문을 열지 못하면 제가 처벌을 받겠습니다. 그땐 소인에게 곤장을 치십시오."

"그래, 좋다. 만약 네놈이 그 문을 열지 못하고 오면 소란죄를 물어 곤장 100대를 안길 것이니 그리 알기나 해, 그럼 가봐."

민 부사의 승낙을 받고 지남은 단신으로 책문으로 다가갔다. 그리곤 문지기를 불렀다. 털모자와 두터운 누비 방한복을 입은 문지기가 긴 칼을 덜렁거리며 문 앞을 이리저리 다니고 있었다. 그때 지남이 유창한 여진 말로 문지기에게 말을 전했다.

"나는 조선에서 온 역관 김지남이다. 당신 성장을 만나려 한다."

고 하자, 그 문지기는 들은 척도 하지 않고 딴전만 피우고 있었다. 그래서 지남은 다시 그 문지기를 불러 강한 어조로 말했다.

"지금 책문 앞에서 만상과 화상들이 당신네 나라의 금서(禁書)와 골동품을 가지고 와서 조선 사람들과 대량의 밀거래를 하고 있다. 그런데 그들이 책문을 빨리 열어주면 물건을 팔 시간이 없기 때문에 성장에게 손을 다 써놨다고 하는 이야기를 내가 직접 들었다. 나는 연경에 가면 황제를 알현하고 직접 통역할 사람이다. 만약 지금 문을 열어주지 않으면 황제에게 이 사실을 낱낱이 고할 것이다."

그러자 문지기의 태도가 급변하면서 나긋한 목소리로 말했다.

"잠깐 기다리시오, 왜 그리 성정이 급합니까? 잠깐 기다려 보세요."

하더니 어디론가 총총걸음으로 사라졌다. 지남은 어둠과 추위 속에서 마음을 졸이며 기다리고 있었다. 1시간 정도 지나자 그 문지기가 돌아오면서 지금 막 성장이 돌아왔다며 책문을 열어줬다.

그때 누군가 고함을 질렀다. "책문이 열렸다! 책문이!" 그러자 구덩이를 파고 불을 놓고 있던 사람들이 한둔 채비를 걷어치우고 짐을 들고 한꺼번에 책문으로 몰리면서 사람들이 자빠지고 넘어지며 문이 부서지는 등 일대 소동이 벌어졌다. 지남도 일단 수하들과 짐을 챙겨 바삐 문 안으로 들어갔다. 정상적으로 책문을 통과할 때는 미리 의주부에서 제출한 사행단의 명단과 예물 단자, 그리고 개인 휴대품 등을 낱낱이 대사하며 출입을 시켰다. 그러나 이번에는 비정상적으로 문을 열다 보니 추위에 떨던 사행단이 일시에 몰려들어 책문 안으로 들어가게 된 것이다.

문안에는 긴 회랑처럼 하나로 길게 이어진 집이 2채가 있었다. 그곳에는 언뜻 보아 수백 명도 한꺼번에 잘 수 있을 것 같았다. 집 밖에는 군데군데 횃불을 밝혀두기는 했지만 어두워 잘 보이지는 않았다.

그 와중에도 삼사는 다행히 온전한 방으로 안내되었지만 나머지 원역들은 서로 방을 차지하려고 대혼란이 일어났다. 그도 그럴 것이 이 추운 날씨에 한데서 자려고 준비를 하다가 갑자기 집 안으로 들어오라 하니 그보다 더 반가운 소식은 없었을 것이다. 그러나 수백 명이나 되는 사람이 일시에 집 안으로 들이닥치니 방 수가 모자라 일부는 복도에 자리를 잡고 그렇지도 못한 하인들은 처마 밑에 자리를 잡았다. 그렇게 해서 모든 사람이 다행스럽게 관사 안으로 들어오게 되었다.

집 안은 실내에 부엌을 만들어 불을 넣도록 되어있는 중국식 갱(坑)으로 예전에 보던 그대로였다. 우리의 온돌은 방 밖에서 불을 넣는 형태지만 이곳은 아궁이가 집 안에 있어 실내에서 불을 넣도록 되어있어 그 열기가 고스란히 실내에 번져 공기는 탁했지만 집 안은 따뜻했다. 뒤 건물에는 여러 개의 점포가 있었는데 각 점포(鋪子)마다 중국의 화상들이 장사를 하고 있었다. 거래되는 품목은 매우 다양했고 사행단이 가지고 온 인삼도 많이 거래되고 있었다. 그때 누가 등 뒤에서 지남에게 말을 건네는 사람이 있었다.

"통사님, 인삼 가져오신 것 있으면 소인에게 넘기시지요."

이곳에서 자기에게 역관이라는 신분도 알고 팔포로 인삼을 가지고 왔다는 사실을 알고 보면 보통 사람은 아닌 듯했다.

"댁은 뉘신데 나를 알아보오?"

"허허! 소인은 변방으로 다니면서 뒤로 나오는 물건이나 팔아서 먹고사는 장원이라는 장사치이옵니다. 장사한 지 오래되어 척 보면 압니다."

"허허! 그래 한눈에 사람을 알아본다니 대단하구먼, 허나 이번에는 잘못 짚었구려."

"점잖은 분이 거짓말하면 안 되지요. 마부들도 가지고 다니는데 통사께서 안 가지고 오셨다면 그걸 믿을 사람이 어디 있겠소이까? 그러시지 말고 소인에게 넘기십시오, 만상이나 화상들에게 넘기는 것보다는 잘 쳐드리겠습니다."

"헛수고하지 말고 다른 사람들에게나 가보시게."

하고 지남은 점포를 빠져나왔다.

그날 저녁, 지남은 민 부사를 따라 정사 낭원군을 찾아뵈었다. 방에 들어서니 삼사와 삼 수역이 모두 미리 와 있었다. 지남은 방문 앞에서 허리를 굽혀 예를 갖추었다. 민 부사가 지남을 소개했다.

"이 자가 역관 김지남이옵니다. 오늘 우리가 추운 야산에서 노숙을 하지 않고 이렇게 집 안에서 편히 잘 수 있게 된 것은 오로지 이 자의 덕입니다."

라고 하자 낭원군이 서두를 꺼냈다.

"그대가 아니었으면 오늘 우리 모두가 밖에서 떨어야 했는데 그대 기지로 이렇게 따뜻한 집 안에서 자게 되었는데 참으로 기특한 일이 아닐 수 없다. 그런데 어찌 혼자의 힘으로 이 굳게 닫혔던 문을 열었는지 그 과정을 한번 듣고 싶네."

"네, 정사 나으리, 별것 아니었습니다. 다만 소인도 한둔 준비를 하다가 밖에서 우연히 밀상(密商)들의 이야기를 듣게 되었습니다."

그 이야기인즉슨 하며 그 사이에 있었던 자초지종을 아뢰었다. 그 말을 듣고 있던 정사는 지남의 기지가 대단하다고 높이 치하하며 지남의 이름 석 자를 잘 기억하겠다고 말했다. 그날 밤은 정사 이하 모든 하인들까지 따뜻한 집 안에서 하룻밤을 푹 잤다.

***

밤사이 서장관 박창한은 책문에 제출하여야 할 인원 명단과 예물 단자 등을 제출하고 통과하는 절차를 모두 마쳐놓고 있었다. 11월 25일 여명에 모두 일어나 출발 준비에 바빴다. 그래도 다행인 것은 한데서 자지 않고 숙소에서 자고 나니 몸들이 가벼운 모양이었다. 그러나 또 문제가 발생했다. 책문에서부터는 모든 짐의 운반은 청나라 사람들의 수레만을 사용하도록 되어있었다. 그들의 무자비한 횡포는 이미 오래전부터 악명이 높았다. 터무니없는 삯을 요구하며 싫으면 말라는 식이었다. 그러고도 수레가 부족해 짐꾼 구하는 문제가 보통이 아니었다.

작년부터 이곳 수레 장사는 추대인(秋大人)이라는 70대 노인이 틀어쥐고 있는데 그 사람의 사위가 연경에 있는 성 문지기라는 것이었다. 이 노인은 어찌나 욕심이 많은지, 언제나 삼사의 짐은 자기 수레에 실어야 하고, 삯도 곱절을 받았다. 만약 다른 수레꾼이 그 사람 눈에 나면 그는 이곳을 떠나야 했다. 상황이 이러니 우리 사신들이 오고 갈 때마다 수레 실랑이가 벌어졌고, 이를 청에 시정을 요구했지만 지시가 내려와도 며칠 뒤면 유야무야되고 말았다. 그러니 울며 겨자 먹기로 그 수레를 이용할 수밖에 없었다.

그날 아침에도 청나라 짐꾼들이 줄을 지어 기다리고 있었다. 우리 쪽에서는 한 푼이라도 싸게 하려고 그들과 흥정을 해봤지만 그들은 귀를 막고 있었다. 그런데 다행스럽게도 지남은 책문에 파견되어 있던 후배 역관 허병길이 젊은 수레꾼 한 사람을 데리고 와서 인사를 시켰다.

"선배님, 이 사람은 할머니가 조선 사람입니다. 우리 조선말도 잘하고 사람이 성실합니다. 한번 이용해 보시지요."

"그래! 그것 참 잘됐구만, 이름이 뭐지?"

"유기현입니다. 나이는 19살이고 집은 랴오닝(遼寧)입니다."

그는 우리말을 아주 유창하게 잘했다.

"아니, 요녕에서 여기까지 수레를 끌러 오는 거야?"

"네, 그렇습니다."

"그런데 자네는 말투가 우리와 별로 다른 게 없는데 어디서 배웠는가?"

"네, 저의 할머님이 조선분이시고 아버지도 이곳에서 오랫동안 조선 사신님들의 수레를 끌었기 때문에 조선말은 조금 할 줄 압니다."

"이거 아주 잘됐구나. 허 역관 고마우이!"

"아닙니다, 선배님, 그럼 잘 다녀오십시오."

하고 허 역관과 서로 헤어졌다.

기현은 수레에 짐을 실으며 자기 할머니가 조선 사람이라는 것을 지남에게 강조하면서 자신은 어머니 없이 할머니 손에 자라 조선을 아주 좋아한다고 했다.

그때 정사의 출발을 알리는 나팔 소리가 들렸다. 일제히 자리를 털고 일어나 길을 재촉했다. 얼마 가지 않아 멀리 봉황산이 보였다.

산이 크지는 않았지만 바위가 많고 산세가 험해 매우 옹골차게 보였다. 점점 다가가니 봉황산성이 웅장한 모습을 드러내기 시작했다.

성은 우뚝 솟은 여러 봉우리와 가파른 바위 절벽들 사이로 견고하게 자리하고 있었다. 성 아래서 아침밥을 먹었다.

수레꾼 기현도 자기들끼리 밥을 준비해 와서 지남의 일행과 함께 식사를 했다.

그는 나이도 어리지만 사람이 붙임성이 있고 싹싹했다. 그는 식사 도중 우리의 역사를 붙여가며 봉황산성에 관한 설명을 해주었다.

"이 성은 고구려 성으로 본래 오골성(烏骨城)이라 불렀습니다. 고구려는 수나라와 당나라를 방어하기 위해 서북변경으로 비사성, 건안성, 안시성, 요동성, 개모성, 현도성과 같은 여러 성을 쌓았는데 이 봉황성은 그 성들을 뒤에서 지원하는 최대의 배후성(背後城)이었다고 합니다. 조금 전에 우리가 출발했던 책문도 이 봉황성 성장이 관할하는 곳입니다.

병자호란 때 청나라에 항복하지 말고 끝까지 싸울 것을 주장하던 척화파 삼학사가 이곳에서 1년 동안 갇혀있기도 했답니다. 그때 이곳 청나라에서는 만약 척화파들 주장처럼 만약 남한산성에서 끝까지 전투를 했다면 자기들도 한겨울이라 먹을 것이 부족하고 역병도 돌아 그 선에서 퇴각하려고 했는데 뜻밖에 조선왕이 쉽게 항복하여 전쟁이 쉽게 끝났다는 말이 있었다고 합니다. 이 성은 겉에서 보기보다 안에 들어가 보면 바위 절벽을 성벽으로 삼았고 봉우리와 봉우리 사이의 낮은 지대에도 성벽을 쌓아 외부에서 공격은 불가능하도록 되어있습니다."

그는 봉황성의 역사와 지리적 환경까지 친절하게 설명해 주었다. 그는 조선과 청의 피가 섞인 혼혈이지만 할머니 손에 자라서 조선에 대한 연민도 가지고 있었고, 사행단에게 들려주려고 유적에 대한 지식을 많이 쌓은 듯했다.

송참으로 가는 길은 좁고 골은 깊었다. 그런데 소나무 숲이 짙어 바람이 불 때마다 솔 소리가 '쏴아~' 하고 지나갈 때는 무서운 생각마저 들었다. 지남은 사행단의 맨 뒤에서 거리를 두고 따라가고 있었는데 그 뒤에 또 다른 낯선 한 무리가 따라오고 있었다. 그때 마흔이 지남에게 다가와 말했다.

"나으리, 우리 뒤에 따라오는 사람들이 좀 이상한데요?"

"그게 무슨 소리냐?"

뒤를 돌아보니 여남은 되어 보이는 사람들이 모두 말을 타고 저만치서 거리를 두고 따라오고 있었다.

"저 사람들이 아까부터 우리 뒤를 밟고 있는데 아무런 말을 하지 않고 계속 따라오고 있습니더."

"혹시 청나라 장사치들 아니야?"

"장사치라면 짐이 있어야 할 게 아닙니까?"

그 말을 듣고 다시 보니 그들은 정말 빈 말만 타고 있었다. 지남은 아주 불길한 예감이 들었다. 이곳은 과거 한때, 한명회(韓明澮)가 사행을 마치고 돌아오는 길에 여진족 도둑 떼를 만나 사신 일행이 거의 몰살을 당하고 가지고 오던 물건도 모두 빼앗긴 악명 높은 곳이었다.

지남은 불길한 생각이 들어 기현의 수레를 앞으로 보내버렸다. 짐수레가 멀어지는 모습을 본 그들은 갑자기 말을 달려 거리를 좁혀오기 시작했다. 지남은 빨리 도망가자고 수하들에게 말했다.

"나으리, 도망을 간다고 해결될 문제가 아닙니다. 소인이 놈들을 맡겠습니다."

이솔이 급하게 말 머리를 돌려 그들을 가로막을 태세를 갖추었다. 그들은 숫자가 그렇게 많지 않은 걸로 봐서 만주 벌판을 돌아다니며 산길을 가는 사람들을 괴롭히는 여진족의 소규모 야적(野賊) 같았다.

그들은 머리에서 발 끝까지 짐승들의 털가죽을 쓰고 말에도 짐승뼈로 장식한 걸 보면 얼른 보기에도 잔인하고 야만적인 족속들임을 알 수 있었다. 놈들이 먼지를 일으키며 쏜살같이 달려오다 떡하니 버티고 있는 이솔을 보고는 그 위세에 눌려 잠깐 오던 말을 멈추고 섰다. 사신이 가는 이 산길은 본래 좁아 말 2필이 겨우 지나갈 정도였다. 그런데 이솔이 떡하니 버티고 있는 곳은 폭이 더욱 좁은 길목이었다. 그래서 야적들이 수가 많다고 해도 둘 이상은 한꺼번에 덤비기는 어려운 지형이었다. 도적들이 한꺼번에 덤비기 어려운 지형임을 알고 자기들끼리 의논을 하더니 둘씩 짝을 지어 덤비기 시작했다. 이솔은 그때까지도 꿈적하지도 않고 그들의 눈초리만 뚫어지게 바라보고 있었다.

　　그들이 칼을 뽑아 들고 달려오다 이솔과 시선이 마주치자 맨 앞에서 달려오던 놈들이 멈칫멈칫하더니 말을 멈추고 말았다. 그러자 뒤에 섰던 두 놈이 길을 비켜서 달려들기 시작했다. 그러자 이솔은 말을 급히 왼쪽의 산 위쪽으로 몰아 1대1의 상황을 만든 다음 그놈이 후려치는 칼을 피해 말 뒤쪽에 붙었다. 도적이 말을 돌리려 하자 때는 이미 늦었고 이솔의 지팡이 속에 있던 칼이 번쩍하자 그의 모가지가 말 아래로 굴러떨어졌다. 옆에서 함께 덤비던 놈은 겁을 먹고 아예 말을 돌리려 하지도 않고 그냥 내빼고 말았다. 이솔은 그놈을 추적하여 넓은 초원에서 칼싸움이 벌어졌다.

　　서로의 칼이 부딪치고, 칼날이 비껴가는 쇳소리가 나더니 그놈은 몇 합을 겨루지 못하고 도망을 가다가 이솔의 기합 소리와 함께 놈의 머리도 말발굽 아래로 나뒹굴었다. 이 광경을 보고 있던 나머지 놈들도 겁을 먹고 꼬리가 빠지도록 도망을 가버렸다.

　　바로 옆에서 숨을 멈추고 이솔의 검술을 보고 있던 지남은 얼마나 긴장을 했던지 그 자리에서 주저앉고 말았다. 그때 정사의 호위군사들이 기현과 함께 말을 달려오고 있었다. 그러나 때는 이미 모든 상황이 끝이 난 뒤였다.

그때부터 지남의 일행도 무장한 군사들의 호위를 받으며 그날 저녁 무렵 송참(松站)에 도착해서 유숙하였다.

그날 저녁 숙소에서 밥을 먹으며 지남이 말했다.

"아니, 이솔 자네는 정체가 무엇이냐? 민 대감의 영으로 자네를 받기는 했지만 자네 칼 쓰는 솜씨를 보니 무서운 사람 같은데."

"나으리, 무슨 말씀입니까. 소인은 내세울 게 아무것도 없는 사람입니다."

그때 마흔이 말했다.

"그 말은 괜히 겸손하게 하는 말이고, 실제 내가 옆에서 보니까 저놈들은 도저히 적수가 되지 않던데, 자네는 그 검술을 어디서 배운 거야?"

"아닙니다, 형님, 그 정도는 '해동검도 마상전 지형편(海東劍道 馬上戰 地形篇)'에 나와있는 기본 전술입니다."

"그건 또 무슨 말입니까요?"

병이가 신기하다는 듯이 솔에게 물었다.

"전투에 있어서 첫째는 유리한 지형이지. 그리고 그다음엔 숫자야. 그래서 내가 유리한 목에서 놈들을 맞았고, 2대1에서 1대1의 상황을 만들기 위해 왼쪽으로 돌아 한 놈만 먼저 상대를 한 것이야. 더 깊이 설명하려면 말이 길어지니 이 정도만 하지."

이솔이 더 이상 말하지 않으려 하니 다른 사람들도 묻지를 않았다.

그날 저녁은 송참에서 즐겁게 식사를 하고 다음 날 아침, 지남의 일행은 사행단을 따라 통원보(通遠堡)로 향했다.

***

보(堡)는 보루(堡壘)의 줄임말로 병사들이 주둔하는 곳을 말한다. 그중에서 통원보는 조선에서 사신이 오면 사신을 호위하는 군사들이 주둔하던 거점이었다. 명나라 시대에는 이 일대에서 활약하던 여진족들이 도둑으로 변해 사신들이 가지고 가던 예물을 약탈하여 조선과 명으로서는 군사적 호위가 필요했었다. 그리하여 사신들이 명으로 갈 때에는 조선의 군사들이 이곳까지 호위해 왔었고, 귀국할 때는 명나라 군사들이 이 지역까지 호위를 맡아주었었다. 그러나 여진이 명을 멸하고 청을 건국하여 이 땅의 주인이 되고 난 이후부터는 큰 도둑 떼는 사라졌지만 그래도 본성이 약탈을 해서 먹고 살던 야만인들이라 지금도 완전히 사라진 것은 아니었다.

통원보에서 저녁을 먹고 각자 숙소로 들어갔다. 사신이 묵는 숙소는 어느 곳이나 많은 사연을 가지고 있지만 이곳도 예외는 아니었다.

1636년 후금의 왕 홍타이지가 자기 나라 국호를 청으로 바꾸고 자신을 황제라 칭했다. 그 당시 춘신사로 갔던 나덕헌에게 국서를 보냈었다. 그때는 국서를 받아 오면 도중에 열어보고 서로 의논하는 일이 관례처럼 되어 있었다. 그래서 나덕헌도 이곳 통원보에서 청 황제의 국서를 열어 보았던 것이다. 그런데 국서에 우리나라를 "그대의 나라"라고 하대(下待)하는 말이 들어있었다. 만약 그 국서를 그대로 가져가면 오랑캐 나라로부터 그런 것을 받아 왔다고 죽일 것이므로 큰 고민에 빠졌다. 그래서 그는 그 국서를 이곳 통원보에서 쓰레기통에 버리고 필사본을 가지고 가서 바쳤었다. 필사본이라도 그따위 국서를 받아 왔다고 하여 조정에서 죽이려고 했다. 그러나 그것을 버리고 필사본을 가지고 왔다고 하여 죽음은 면하고 대신 유배를 가게 되었던 것이다. 통원보에 사신들이 오갈 때마다 이 안타까운

108   6. 사행의 사행길

이야기를 밤새 주고받기도 하는 곳이었다.

지남도 이런 이야기를 간략히 들려주고 나서 수하들에게 의견을 물었다.

"병이야 너라면 어떻게 하겠어?"

"세상에 그런 법이 어디 있습니까? 그건 진짜 진또유곡입니다요."

그러자 듣고 있던 마흔이 낄낄거리며 말했다.

"야, 이 무식아, 모르면 문자 좀 쓰지 마라. 그건 진또유곡이 아니라 진태유곡이야."

"그렇구나. 잘 알았습니다. 형님, 고맙습니다."

두 사람의 대화를 듣고 있던 지남과 이솔이 배꼽을 잡고 껄껄거리며 웃음보가 터져버렸다. 그날 밤 통원보에서 밤은 또 그렇게 지나갔다.

7.

아! 청석령

오늘 새벽은 웬일인지 잠꾸러기 병이가 일찍 일어나 말 먹이도 주고 세수를 하며 부산을 떨었다. 간밤에 어머니 꿈을 꾸었는데 밥을 한 그릇 가지고 와서 얼른 먹으라며 주었는데 그 밥을 그만 땅에 떨어뜨리고 말았다는 것이었다.

　그런데 아침에 또 흰죽이었다. 하루걸러 아침마다 죽을 주니 허기가 져서 죽을 지경이었다. 그래서 그의 어머니가 꿈에라도 밥을 주었나 보다 생각했다. 명색이 중국 사신을 따라간다면서 추운 날씨에 배마저 곯고 간다는 게 한심해서인지 병이가 새벽안개가 걸린 먼 산을 바라보고 있었다. 갓마흔이 물었다.

　"왜 그리 멍하니 서있어?"

　"집 생각이 나서요."

　"생각난다고 여기서 우짤끼고. 빨리 떠날 준비나 해라."

　그때 찬 바람 속에 출발을 알리는 나팔 소리가 들렸다. 마치 저승에서 부르는 소리 같이 느껴졌다. 이제 한양을 떠나온 지 벌써 한 달이 지났으니 모두 집 생각이 간절할 때도 되었다.

　나팔 소리를 듣고 출발한 지 한나절이 지나자 시야가 툭 터진 넓은 들판이 나타났다. 바람에 누렇게 마른 억새들이 사각대는 소리를 내며 일렁이고 있었다.

기현이 이곳을 초하구(草河口)라 했다. 초하구! 한양에 있을 때도 많이 들던 지명이었다. 이름 그대로 끝없이 펼쳐진 억새밭이 누런 초원 같았다. 땅은 어느새 꽁꽁 얼어 미끄럽고 볕이 바른 곳은 질펀하게 녹아 펄밭이 되어 질퍽거렸다.

지남은 이곳에만 오면 소현세자와 봉림대군이 생각났다. 지금 자신은 사신을 따라가지만 청나라에 볼모로 잡혀가던 그때의 심정은 어떠했을까 하는 측은한 생각에서였다.

사행단은 초하구 강기슭 한쪽에 모여 점심을 먹었다. 주먹밥이었다. 그러나 꿀맛이었다. 아침은 흰죽, 점심은 주먹밥 하나. 벌써 며칠 째다. 그러나 다 똑같은 처지라 불평은 없었다. 저녁 무렵 연산관에 도착했다.

연산관에 도착하자 청나라 군사들이 책문에서 연락받은 명부를 들고 사신단 일행의 숫자를 일일이 점검하였다. 이것은 한때 청의 수도였던 심양으로 들어오는 사람을 사전에 파악하기 위해서였는데, 청이 수도를 연경으로 옮긴 뒤에도 계속되고 있었다.

지남의 일행도 검문을 마치고 배정된 숙소로 향했다. 저녁을 먹고 잠시 휴식을 취하고 있는데 어디선가 우리의 해금과 같은 은은한 악기 소리가 들렸다. 처량한 악기 소리에 가족생각이 간절했다. 그때 마흔이 수하들을 데리고 왔다.

"나으리, 내일 우리는 전부 죽었다고 하네요."

"그렇게 생각할 수도 있지, 이곳은 통신사로 치면 악포 같은 곳이니까."

"왜요?"

"통신사를 갈 때 너도 보았지 않느냐. 이곳도 그렇게 위험하다는 말이지."

7. 아! 청석령

"그럼 내일 우리도 누군가가 죽는 겁니까?"

하고 병이가 심각한 표정을 지으며 질문을 했다. 그러자 이솔이 말을 가로챘다.

"꼭 누가 죽는다는 말이 아니라, 그 정도로 고생을 하는 구간이라는 말이지. 너는 왜 그리 말귀를 못 알아듣나?"

"그래, 성님은 잘났습니다요."

병이가 한 마디도 지지 않으려고 하는 것을 보고 지남이 말했다

"내일 넘어야 할 고개는 높고 험하니, 오늘은 모두 일찍 자도록 해."

수하들을 일찍 재우고 지남 자신도 잠자리에 들었다.

뒷날 아침 식사는 웬지 죽을 주지 않고 밥을 주었다. 그리고 배식량도 평소보다 좀 많았다. 그런데 밥을 먹고도 아예 출발할 생각들을 하지 않고 있었다. 아마 길이 미끄러워 햇살이 퍼지기를 기다리고 있는 모양이었다.

지남은 기현을 불러 물과 요기할 것을 사오라고 보냈다. 곧 큰 고개를 넘게 될 것이니 그때 먹을 요량이었다. 심부름을 보냈는데 아무리 기다려도 사람이 오질 않았다. 한참 뒤에야 나타난 기현은 사람이 너무 밀려 늦었다고 했다. 그러면서 전병과 만두가 든 보따리를 보여주었다. 중천에 해가 솟아 햇살이 완전히 퍼지고 난 뒤에야 출발을 알리는 나팔 소리가 들렸다. 모두들 오늘의 일정을 알고 있는 듯 얼굴의 표정들이 매우 긴장되어 있었다.

지남이 사행단을 따라 열심히 가고 있을 때 기현이 말했다.

"나으리, 회녕령을 우회하는 것 같습니다."

"그게 무슨 말이냐?"

"이쪽으로 가면 회녕령을 넘지 않고 둘러가는 길입니다요."

"돌아가는 길이 있으면 돌아가야지."

라고 지남이 말했다.

"나으리, 아쉽습니다. 소인은 그 영을 한번 넘어보고 싶었는데요."

이술이 가장 험하다는 회녕령을 경험하지 못하는 아쉬움을 토로했다.

"날씨가 추우면 얼어서 그 영은 넘지 못합니다."

기현이 말했다.

결국 지남은 정사가 이끄는 대로 갈 수밖에 없어 10리를 더 돌아 회녕령을 우회했다. 점심때가 되어 첨수참(甜水站)이란 마을에 도착해서 식사를 했다. 이곳은 만주족이 많이 사는 곳으로 물맛이 좋다고 해서 붙여진 이름이었다. 그래서 우리 사신들이 회녕령을 넘어올 때는 이곳에서 숙박을 하기도 하는 곳이었다. 해가 지기 전에 청석령(青石嶺)을 넘어야 하기 때문에 점심을 먹고 바로 출발했다.

첨수참에서 청석령 입구에 도착하자 행렬이 앞으로 나아가지 못했다. 산허리에는 벌써 하얀 눈이 쌓여있었다. 말을 탄 사람은 모두 말에서 내리고 수레를 모는 사람은 뒤에서 밀고 갔다. 대체 이렇게 해서 청석령을 어떻게 넘을 것인가 걱정이 되었다. 길은 얼어서 밟으면 미끄러지고, 미끄러진 사람이 뒷사람까지 밀고 내려갔다. 이렇게 가다 미끄러지기를 반복하며 거의 한나절이 걸려서야 천신만고 끝에 고개의 중간쯤에 도달했다. 겨울이니 망정이지 여름이면 더워서 오를 수도 없을 것 같았다. 힘은 들었지만 서너 시간을 오르고 나니 청석령 영마루에 올라섰다. 고개의 정상에는 제법 큰 건물이 있었다. 그 건물의 주변으로 먼저 올라온 사람들이 여기저기 흩어져 앉아 쉬고 있었다. 기현은 그 건물이 관우(關羽) 사당이라고 했다. 이곳을 지나는 사람들은 모두 이 사당에 들러 제를 올리고 무사통과를 빈다고 했다. 그러고 보니 정사와 부사, 종사관까지 삼사가 함께 기도를 올리고 나오는 모습이 보였다. 이어 수역과 자제군관들이 들어가 기도를 올렸고, 다음 사람들이 기도를 올리기 위한 줄을 길게 서있었다. 그사이 지남은 기현에게 준비해 온 물과 떡을 가지고 오라고 했다. 돌아가며 물을 마시고 둘러앉아 요기를 했다. 그리고 관우 사당 기도 순서를 기다리고 있었다. 멀리 눈 덮인 회녕령이 시야에 들어왔다. 지남은 문득 병자호란 때 소현세자와 봉림대군이 포로로 잡혀가며 "청석령 지나거냐 초하구가 어디 메오…." 하고 읊었던 「호풍음우가(胡風陰雨歌)」가 생각나서 혼자서 되새겨 보았다.

그때 기현이 지남에게 다가오며 말했다.

"나으리, 이게 이곳에서만 나는 '청석(靑石)'이옵니다."

하면서 기현이 작은 돌 하나를 지남에게 건넸다.

"이게 웬거냐?"

지남은 그 돌을 받아들고 이리저리 돌려보다가 하늘에 비춰 보았다. 투명하면서도 비취색이 감돌았다. 마치 푸른색을 띤 호박 같았다. 지남도 그런 돌은 처음 보는 일이라 신기해서 물었다.

"이 돌이 어디에서 났느냐?"

"저 계곡 아래 내려가면 이런 돌이 있습니다. 그런데 요즘은 사람들이 다 주워가고 없기 때문에 땅을 파야 나옵니다."

"나으리, 이놈들에게도 한번 보여주십시오."

하면서 수하들이 한꺼번에 달려들었다.

"이게 보석입니꺼?"

하고 마흔이 물었다.

"물론 보석이지, 보석이란 게 별 게 있느냐. 귀하면 보석이지."

그러자 마흔은 기현을 데리고 가서 그 돌을 주워 오겠다고 나댔다.

"나으리, 소인들이 지금 내려가서 그 돌을 잔뜩 주워 오겠습니다."

"안 돼, 곧 떠날 텐데. 그럴 여유가 없어."

"아니, 나으리, 지금이 아니면 언제 다시 이런 기회가 오겠습니까?"

하고 병이가 안달을 했다. 그러자 지남은 그 돌을 병이에게 주면서 "그럼 네가 이것을 가져라." 했다.

"아닙니다. 나으리, 그것은 나으리가 가지시고 이놈이 잽싸게 내려가서 많이 주워 오겠습니다."

그렇게 병이가 청석을 주워 오겠다고 야단을 벌일 때 출발을 알리는 나팔 소리가 들렸다. 조금만 시간이 있었으면 그 귀한 푸른 돌을 몇 개 주울 수가 있었다며 수하들이 모두 투덜댔다. 그러자 기현이 자기 집에 가면 어머니가 몇 개 주워다 놓은 게 있으니 그걸 주겠다고 하여 사당에 기도도 드리지 못하고 청석령을 내려가게 되었다.

청석령 영마루에서 아래를 내려다보니 가파른 내리막길이 숲속에 나들락거리며 흡사 뱀이 구불거리며 내려가는 형상이었다. 군데군데 하얗게 얼어있는 길바닥을 보니 한숨부터 먼저 나왔다. 지남도 말에서 내려 말고삐를 병이에게 맡겼다. 기현의 수레는 전문가답게 굵은 참나무로 미끄럼 방지 틀을 갖추고 있었다. 미끄러운 경사를 내려갈 때는 그 참나무 몽둥이를 잡아당기면 마찰을 줄여서 미끄러지지 않도록 되어있었다. 자세히 보니 다른 수레도 역시 그러한 미끄럼 방지 틀을 갖추고 있었다.

그러나 말과 사람이 문제였다. 조심을 한다고는 하지만 여기저기서 미끄러져 나자빠지자 남이 미끄러지고 자빠지는 모습을 보고 웃느라 정신이 없었다. 민 부사와 박 서장관도 말에서 내려 걸어갔다. 하지만 이 정사는 가마꾼을 4명에서 8명으로 늘려 계속 가마를 타고 내려가고 있었다. 하기야 지체 높은 종실 어른이 길이 미끄럽다고 벌벌 떨며 가는 모습도 우스꽝스러운 일이지만 그렇다고 이 얼음판 위에서 가마 타고 가는 것도 이상했다. 얼어붙은 등성이와 계곡은 반복되었고, 계곡을 건널 때는 누구나 미끄러져 자빠지는 게 일쑤였다.

그러나 다행히도 위험한 곳은 거의 다 내려와 모두 다 안도의 숨을 내쉬었다. 이제 작은 계곡만 남아 큰 걱정은 없었다. 길을 안내하던 청나라 호행관도 이제는 걱정할 게 없다며 장담을 하고 있을 때 정사 대감의 앞 교꾼이 삐끗하며 균형을 잃고 미끄러져 버렸다. 한 사람이 미끄러지자 서로 몸을 묶고 있던 8명이 한꺼번에 미끄러지면서 정사를 태운 가마가 빙판길에 미끄러져 함께 쓸려 내려가고 말았다.

미끄러진 가마는 정사와 가마꾼들이 함께 휩쓸려 내려가 누가 어떻게 되었는지 분간도 할 수 없게 되어버렸다. 청의 호행관과 호위병이 정사를 구하려고 달려가다 그들도 함께 미끄러지는 대소동이 일어났다. 정사 대감은 가마꾼들과 함께 뒤엉켰는데 몸은 밑에 깔리고 한쪽 다리만 위로 올라와 있었다. 민 부사와 박 서장관이 달려가 정사를 구출해 냈으나 이미 정사의 얼굴과 옷에는 피가 붉게 물들어 있었다. 부사는 정사의 얼굴에 핏자국을 보자 실색을 하였다. 급한 마음에 손으로 얼굴을 닦아보니 다행히 그 피는 정사의 얼굴에서 나온 피는 아니었다. 옷자락을 들춰가며 다친 곳을 살펴보아도 정사의 몸에서 나온 피는 아니었다.
"대감, 진정하십시오, 이 피는 대감의 옥체에서 나온 피는 아닌 듯하옵니다. 관왕(關王)이 도우신 것 같습니다."
라고 민 부사가 아뢰었다.
"그런데 몸이 말을 듣지 않는 것 같소이다."

정사는 그래도 위엄을 잃지 않으려고 목소리를 가다듬으며 말했다.

"조금만 휴식을 취하시면 좀 나아질 것이옵니다. 죽을죄를 지었사옵니다."

"아니오, 부사 대감이 무슨 죄가 있겠소, 다만 미끄러운 길에 가마를 타고 온 내가 잘못이지요."

그때 서관장이 나서며 정사를 위로했다.

"아니옵니다. 아래 것들을 잘못 다스린 소인의 잘못입니다."

정사는 겨우 그곳에서 빠져나와 의원(醫員)이 깔아주는 요 위에 눈을 감고 한동안 아무 말 없이 누워있었다.

한편 다른 사람들은 밑에 깔려있던 가마꾼들을 수습하느라 여념이 없었다. 교자도 완전히 부서져 탈 수가 없을 만큼 망가져 버렸다. 가마꾼들은 미끄러지면서 바위에 얼굴을 부딪치고 서로 엉키면서 여러 명이 팔과 다리를 다쳤다. 지남은 수하들을 데리고 가서 아무도 쳐다보지도 않는 가마꾼들을 하나씩 돌봐주고 있었다. 그들의 옷은 피와 땀으로 범벅이 되어있었고 아직도 땀이 덜 식은 몸에서는 김이 솟아오르고 있었다.

그때 서장관은 화를 참지 못하고 가마꾼들의 목을 베어야 한다며 무관들을 불렀다. 칼과 창을 든 무관들이 우르르 종사관 앞으로 달려갔다. 서장관은 무관의 칼을 빼앗아 다리도 못 쓰고 누워있는 가마꾼의 목을 베어버렸다. 그리고 다시 또 다른 교군에게로 다가가 또 목을 칠 기세였다. 그 순간 지남이 서장관 앞을 가로막고 서장관의 손목을 붙잡았다.

"서장관 나으리, 소인을 용서하십시오. 그런데 이게 무슨 짓입니까? 대체 이들이 무슨 잘못이 있다고 이들의 목을 베시는 겁니까?"

"네 이놈, 너는 내가 누군지 모르느냐, 감히 역관 주제에 네가 내 손목을 붙잡아? 너도 함께 죽고 싶은 모양이구나, 이놈이! 네놈도 눈깔이 있으면 저 종실 대감을 보아라, 이놈아!"

박 서장관은 붙잡힌 손목을 뿌리치며 다시 칼을 휘두르려 하였다.

"나으리, 지금 저 가마꾼들의 옷을 한번 보십시오. 지금도 저들의 옷에서 김이 나고 있지 않습니까? 이 추운 날씨에 얼마나 애를 썼으면 지금도 김이 올라오고 있겠습니까? 가마를 메고 가다 빙판길에 미끄러진 것도 죄가 된다면 그들의 목을 더 베시지요."

하면서 지남은 서장관의 손목을 놓았다.

"나중에 이놈들의 죄를 다시 물을 것이다."

라고 하며 쥐고 있던 칼을 휙 던져버렸다. 지남과 서장관의 말다툼에 주위는 숨을 죽이고 있었다. 그때 다리가 부러져 몸을 제대로 가누지도 못하는 가마꾼이 다리를 끌며 목이 잘린 동료의 시체를 안고 자기들의 잘못이니 함께 죽여달라고 애원했다. 그러자 교자를 함께 메고 왔던 다른 6명도 모두 다 자신들의 잘못이 있으면 함께 죽게 해달라고 울부짖었다. 갑자기 전체 분위기가 바뀌면서 숙연해졌다. 그때 뒤에서 누군가 수군대는 소리가 들렸다.

"걸어와도 미끄러운 길을 가마는 왜 타?"

서장관도 분명히 그 소리를 들었을 텐데 못 들은 척 지나갔다.

지남은 수하들과 다른 가마꾼들을 불러 죽은 자의 시신을 수습하여 돌무덤이라도 써주려고 하였다. 그러자 그들은 이곳에까지 와서 억울하게 죽은 동료의 시신을 여기에 혼자 둘 수 없다며 조선으로 데려갈 수 있도록 요양까지만 실어달라고 부탁했다. 지남은 그 시체와 다리가 부러진 가마꾼을 기현의 수레에 태워 청석령을 내려왔다.

청석령 연대에서 묵는 그날 밤, 지남이 잠이 막 들려고 하는데 어디선가 억울함을 참지 못해 울부짖는 고함 소리가 들렸다.

"아~악! 으아~악!"

8.

청에 끌려온
조선 여인들

그 뒷날(11월 29일)은 정사의 몸이 불편해서 청석령 연대에서 하루 더 머물기로 했다고 연락이 왔다. 날씨가 추워 모두들 방에 틀어박혀 있을 때, 민 부사가 부른다고 했다.

　"나으리, 찾아 계시옵니까?"

　"오, 그래 내가 좀 보자고 했느니라."

　"정사 나으리께서는 좀 차도가 있으신지요?"

　"아직은 모르겠네만, 큰 상처가 없는 걸로 봐서 오늘 하루 더 쉬시고 나면 쾌차하실 것 같네. 그런데 자네 어제 감히 서장관의 손목을 잡던 그 용기가 어디서 나온 겐가?"

　"나으리, 죄송합니다. 무의식중에 죽을죄를 지은 것 같사옵니다."

　"아니야, 죄는 무슨 죄."

　"아니옵니다. 죄는 씌우면 되고, 소문은 퍼뜨리면 되는 세상 아니옵니까?"

　"허허! 이 사람 못 하는 소리가 없구먼, 어쨌든 어제 자네의 용기가 가상했네, 자네 말대로 '빙판길에 미끄러진 것도 죄라면 목을 베라.'는 말은 가히 명언일세. 그 말 한마디에 여러 놈이 살아났지."

　"송구하옵니다. 나으리."

　"어제저녁 식사자리에서 자네의 손목 잡은 이야기가 나왔지만 내가 무마를 시켰네. 어떻든 자네의 그 용기가 가상해서 부른 걸세, 그럼 가보게."

　지남은 부사가 부르기에 무슨 큰일이 있으려나 했는데 겨우 하는 말이 "용기가 가상했네."라는 한마디를 듣고 나오니 매우 싱거운 생각이 들었다. 어제 칼을 든 서장관의 손목을 잡은 것은 자신도 모르는 사이에 엉겁결에 일어난 일이지만 사실은 역관의 신분으로 감히 서장관의 손목을 잡은 것은 중벌을 받고도 남을 만한 짓이었다. 그런데 부사가 무마를 했다는 말은 지남에 대한 이야기가 있었다는 의미였다.

이튿날 아침, 조반으로 죽 한 그릇을 먹고 요양으로 출발했다. 날이 갈수록 만주 벌판의 바람은 차가웠고 모두의 몸 상태는 사실 말이 아니었다.

항간의 소문에는 사행길 한 번이면 팔자를 고칠 수 있다고들 하지만 지남은 이게 벌써 두 번째이지만 어떻게 해서 그런 소문이 생겨났는지 알 수가 없었다.

기현이 출발하면서부터 지남을 졸라댔다.

"나으리, 이제 조금만 가면 우리 집인데 오늘 저녁은 저의 집에서 주무시지요? 지난번 춘신사 나으리가 오셨을 때도 역관님들은 저의 집에 주무셨습니다."

"우리가 아무 데서나 잠을 잘 수가 없지 않은가."

"그 말씀은 옳습니다만, 수레꾼들은 자기들 집에 모시는 것을 큰 자랑으로 여기고 있습니다. 이번에 나으리를 뫼시면 할머님이 매우 기뻐하실 것 같습니다. 할머님은 조선 이야기 하는 것을 매우 좋아하십니다."

사신들의 짐수레를 끄는 마부나 하인들은 대부분 흔히 여진족의 하층민들이었다. 그들은 글 잘하는 조선 선비를 자기 집으로 모시는 걸 영광으로 생각했다. 그러나 이번 유기현같이 할머니가 조선인인 경우에는 사정이 더욱 달랐다. 병자호란 때 처녀의 몸으로 끌려온 할머니는 나이가 들수록 고국의 소식이 그리워 손자가 조선 사람을 모시게 되면 꼭 집으로 모시고 오라는 간청이 있었기 때문이었다.

"나으리, 기현이가 저렇게 애걸을 하는데 허락해 주시지요."

"그렇습니다. 마흔이 형이 올리는 말씀이 옳은 것 같습니다."

이솔도 지남에게 간청했다.

"그럼 어디 한번 알아나 보겠네."

하면서 민 부사를 찾아갔다. 민 부사에게 자초지종을 아뢰었더니 이곳
요양에서는 이틀을 머물 것이니 출발하는 날 숙소인 회원관(懷遠館)에서
만나면 된다고 하며 흔쾌히 승낙을 하였다.

"부사께서 승낙은 하셨지만 이틀이나 이곳에 머물 거라는데 그래도 괜
찮겠어?"

"그러면 할머님이 더 좋아하실 것입니다."

"그럼 우리가 기현이 집에 신세를 져도 괜찮겠는가?"

하고 수하들을 돌아보며 말했다.

"그렇게 하시지요, 만약 안 가시면 할머님이 오히려 서운하게 생각하실
수도 있고, 또 요양의 가정집 구경도 한번 하구요."

마흔이 말했다.

"그럼 요양은 기현이 집에서 신세를 지기로 하세."

"하이구! 나으리, 감사합니다."

기현은 신이 났던지 말채찍을 힘차게 한 번 획 휘두르며 말을 몰았다. 채
찍을 받은 말은 수레를 더 힘차게 끌고 갔다. 반 시각쯤 내달으니 이삼십
호쯤 되어 보이는 작은 마을이 나타났다. 기현은 저 앞에 보이는 마을에
자기 집이 있다고 했다. 그 마을은 요양의 초입에 있었다. 정사를 포함한
사행단은 요양의 조선 사신 객사인 회원관으로 가고 지남은 기현을 따라
그의 집으로 갔다. 기현은 할머니와 아버지께 알린다고 조금 먼저 집으로
갔다.

지남은 마을 입구에서 기현이 나올 때까지 조금 기다렸다. 마흔은 그 사이를 참지 못해 쌈지에서 담배를 꺼내더니 지남이 보이지 않는 곳까지 나가 한 대를 시원하게 내뱉고 왔다. 잠시 뒤 기현이 달려 나오며 할머니가 아주 좋아하신다며 일행을 집으로 안내했다.

기현의 문밖에 한 노파가 조선의 한복을 입고 기현의 아버지와 함께 기다리고 있었다. 지남이 말에서 내리자 기현의 할머니와 아버지는 허리를 깊숙이 굽히며 절을 했다.

"어서 오십시오, 이렇게 누추한 집을 찾아주시니 이런 영광이 없습니다."

할머니는 우리말로 인사를 했다.

"여러 날 먼 길 오시느라 수고가 많으셨습니다."

기현의 아버지도 발음은 서툴지만 우리말을 했다. 그는 오랫동안 우리 사신단의 수레를 끌기 위해 우리말을 배웠다고 했다.

"이렇게 갑작스레 와도 되는 것인지 모르겠습니다만, 초대해 주셔서 고맙습니다. 이쪽은 모두 우리 일행들입니다."

지남이 일행을 소개하자 수하들은 모두 공손하게 고개를 숙이며 인사를 했다.

집 안에 들어서니 넓은 마당에 닭이 이리저리 다니며 모이를 주워 먹고 있고 개가 꼬리를 흔들며 눈치를 슬슬 보며 피했다. 마당 주위는 높은 담장을 쌓고 그 위에는 붉은 기와로 덮었다. 아마도 이렇게 큰 집을 누리고 사는 것은 기현의 아버지가 오랫동안 책문에서 심양, 연경을 오가며 수레꾼으로 모은 재산 같았다.

기현의 아버지는 지남의 일행을 아래채로 안내했다. 집 안에 들어서니 집의 구조는 우리 조선식과는 구조가 매우 달랐다. 이 집의 내부는 역시 책문에서 보았던 중국 전통의 갱(坑)을 갖추고 있고 그 위에는 엷은 천을 깔아놓았고, 창문은 유리로 되어있으며, 벽에는 사방에 화려한 꽃 그림과 붉은 색종이에 노란 글씨로 '福' 자를 군데군데 써 붙여놓았다. 특히 불을 때는 아궁이가 실내에 있어 우리의 가정집과는 사뭇 달랐고 오히려 우리보다 훨씬 실내 공기가 따뜻했다.

　기현의 아버지는 지남에게 갱 위에 오를 것을 권했다. 갱 위는 무척 따뜻했다. 잠시 뒤 계집종이 차를 가지고 왔다. 기현의 아버지는 차를 따르며 말했다. 이 집의 내부는 중국식이지만 위채가 있고 아래채가 있는데, 이것은 할머니의 뜻에 따라 자기가 지은 것이라고 했다. 차를 마시며 이런저런 이야기를 나누는 사이 할머니는 곱게 한복을 차려입고 나왔다. 은은한 회백색 비단 치마저고리에 자주 고름을 길게 늘이고 허리춤엔 푸르고 노란 수실의 노리개를 달고 머리엔 조선의 은비녀까지 꽂고 나오셨다. 할머니의 복장은 마치 무슨 잔치를 치를 때 입는 고급 비단 한복이었다.
　"할머니, 너무 고우십니다. 꼭 예전에 우리 할머님을 뵈는 것 같습니다."
　지남이 할머니 한복이 곱기도 하고 반가워서 먼저 말을 건넸다.
　"무얼 그럴라구요. 어쨌든 곱다니 고맙습니다."
　"그런데 이곳에서 이처럼 고운 한복을 어떻게 마련하신 겁니까?"
　"저는 고향이 그리워서 오래전부터 이 옷을 준비한 것입니다. 이곳에는 저 말고도 조선 여인들이 많이 끌려와 살고 있습니다. 그래서 오늘같이 귀한 손님이 오시거나 명절 같은 기분이 들어 이렇게 한복을 입고 서로 만난답니다."
　"그러면 할머니는 언제 어떻게 이곳으로 오시게 되었습니까?"
　"그 아픈 이야기를 들어서 무얼 하게요? 다 지난 이야기, 그냥 차나 드시지요." 하고 할머니는 차가 식었다며 계집종을 다시 불러 따뜻한 물을 가져오게 했다.

할머니가 권하는 차를 한잔 들고 나서 지남은 할머니에게 다시 물었다.

"할머니는 언제 여기까지 오시게 되었습니까?"

그러자 할머니는 "그때 이야기를 꼭 들어보실래요?"

하면서 오래전 병자호란 때 끌려온 과거 이야기를 하기 시작했다.

"그때도 요즘처럼 날씨가 이렇게 추운 한겨울이었지요. 나는 열다섯 살 외동딸이었는데, 부모님과 함께 한양 북촌에 살았습니다. 내려다보면 경복궁이 보이고 해 질 무렵이면 인왕산 꼭대기 너머로 저녁노을이 붉게 물들곤 했지요. 그때 오랑캐들이 쳐들어와서 임금님이 강화도로, 남한산성으로 피난을 가시고 우리 백성들도 피난을 가는 사람은 가고, 못 가는 사람들은 집에서 문을 안으로 걸고 숨어 살았습니다. 그런데 그날 갑자기 우리 집 대문을 쾅! 쾅! 두드리더니 문이 열리지 않자 문을 부수고 안으로 들어왔어요."

"아니, 할머니 집을 어떻게 알고 그 사람들이 쳐들어왔었나요?"

"우리는 숨을 곳이 없어 어머니와 아버지는 그냥 안방에 앉아있고 나를 장 속에 숨겨놓았는데 내가 보이지 않자 뭐라고 막 지껄이는 소리가 들렸어요, 아마 나를 내놓으라는 소리 같았어요. 엄마가 벌벌 떨며 살려달라고 애원하는 소리가 들리더니 발길로 어머니를 찼는지 어머니 비명 소리가 들리고 나서 바로 장문을 열고 나를 끄집어냈어요. 그때 보니 그 옆에는 우리 동네 아저씨가 서있었어요. 그 아저씨도 내 또래의 딸이 둘이나 있었거든요."

할머니는 그때 손을 떨며 옆에 놓여있는 기현이 아버지 찻잔을 들어 목을 축이고 나서 이야기를 계속 이어나갔다.

"그러고는 부모님과 함께 집 밖으로 끌려나갔지요, 마을 앞에는 동네 젊은 사람들은 모조리 잡아다 손을 뒤로 묶고 굴비 엮듯 엮어서 무릎을 꿇린 채 앉혀놓았어요. 지금 내가 이 이야기를 계속해야 하나요?"

할머니는 더 이상 말하기를 꺼려 하였다.

"그럼 부모님과 함께 묶여 왔습니까?" 마흔이 자꾸만 캐물었다.

"아니요, 처녀들은 따로 묶었어요. 그때 어머니 아버지와 생이별을 하고 말았지요."

"그 뒤에 부모님을 만났습니까?"

"어떻게 만났겠어요? 그때 헤어지고 그걸로 끝이었어요. 그 뒤에 요동으로 심양으로 백방을 찾아 헤맸지만 소식을 듣지 못했습니다. 젊은 남자들은 따로 뽑아 다른 전쟁터로 끌고 가고 여자들은 종으로 팔아넘겼습니다. 우리 부모님도 그렇게 되었을 겁니다."

하고 눈물을 보이시더니 "휴!" 하고 한숨까지 내쉬었다.

"이제 목이 메여 더 못 하겠습니다."

하면서 계집종을 불러 따뜻한 차를 더 올리라고 말했다. 그러면서 할머니는 모두 시장하실 테니 저녁준비를 하겠다며 자리에서 일어나고 기현의 아버지도 자리를 떴다.

그런데 갑자기 마당에서 '꽝! 꽝! 꽝!' 하고 총소리가 계속 들려왔다. 그 순간 지남은 깜짝 놀라 기현을 바라보며 물었다.

"대체 이게 무슨 총소리야?"

그 사이 이솔은 지니고 다니던 물건을 들고 잽싸게 밖으로 사라졌다.

그때 할머니가 들어오며

"나으리, 걱정하지 마세요, 저것은 지포(폭죽)라는 것인데 이곳에는 설날이나 결혼식 등 좋은 날에는 저것을 터뜨립니다. 오늘은 귀하신 분들 오셨다고 잡귀를 몰아내려고 한 것이니 염려 말고 앉아계세요."

약간 놀란 표정을 지은 지남은 부끄러운 듯이 이솔을 찾아오라고 했다. 잠시 뒤 이솔도 불꽃놀이에 놀랐던 것이 부끄러웠던지 아무 말도 하지 않고 머리를 긁적이며 말했다.

"나으리, 소인은 우리가 걸려든 걸로 착각했습니다."

"허허, 그러고 보니 자네는 역시 타고난 검객이구먼."

이솔은 아무 대꾸도 하지 않았다. 기현은 웃으며 이곳에는 어디를 가나 저런 소리를 자주 듣게 될 거라고 했다.

이렇게 마당에서 불꽃놀이가 있은 뒤 부엌 쪽에서 된장국 끓이는 냄새가 솔솔 흘러나왔다. 수하들은 모두 코를 쿵쿵거리기도 하고 코를 만지기도 하며 그 냄새를 궁금하게 생각했다. 잠시 뒤 할머니가 기현을 부르더니 직접 밥상을 들고 왔다. 밥상 한가운데는 검은 뚝배기에 노란 된장국이 보글보글 끓고 있었다. 모두들 그 된장국을 보더니 밥상 앞으로 엉덩이를 끌며 당겨 앉았다. 거기다가 그 옆에는 하얀 접시에 붉은 김장김치까지 쏨북쏨북 썰어서 곱게 차려져 나왔다.

"이건 내가 담근 김장김치고, 된장은 여기 콩으로 메주를 쑤어 담근 건데 맛이 어떨는지 모르겠네. 입에 맞지 않더라도 뜨신 맛으로 그냥 먹으세요."

할머니는 된장 뚝배기의 뚜껑을 열고, 김치 접시를 당겨 놓으며 따뜻할 때 먹으라고 재촉을 했다. 한양을 떠나온 지 한 달이 벌써 지났고 아침이면 죽에다 점심에는 주먹밥으로 끼니를 때우다 뜻밖에 따뜻한 밥에 된장국, 그리고 김장김치까지 먹게 될 줄은 상상도 못 했던 일이다.

"아니! 할머니, 저는 집에서도 이렇게 못 먹는데, 여기서 된장국에 김장김치 먹을 줄은 몰랐습니다. 역시 사행길이 좋기는 좋구먼요."

병이가 말하자 한바탕 웃음이 터져 나왔다.

"할머니, 감사합니다. 나도 이곳에서 된장국을 먹을 거라곤 꿈에도 생각지 못했습니다. 아무튼 잘 먹겠습니다."

지남이 인사를 하고 저녁 식사를 시작했다. 그동안 모두들 배 안에서 쪼르륵 쪼르륵 소리가 날 정도로 굶주리다가 뜻밖에 고향의 음식을 보자 말 한마디 없이 밥 먹느라 정신이 없었다. 접시에 담겨있던 김치가 금세 없어지는 것을 보고는 할머니는 다시 한 접시를 썰어 왔다.

"참, 그동안 김치가 먹고 싶어 미칠 지경이었는데 김치를 보니 눈물이 날라캅니더."

갓마흔은 평소엔 조심을 하지만 급하면 자기도 모르게 그냥 사투리가 나왔다. 된장국도 맛이 있었지만 김치 접시엔 불이 났다. 그걸 보던 할머니는 신이 난 듯 다시 김치 한 접시를 또 한 번 듬뿍 담아 내놓았다. 그 붉은 김장김치 세 접시를 먹고 나서는 속에 불이 났는지 찬물을 벌컥벌컥 들이켰다. 지남이 그 모습들을 보면서 내 나라 내 땅에서 우리 음식을 먹고 사는 게 행복이라는 생각을 하였다. 식사가 끝나자 할머니는 본래 이곳에는 과일이 식사와 함께 나오지만 우리는 조선 사람이니까 조선식으로 한다며 식사 후에 과일을 깎아 내놓았다.

"아이구, 할머니 덕분에 오랜만에 우리 된장국과 김치를 먹으니 마흔이 말대로 감격해서 눈물이 나려고 합니다. 정말 잘 먹었습니다."

지남이 인사를 하였다.

"입에 맞지도 않은 음식을 이렇게 잘 먹는 모습을 보니 얼마나 고마운지 모르겠습니다."

할머니가 감사의 말을 하자 과묵한 이솔이 입을 떼었다.

"할머니, 그게 동포애겠지요."

동포애란 말이 나오자 아무도 뒷말을 잇지 않았다.

식사가 끝난 뒤, 지남은 기현의 아버지에게 조금 전에 터트린 지포를 좀 볼 수 있느냐고 물었다. 그러자 그는 기현에게 지포 몇 개를 가지고 오라고 시켰다. 잠시 뒤 기현이 지포 3개를 가지고 와서 식탁 위에 놓자 지남은 그것을 들고 유심히 바라보았다. 지남은 지포를 보자 매우 흥분되었다. 그러나 겉으로 태연하게 말했다.

"이것은 어디에서 사 가지고 옵니까?"

"요양이든 심양이든 어디에 가도 쉽게 살 수 있습니다. 아주 흔합니다."

"값은?"

"1개에 소전 5푼입니다."

"정말 신기합니다. 이걸 만들기는 어디서 만드나요?"

"심양에서 만든다고 들었는데 자세한 것은 모릅니다. 근데 왜요?"

"우리 조선에는 이런 게 없는데 처음 보니 신기해서 그럽니다. 이걸 좀 사서 우리 애들한테 갖다주면 아주 좋아할 것 같아서 그럽니다."

"그럼 제가 몇 개를 드리겠습니다."

라며 기현에게 2개를 더 가져오라 하여 5개를 선물로 주었다. 그러자 지남도 마흔에게 자기 보따리를 가져오라고 시켜서 그 속에서 청심환 3개를 꺼내주었다. 청심환을 보자 기현 아버지는 황송해서 어쩔 줄을 몰랐다. 이곳에서도 조선의 인삼과 청심환의 명성은 대단한데 그걸 3개나 주니 황송해하며 몇 번이고 허리를 굽혀 감사의 뜻을 표했다. 한편으로 이솔은 기현에게 할머니를 한번 뵙게 해달라고 부탁했다.

이솔은 기현을 따라 나온 할머니에게 물었다.

"할머니, 저도 사실 할머니에게 여쭤보고 싶은 게 하나 있습니다."

"그게 뭔데요? 말씀해 보세요."

할머니는 이솔을 진지하게 쳐다보며 말했다.

8. 청에 끌려온 조선 여인들

"사실은 저의 할머니도 오랑캐들에게 끌려가셨는데 아버님이 할머니를 찾아 심양에 왔다가 만나지 못하고 돌아가는 길에 비적을 만나 돌아가셨 습니다. 아버지 소원은 살아계실 때 할머니를 만나는 것이었는데 결국 소 원을 이루지 못해 이번엔 제가 나선 겁니다."

라고 말하자 할머니는 이솔이 측은한 듯이 바라보며 말했다.

"아마, 못 찾을 거요. 그때 워낙 많은 사람들이 끌려와서 누가 누군지도 알 수도 없고, 끌려오자마자 산지사방으로 바람에 날리는 낙엽처럼 뿔뿔 이 흩어져 버렸는데 어디서 누굴 찾겠소. 그리고 도망가다 하도 많이 맞아 죽어 누가 살고 누가 죽었는지도 모릅니다."

하고 할머니는 아궁이에 불을 보러 가신다며 자리에서 일어났다. 지남 은 이렇게 요양의 첫날을 기현의 집에서 후한 대접을 받으며 보냈다.

뒷날 아침 할머니가 아침 밥상을 직접 차리셨다. 밥상에는 뜻밖에 김치 찌개가 올라왔다. 김치찌개는 아직도 부글부글 끓으며 구수한 냄새가 고 향의 향수로 메웠다.

"아이구, 할머니 이게 웬 김치찌개입니까?"

지남이 말하자,

"나도 사람이라 늘 고향이 그리워서 아직은 내 손으로 김치를 담그고 겨 울이면 이렇게 김치찌개로 나 자신을 위로한다네. 그런데 우리 양반들 입 에 맞으려나 모르겠소."

"냄새가 아주 죽입니더. 아주 맛있겠네요."

마흔이 입맛을 다시며 숟가락을 먼저 들었다.

"이 양반은 경상도에서 오셨나 봐요."

마흔을 웃으며 한번 쳐다보고는 다시 말을 이었다.

"이곳에서는 아무리 신경을 써도 내 입에는 옛날 맛이 안 나. 허지만 한

번 잡숴보세요. 이 늙은이 정성으로 알고."

할머니는 밥상에 바싹 당겨 앉으라며 병이의 등을 밥상 쪽으로 밀었다.

지남과 수하 등 4명과 기현의 가족이 모두 함께 식사를 하였다. 지남의 일행이나 기현의 가족들이 마치 한 가족이 된 것 같은 분위기였다. 누구보다 이런 광경에 고국이 그리웠던 할머니가 행복해하였다. 아침 식사가 끝난 후 할머니는 이곳 차를 또 달여 나왔다. 아침 식사 후 이렇게 차를 마시는 것도 이들에게는 생소했다.

"우리 조선에서는 밥을 먹고 나면 숭늉을 끓여주지요. 이곳은 숭늉 대신 차를 마셔요, 그래서 나도 이게 습관이 돼서 차를 마시게 되었다오, 낯선 풍경이지만 한번 마셔봐요."

이렇게 요양에서의 이틀째 날을 맞았다.

아침 식사가 끝난 후 지남은 기현을 불렀다.

"어제저녁에 아버지가 터뜨린 지포 파는 가게에 한번 가보고 싶은데."

"거긴 왜요?"

"그냥 구경 한번 해보려고."

"거기에 가도 별것 없어요. 다른 가게나 다 비슷합니다."

"그래도 한번 가보자."

지남은 수하들과 함께 기현을 데리고 지포 가게를 보기 위해 요양 시내로 나갔다. 요양은 역시 오랜 역사를 지닌 도시답게 커다란 기와집들과 넓은 도로망이 한양보다는 훨씬 번화하고 웅장했다. 거리엔 짐을 실은 수레와 말을 탄 사람들의 왕래가 잦고 통원보나 연산관과는 또 다른 모습이었다.

지나가는 사람들이 잿빛 회색의 무명옷을 입은 사람들도 많았지만 붉은 색이나 자주색의 비단옷을 입은 사람도 많이 보였고 특히 머리는 앞머리는 빡빡 밀어버리고 뒷머리는 계집아이들처럼 길게 댕기를 땋은 변발이라는 모습이 매우 우스꽝스러웠다. 그리고 많은 여성이 전족이라 하여 어려서부터 발을 꽁꽁 묶어버려 발이 크지 못해 걸음을 제대로 걷지 못하고 쪼작쪼작하게 반보씩 걷고 있었다. 처음 보는 모습이라 매우 우습고 신기해 눈을 뗄 수 없었다.

"나으리, 저기 저 집입니다."

"그래, 같이 들어가 보자, 그리고 자네만 따라 들어오게."

지남은 수하들은 밖에 잠깐 기다리게 해놓고 기현이만 데리고 안으로 들어갔다. 주인은 한복을 입은 지남을 신기한 듯이 자꾸만 쳐다보았다.

"주인장, 지포를 좀 살 수 있는가?"

지남은 조선 사람의 억양이 섞인 중국말로 주인장에게 물었다.

"얼마든지 살 수 있지요. 얼마나 살려고요?"

"10개짜리 백 묶음 정도요."

"아니, 그렇게 많이는 없습니다. 그런데 그 많은 것을 어디다 쓰려고요?"

"나도 조선에서 지포장사를 좀 할까 해서요."

"그렇게 많이는 없습니다. 그렇게 많이 사려면 심양 도매상으로 가야 합니다."

"심양 도매상은 어디에 있습니까?"

"심양에 가면 지포 파는 거리가 있습니다. 그곳에 가면 얼마든지 살 수 있습니다."

지남은 지포를 제조하는 제조공장을 찾아가기 위해 일부러 많은 양을 사겠다고 유도 질문을 하여 지포 도매상이 있는 곳을 알아낸 뒤 물건을 사지 못해 아쉽다는 듯이 인사를 하고 기현을 데리고 가게를 나왔다.

"나으리, 아, 그렇게 많은 지포를 어디다 쓰려고 그러십니까?"

기현이 물었지만 지남은 아무런 대꾸도 하지 않고 밖으로 나와 수하들과 요양 거리 구경을 시작했다.

***

거리에 나오니 바람은 차가웠으나 느낌은 상쾌했다. 가로수는 수양버들이었다. 말을 탄 사람과 짐수레가 바쁘게 오고 갔다. 대동강 백사장 근처에도 수양버들은 많았지만 이곳에 오니 버들 천지였다. 길 양편으로 여염집들이 늘어섰는데 이제까지 보아왔던 마을과는 비교가 되지 않을 정도로 훨씬 크고 번화했다. 주택가가 끝나는 지점에는 붉은 기둥과 연등이 주렁주렁 매달린 주막거리였다. 아직 점심때도 이른데 손님들로 북적대고 있었다. 주점 앞에는 붉은 비단에 노란 글씨로 손님을 유혹하는 호객문구가 점포마다 있었다.

한 점포의 깃발에는 "이름을 들었으니 마땅히 말을 세울 것이요(聞名應駐馬), 향기를 따라서 수레 또한 멈추리라(尋香且停車)."라는 명시 같은 글귀가 쓰여있었고, 또 한 곳에는 "강물은 구름과 함께 흐르고(江水流伴雲), 인생은 벗과 함께 보낸다(人生流侶朋)."라는 호객하는 문구가 가히 시의 경지를 넘나드는 듯하였다.

주막거리가 끝날 즈음, 저만큼 앞에서 하늘 높이 우뚝 솟은 탑 하나가 시야에 들어왔다. 말로만 듣던 유명한 요양의 백탑(白塔)인 듯했다. 사신을 먼저 다녀온 사역원 선배들로부터 그 규모가 엄청나다고 수없이 들어오던 그 백탑이었다.

지남도 그것을 보기 위해 이곳으로 옮겨온 것이었다. 10년 전 처음 사행길에는 이곳을 보지 못했었다. 그런데 이번에 실제로 눈앞에서 보니 장관이었다. 탑은 8각 13층의 벽돌로 쌓은 전탑이었는데 그 높이가 너무 높아 보기만 해도 아찔했다. 그것이 언제 지어졌는지 알 수는 없지만 각 면마다 불상을 조각해 모셨고 그 위에는 비천상이 아름다운 자태를 뽐내고 있었으며 탑신에 칠해진 회가 파란 하늘에 하얗게 빛났다. 그전 사신들은 탑 안에도 들어가 보고 탑 위에도 올라가 보았다고 하나 탑을 관리하는 사람이 없어 그냥 구경만 하고 요양성으로 갔다.

그곳에 이르자 역시 기현이 해설자처럼 나섰다. 이 성은 누르하치가 요양을 점령한 이듬해인 1622년에 도성으로 쌓은 것이라고 했다. 성의 정문인 천우문(天佑門)은 입구를 둘러싼 옹성 형태로 지어졌고, 그 높이 또한 어마어마하게 높았다.

지남은 어느 곳이든 성을 보면 우리 것과 비교를 했었다. 우리의 성은 자연석으로 산에다 쌓은 산성(山城) 위주지만, 이들은 주로 벽돌을 구워서 평지에 평지성(平地城)을 주로 쌓았다. 그래서 성곽이 매우 높고 반듯했다. 요양성도 마찬가지였다. 성 위에 오르니 3필의 말이 함께 달릴 수 있을 정도로 성가퀴의 도로를 넓게 만들어 놓았으며, 외곽으로는 태자하의 강물을 끌어들여 넓은 해자(垓子)를 둘러놓고 있었다.

그러나 성은 본래 수성(守城)이 본분이요, 공성(攻城)은 사람이 하는 것이니 어찌 성이 견고하다 하여 사람을 당할 수 있을 것인가. 아무리 높아도 못 오를 성 없고 아무리 견고해도 무너지지 않는 성은 없다. 진시황의 만리장성이 그랬고 왜국의 오사카성도 그랬다. 공성과 수성의 성패는 성에 있지 아니하고 군사가 다루는 무기에서 가름 지어질 뿐이다. 그렇기에 지남은 이 성을 둘러보면서도 머릿속에는 끊임없이 우수한 화약무기를 그리고 있었다.

지남은 동문 장대에 올라섰다. 성 아래를 바라보니 광활한 만주 벌판이 끝없이 펼쳐졌다. 좌우 어디를 보아도 작은 야산 하나 보이지 않았다. 이 야말로 일망무애(一望无涯)의 끝없는 평원이 아닌가. 먼 고조선 시대까지 거슬러 올라갈 것도 없이 고구려 때만 하더라도 이곳은 우리의 땅이었다. 어쩌다 민족의 운명이 기구하여 이 땅을 남에게 넘겨주고 지금은 이 땅에서 자란 옥수수와 갖은 곡식이 다른 주인을 섬기고 있으니 안타까운 일이 아닐 수 없었다.

지남이 역사의 깊은 시름에 잠겨있을 때, 성 아래를 끝없이 바라보던 이 솔이 말했다.
"야! 이 푸른 초원 말 타고 원 없이 한번 달려봤으면 좋겠다."
"너는 그렇게 생각했냐? 나는 저 넓은 땅에 말뚝 꾹꾹 박아서 끝없는 논밭 만들었으면 좋겠다고 생각했네."
마흔이 말하자, 이번에는 병이가 말을 받았다.
"저 넓은 땅에 무슨 수로 농사를 다 지어요? 농사짓다 허리 부러져 죽겠네."
일할 걱정부터 했다.
"너도 돈 벌어 양반 안 되고 싶어?"
"듣고 보니 그러네요."
이미 빼앗겨 남의 땅이 된 요동벌은 장부가 말을 달리는 호연지기가 되고, 소박한 농부가 꿈을 키우는 옥토가 되고 많은 백성이 천민을 벗어날 수 있는 하늘이었지만 불행하게도 그곳은 오래전 빼앗긴 꿈이 되었다.

지남은 성채에서 내려와 다시 주막거리로 나왔다. 점심때가 되어 각 주막에는 먹자판이 이미 벌어져 있었다. 음식점 앞에는 삶은 돼지, 개고기, 원숭이 고기 등 종류도 다 알 수 없는 고기들이 진열되어 있었다.

지남은 가게 안이 너무 어두컴컴해서 상점 입구에 자리를 잡고 앉았다. 지남은 기현에게 술과 돼지고기를 주문하게 했다. 그리고 술을 한 잔 들고 마시려고 하는데 그때 누더기옷을 걸친 여자 거지가 어린아이의 손을 잡고 먹을 것을 구걸했다. 그 거지는 한겨울인데도 얇은 홑저고리 하나를 걸치고 있었고 아이는 추워서 벌벌 떨고 있었다.

거지는 가게 앞에서 두 손을 모으고 애원하듯 한 푼만 도와달라고 청했다.

"칭, 칭 이푼 첸, 칭, 이푼 첸(한 푼, 한 푼만 주세요)."

그러자 점원이 오전부터 재수 없이 거지가 왔다고 욕설을 하며 찬물을 한 바가지 끼얹으며 말했다.

"꿔리 팡즈! 꿔리 팡즈(고려봉자)!"

그러자 찬물을 뒤집어쓴 아이가 깜짝 놀라 "으앙~" 울기 시작했다.

점원은 손님들 있는데 시끄럽게 운다고 아이를 발로 차버렸다. 아이가 뒤로 나자빠지며 뒹굴었다.

"엄마! 엄마!"

하고 계속 울어대자 이번에는 시끄럽다고 저쪽으로 가서 울라며 아이를 다시 발로 걷어찼다.

엄마는 달려가 아이를 보듬으며 달랬다.

"괜찮아, 울지 마! 괜찮아, 울지 마!"

아이를 일으켜 세우자 아이의 코에서 붉은 피가 흐르고 있었다. 엄마는 손으로 코피를 닦으며 함께 울었다.

갑자기 이솔이 밖으로 달려나가더니 아이를 안아 일으켰다. 다른 수하들도 모두 거지를 향해 달려나갔다. 그러자 아기는 겁에 질려 더 크게 울어댔다. 엄마 거지도 자기를 때리려고 모여든 사람으로 알고 아기를 꼭 안고 울고만 있었다. 그녀의 눈물이 더럽고 헝클어진 머리 사이로 흘러 아기의 볼 위에 흘러내리고 있었다. 그러자 이솔이 물었다.

"당신, 조선 여자요?"

그러자 거지는 갑자기 조선말을 하는 사람에게 놀랐던지 얼굴을 빤히 쳐다보며 대답은 않고 눈만 껌벅거렸다. 주변에는 어느새 많은 구경꾼들이 모여들었다.

지남이 이솔에게 그 모자를 가게 안으로 데리고 오라고 말했다. 이솔이 그들을 안으로 데리고 들어오려고 하니 점원이 그 모자를 밀쳐내며 질색을 하였다. 이솔이 우리가 이 모자에게 밥을 사 먹이겠다고 하였다. 그러나 점원은 냄새가 나서 안 된다며 결코 들어오지 못하게 했다. 그러면서 여자 거지를 또 발길로 차서 쓰러지게 만들었다. 그는 계속 "꿔리 팡즈!" 하면서 이솔을 째려보았다.

이솔이 다시 그 거지를 일으켜 세워 가게 안으로 데리고 들어가려 하자 점원은 이솔의 뺨을 휘갈겼다. 뺨을 맞은 이솔은 점원을 노려보았다. 그러자 점원이 이솔의 뺨을 또 한 차례 휘갈기며 발길질을 하였다. 이솔의 코에서도 피가 흘러내렸다. 이솔은 손으로 코피를 닦으면서도 개의치 않고 두 모자 거지를 가게 안으로 데리고 가려고 하였다.

그러자 이번에는 같은 조선 거지들이라며 주먹으로 이솔의 얼굴을 후려쳤다. 싸움이 커질 것 같아 마흔이 나서서 서로를 말렸다. 그러나 흥분한 점원은 막무가내였다. 그놈이 다시 이솔의 얼굴에 침을 뱉었다. 순간 이솔은 놈의 멱살을 잡고 밖으로 끌어내어 주먹으로 놈의 턱주가리에 한 방을 먹였다. 점원 놈이 뒤로 벌렁 나자빠지더니 다시 일어나 이솔에게 덤볐다. 이솔이 또 한 방을 먹이자 그놈은 일어나지도 못하고 뻗어버렸다.

이 광경을 안에서 바라본 주방장이 식칼을 들고 이솔에게 덤벼들었다. 그러나 이솔은 조금도 놀라지 않고 주위를 빙빙 돌며 방어자세를 취했다. 이솔의 차분한 모습에 흥분한 주방장은 미친 듯이 식칼을 휘둘렀다. 순간적으로 이솔은 몸을 날려 돌려차기로 주방장의 오른손을 걸어 차버렸다. 식칼이 공중으로 휙 날아갔다. 그 찰나 다시 한번 이솔이 옆차기로 주방장의 옆구리를 과격하자 주방장은 붕 떠서 주위의 구경꾼들 틈새로 나가떨어지며 푹 꼬꾸라졌다.

그러자 다른 점원들도 칼을 들고 우르르 달려 나왔다. 이제 싸움은 걷잡을 수 없이 커져버렸다. 많은 구경꾼들이 주위에 둘러섰다. 마치 이솔과 점원들 사이에 생사를 건 결투장 같은 분위기였다. 주방장은 다시 일어나 다른 점원의 칼을 빼앗아 다시 덤볐다. 주방장이 좌우상하 없이 미친 듯이 칼을 휘둘러 댔다. 이솔은 미처 날뛰는 그의 발을 살짝 걸어 넘어뜨려 손에 쥔 칼을 다시 빼앗아 쥐었다. 그러고는 칼을 다시 돌려주며 가게 안으로 들어가라고 타일렀다. 그러자 이번에는 다른 점원들이 이솔에게 덤빌 자세를 취했다. 이를 보고 있던 지남이 큰 소리로 외쳤다.

"여보게, 진정들 하게나! 저 사람은 조선의 이름난 검객이야! 그는 심산에서 20년이나 무술을 연마한 사람이니 함부로 덤벼서는 안 되네."

라고 소리를 질렀다. 그러자 그들은 놀라는 표정으로 더 이상 덤빌 생각을 하지 못하고 꽁무니를 슬슬 빼기 시작했다. 그 사이를 틈타 지남은 식탁 위에 은전 몇 닢을 놓고 그 조선 여인과 아이를 데리고 유유히 주막을 빠져나왔다.

지남은 수하들의 마음을 떠보려고 거지 모자에게 엽전 몇 닢을 건네주
며 이제는 돌아가라고 했다.

그러자 병이가 화를 벌컥 내며 지남에게 말했다.

"나으리, 저 어린애가 지금 저 상태로 어디로 가라는 겁니까요?"

"그렇지 않으면?"

"젖은 옷이라도 말리고 밥이라도 한 끼 먹여 보내야지요."

"나으리, 병이 말이 옳습니다. 애가 코피도 나고 저렇게 젖은 옷을 입고
어디로 보냅니까요."

마흔이까지 병이를 거들고 나왔다.

"숙소로 데리고 가면 할머니가 거지라고 받아주실까?"

지남이 말하자 할머니는 조선 사람이라면 무조건 받아주실 거라는 기현
의 말을 믿고 모자를 기현의 집으로 데리고 갔다.

집에 도착하니 할머니는 기현의 말대로 모자를 잘 데리고 왔다며 솥에
다 물을 끓여 먼저 목욕을 하게 했다. 모자가 한쪽에서 목욕을 하는 동안
할머니는 계집종을 불러 빨리 저녁준비를 하라고 일렀다. 모자가 벗어놓
은 옷을 보더니 둘둘 말아 쓰레기통에 넣어버리고 당신이 입었던 옷을 꺼
내 놓았다. 그리고 아이에게는 기현이 입던 옛날 옷을 꺼내놓았다. 목욕이
끝나자 할머니는 두 모자에게 새 옷으로 갈아입혔다. 그런데 아이에게는
소매와 바짓가랑이를 아무리 접어도 너무 커서 입힐 수가 없었다. 그래도
벗겨놓은 것보다는 낫다 싶어 가랑이를 둘둘 말아서 입히고 윗도리 걸치
기만 했다. 아무리 말고 접어도 옷이 너무 커서 모두의 웃음보가 터졌다.
그러자 아이는 자기를 보고 웃는다는 것을 알고 옷을 입지 않겠다며 모두
벗어버렸다.

그러자 계집종이 입던 옷을 입히니 그게 그거였다. 꼬마의 옷 때문에 모

두 모여 한바탕 웃고 나니 서먹했던 분위기가 싹 가셔버렸다.

    저녁을 먹으려고 밥상 앞에 모여 앉았다. 할머니는 어린아이를 안고 옆에 엄마를 앉게 했다. 그런데 따뜻한 물에 목욕을 시키고 나니 아기도 천사 같지만 아기 엄마의 모습은 그런 미인이 없었다. 식사는 어제저녁처럼 쌀밥에 김치와 된장국 등 조선 음식으로 차려졌다. 아기는 밥을 보더니 숨도 쉬지 않고 마구 입안으로 퍼 넣었다. 할머니도 지남도 한참 동안 그 어린 모습을 보고 눈시울을 붉혔다. 자세히 보니 아기의 볼은 얼어서 터져있고 어머니의 손등도 동상이 걸렸는지 벌겋게 부어있었다. 아기 엄마는 손등이 부끄러운 듯 자꾸만 감추었다. 함께 식사를 하면서도 가라앉은 분위기를 띄우려고 할머니는 아기에게 말을 계속 시키며 많이 먹으라고 권했지만 무거운 분위기는 좀처럼 떠오르지 않았다. 그렇게 무거운 식사가 끝나고 할머니는 차를 가져오게 했다. 아기는 고팠던 배를 채우고 나서 어느새 엄마의 무릎에서 새근새근 잠이 들어있었다.

    할머니는 아기 엄마의 이름을 물었다. 그녀는 자신의 이름은 이순분이고 나이는 33살이며, 아이의 이름은 김석이인데 나이는 5살이라고 했다. 그러자 할머니는 자신도 조선 여자라면서 아기 엄마에게 언제 어떻게 이곳에 흘러오게 되었는지를 물었다. 그러자 그녀는 무릎에서 잠들어 있는 석이를 다독이며 자기의 지난 인생역정을 하나씩 풀어놓기 시작했다.

    "병자호란이 일어났던 그다음 해 정월이었답니다. 당시 우리 어머니는 어린 딸아이를 재워놓고 잠시 아버지를 따라 집 앞의 고기잡이 그물을 걷어 오다가 오랑캐들에게 붙잡혀 그길로 만주로 끌려왔답니다."

    "그러면 그 아기는 어떡하고?"

    하면서 할머니가 되물었다.

"그래서 어머니는 집에 아기가 자고 있었기 때문에 도중에 도망을 쳤는데 그들에게 다시 붙잡혀서 아버지를 따로 떼어 보내고 어머니는 손을 뒤로 묶여 끌려왔답니다."

"천벌을 받을 놈들, 그럼 그 아기는 어떻게 되었는지도 모르겠구먼."

할머니는 혼자 자고 있던 아기 생각을 하며 혀를 끌끌 찼다.

"네, 그 뒤 아기의 소식을 알 길이 없었지요. 그래서 어머니는 끌려오다 그냥 실신을 했답니다. 그랬는데 나중에 눈을 떠보니까 어머니는 수레에 실려 가고 있더랍니다. 그런데 그때 끌려가는 사람들이 헤아릴 수없이 많았는데 끌려가는 여자들은 통곡을 하지 않는 사람이 없었고 소리를 지르며 땅에 드러누우면 그 자리에서 칼로 베어 죽여버리곤 했답니다. 그러니 어찌할 도리가 없이 그냥 줄줄이 묶여서 밤낮으로 끌려왔답니다. 그런데 그때가 정월달이라 날씨가 얼마나 추웠는지 밤이면 아무런 거처도 없이 그냥 노숙을 시켰는데 가운데 화톳불 하나를 피워두고 그냥 재웠는데 아침이 되면 얼어 죽은 사람도 있었고 산 사람은 몸이 굳어 움직이지를 못했다고 했습니다. 그래도 어머니는 집에 있는 아기 생각을 하며 어떡하든 살아서 돌아가야 한다고 생각하고 모질게 버텨냈다고 했습니다."

이렇게 아기 엄마가 자기가 태어나기도 전에 있었던 그녀의 어머니의 이야기를 들려주자 지남과 수하들은 말문이 막힌 채 그냥 듣고만 있었다.

"그러면 어머니가 끌려간 곳은 어디라고 합디까?"

할머니가 물었다.

"처음에 끌려간 곳은 이곳 요양이었는데 일부는 냉정 넘어 고려촌으로 끌려가고 일부는 이곳에 남겨 오랑캐들이 수백 명씩 나누어 데리고 갔다고 했습니다. 그런데 오랑캐들은 잡아간 조선인들을 고려촌에 집단 이주를 시켰는데 그곳에서 어머니는 운 좋게 아버지를 다시 만나 살게 되었답니다."

그 말을 듣고 있던 마흔이 안도의 숨을 내쉬며 말했다.

"그래도 어머니는 천운이었네요. 그 와중에 아버지를 만났으니."

"어찌 보면 그렇다고 볼 수도 있지요. 그러나 그 당시는 돼지를 묶어 도살장으로 끌고 가는 상황인데 어찌 운을 이야기할 수 있겠습니까? 조선에 두고 온 어린 딸아이는 어떡하구요."

순분은 마흔의 말을 받아들이지 않았다.

"그러면 어머니가 이곳에 끌려왔을 때는 아기 엄마는 태어나기 전이겠네요."

"그렇지요, 어머니가 이곳에 끌려온 한참 뒤에 제가 이곳에서 태어났다고 했어요. 그런데 저는 유복자인데요, 어머니가 저를 임신하고 난 그다음 달에 아버지는 전쟁터로 끌려갔대요, 그때는 조선 남자들을 모두 끌어다 전쟁터에 인간방패로 맨 앞줄에 내세웠답니다. 그리하여 그때 끌려간 조선인들은 살아 돌아온 사람이 아무도 없었답니다. 물론 아버지도 소식이 없고요, 결국 조선인들을 끌고 오면 남자들은 그들이 치르는 전쟁터로 내몰고 여자들은 모조리 종으로 부려먹거나 아니면 노예로 팔기 위해서였답니다."

아기 엄마가 말을 맺자 다시 할머니가 물었다.

"그럼 이 아기는 어떻게 해서 낳은 건가?"

"저는 유복자로 태어나 엄마가 종으로 살던 집에 함께 살았는데, 결혼도 못 하고 종 생활만 하다가 뒤늦게 이웃에 종살이를 하던 조선인을 만나 그냥 살았지요. 종살이를 하면서도 남편과 함께 별도의 집을 지니고 살았습니다. 그런데 이 녀석이 세 살 되던 해에 또 남편이 전쟁터로 끌려가고 저만 혼자 남게 되었는데 주인집에서 이 애가 엄마를 떨어지지 않으려고 하고 아기가 위험하다고 어린 애를 떼놓고 오라고 했습니다."

"아니 어린 애가 왜 위험하다는 것인가요?"

이솔이 물었다.

"그 집은 화약으로 지포(紙砲)를 만드는 집이었거든요."

그 말을 들은 지남이 얼른 말을 받아 다시 물었다.

"지금 지포를 만드는 집이었다고 했소?"

"네."

"그럼 화약을 다룰 줄 압니까?"

"아닙니다, 화약은 주인과 자기 아들만 다루고 다른 사람들에게는 일체 접근을 하지 못하게 해서 잘 모릅니다."

"그래도 오랫동안 봐왔다면 조금을 알 게 아닌가?"

"보기는 해도 관심이 없어서 그냥 지나쳐 전혀 모릅니다. 그리고 주인이 철저히 접근을 막았습니다. 그런데 평소 주인 아주머니가 저에 대한 박해도 심한 데다 아기를 집에 혼자 둘 수도 없어 애를 살리기 위해 몰래 야밤에 도망을 나왔습니다. 막상 나와 보니 갈 곳도 없고 먹을 것도 없어 결국은 거지 생활을 하게 되었습니다. 그래서 어쩌든지 조선으로 가야겠다고 마음을 먹고 매년 몇 차례씩 오는 사신들에게 매달려 조선으로 돌아가게 해달라고 부탁을 하였습니다."

그러자 지남이 물었다.

"그때 사신들이 뭐라고 하던가요?"

"지금은 연경으로 가는 길이니 올 때 보자느니, 또는 가려는 사람이 너무 많아 어찌할 수가 없다느니 하면서 모두 다 거절을 했습니다. 그래서 이제는 저뿐만 아니라 많은 사람들이 사신들에게 부탁하는 것은 포기했습니다. 다만 남자들은 단신으로 도망가는 사람들도 흔히 있었습니다. 그러다 잡혀서 맞아 죽는 사람들도 있었고요. 그래도 아직도 저처럼 조선으로 가고자 하는 사람은 너무도 많습니다."

아기 엄마의 말을 듣고 있던 지남은 생각에 잠겼다. 일본의 세키가하라 전투에서 동군과 서군이 일본 천하를 놓고 싸울 때 조선에서 끌려간 우리의 민족이 그것도 우리나라를 침략한 풍신수길의 서군을 위해 제일 선봉에 서서 죽어갔고, 여성들은 노예나 사창가로 내몰렸었는데, 또 요양에 오니 두 호란에 끌려온 우리 백성들이 오랑캐들의 전장으로 끌려가고, 여자들은 이렇게 남의 집 종이나 길거리를 헤매는 거지가 되어있으니, 대체 이 일을 어찌하면 좋을지 엄두가 나질 않았다. 지남은 오히려 자신이 조선의 관리라는 신분이 거지 모자에게 부끄러웠다.

한참 동안 아기 엄마의 사연을 듣고 있던 할머니가 아무런 말씀도 없이 휴! 하고 한숨을 쉬었다.

"할머니 한숨을 왜 그리 길게 내쉽니까?"

마흔이 묻자,

"나도 할 말이 없어 그런다오."

하고는 손사래를 치면서 고개를 숙였다.

"할머니 혹시 빈방 하나 있을까요?"

지남이 묻자.

"방은 왜 그러우?"

"이 아기가 당장 갈 곳도 없고 먹을 것도 없으니 당분간 방을 하나 주시면 그 삯은 내가 드리겠습니다."

"방이 있기는 하지만 오랫동안 비워놔서."

"아니 오늘은 다 같이 이곳에서 자고 내일부터 그곳에서 자면 되지요."

"그럼 얼마 동안이나 묵게 할 것인데?"

"우리가 조선으로 돌아갈 때까지만 있게 해주세요. 그러면 봄이 와서 날씨도 풀릴 테고 그사이 아기 엄마 살길도 한번 찾아보게 하게요."

"나으리 같은 양반이 조선에도 있긴 있구먼!"

할머니는 걱정하지 말고 심양에 다녀오라며 지남의 요청을 들어주었다. 그러고는 밖으로 나가더니 마른 수숫대를 한 아름 안고 들어와,

"밤에 아기가 추울는지 모르겠다."

혼자 말을 하면서 구들장 안으로 군불을 깊숙이 집어넣었다.

***

뒷날 아침 일찍, 지남은 심양으로 떠나는 사신단에 합류하기 위해 수하들을 데리고 집을 떠났다. 할머니는 지남에게 그냥 가지 말고 꼭 다시 오라고 하자 지남은 일 때문에도 그렇지만 맡겨둔 순분의 모자 때문에도 꼭 오겠다고 인사를 했다. 그래도 사람의 일이란 어찌 될 줄 몰라 짐 속에서 청심환 3개를 꺼내 드렸다. 뜻하지 않은 청심환을 받은 할머니는 이 귀한 것을 어찌 3개나 주느냐며 고마워했다. 당시 중국에는 조선의 청심환은 인삼 다음으로 비싸고 귀하게 여기는 품목이라 할머니는 고마워 어쩔 줄을 몰랐던 것이다. 기현도 선물을 보고 고맙다고 고개를 숙였다. 선물을 드린 것은 할머니에게서 조선인 본래의 따뜻한 인성을 보았기 때문이었다.

지남은 할머니와 기현의 아버지에게 기현을 연경까지 데리고 가려 한다고 말하자 그렇게만 해준다면 너무도 고맙겠다고 몇 번이나 허리를 굽혀 인사했다. 먼동이 채 트지도 않은 어둠 속에서 할머니를 떠나왔다. 회원관에 도착하니 모두 출발 준비에 부산했다. 지남은 민 부사를 찾아뵙고 문안 인사를 드렸다.

잠시 뒤 정사의 출발을 알리는 나팔 소리와 함께 심양으로 출발했고 지남의 일행도 뒤를 따라나섰다.

지남이 타고 가는 말이나 기현의 수레를 끄는 말의 코에서 김이 숨을 쉴

때마다 하얗게 뿜어져 나왔다. 그날은 장가대와 삼도파를 거쳐 난닌보에서 점심을 먹고 만교보, 산요보를 거쳐 십리보에서 전체 사행단이 하루를 묵었다.

12월 2일 아침, 지남은 사행단을 따라 십리하(十里河)를 출발하여 백탑보(白塔堡)에서 점심을 먹고 혼하(渾河) 나루에 도착했다. 혼하는 꽁꽁 얼어있었다. 혼하는 만주 군마령에서 발원하여 태자하라는 강과 합류하고 또다시 요하(遼河)와 합쳐져서 서해바다로 흘러가는 심양의 젖줄이다. 심양의 혼하는 한양의 한강 같은 강이었다. 혼하의 얼음판 위에는 수없는 아이들이 썰매를 타고 있었다. 얼음 덕분에 사행단은 배 걱정 없이 얼음판 위로 혼하를 건너 심양 땅을 밟았다.

심양은 우리의 땅이면서도 일그러진 역사로 우리에게 가장 심한 고통을 주었던 곳이다. 수하들이 한양과는 사뭇 다른 심양을 보고 신기해하는 모습이 한편으로 철없는 듯 보이고 또 다른 한편으로는 순진해 보이기도 하였다. 혼하를 건넌 지 얼마 되지 않아 웅장한 성이 나타났다. 심양성인 듯했다. 성 밖에는 커다란 못이 있어 이를 해자로 삼은 듯했다. 삼사는 조선 사신의 객사인 조선관으로 가고 지남은 성 밖에 민가에 숙소를 정하고 여장을 풀었다.

지남은 심양에 도착한 뒷날 먼저 책문에서 명함을 주었던 마초개(馬椒介)를 찾아 나섰다. 그는 돈만 많이 주면 화약 만드는 책도 얼마든지 구해줄 수 있으니 심양에 오면 서문 밖에서 자기를 찾으라고 했기 때문이다. 지남은 이솔에게 근처 구경을 하고 있으라고 하고 갓마흔만 데리고 나섰다.

지남은 심양성 서문을 찾아 나섰다. 심양성은 동, 서에 2개의 성문을 가지고 있었다. 말이 쉬워 서문 밖에서 마초개를 찾는다고 하지만 막상 거리에 나서보니 길은 넓고 길 양쪽에는 검은 기와집들이 즐비하고 도로엔 마차와 짐을 실은 수레, 오가는 사람들이 뒤엉켜 도대체 누굴 잡고 물어야 할지 엄두가 나지 않았다. 지남은 난감한 생각이 들어 마흔에게 어쩌면 좋겠냐고 물었다. 그도 별수 없이 그냥 서문 앞에 있는 각 점포에 들러 구경하는 척하면서 혹시 마를 아는지 물어보자고 했다. 지남이 생각해도 그 방법 외는 달리 묘수가 없었다.

두 사람은 심양 서문 밖의 가게를 구경을 핑계 삼아 각 점포를 하나씩 돌기 시작했다. 저잣거리에 나서자 없는 물건이 없었다. 술과 음식을 파는 주막에서, 만두 가게, 돼지고기 파는 푸줏간, 바늘, 철물, 벽돌. 의복, 비단 가게 등 한양의 칠패가 무색했다. 지남은 한참을 돌다가 마가 다닐 법하다고 생각되는 커다란 주점에 들어가서 쪽지를 보이며 마를 물었다. 그러나 그 주인은 손님인 줄 알고 반색을 하다 사람을 묻자 실망한 듯 첫 마디가 "뿌쯔다오(몰라요!)!"라고 퉁명스럽게 말했다. 지남은 첫술에 배부르랴 싶어 다시 헤매다가 진열대를 층층이 만들어 놓고 그 위에다 온갖 잡다한 물건들을 수도 없이 쌓아 놓은 잡화점이 눈에 띄었다.

진열된 물건을 둘러보니 그중에는 지포가 많이 있었다. 지포를 보고 지남은 다른 생각이 있어 점포 안으로 들어갔다. 주인은 지남의 옷차림을 쓱 훑어보더니 조선에서 왔느냐고 물었다. 지남은 그렇다고 말하고 진열되어 있는 지포 앞으로 가서 요양에서처럼 지포 가격을 물었다. 그는 지포는 유형이 다양해서 종류별로 가격이 다르다 했다. 지남은 물건을 많이 살 수 있느냐 물었다. 그러자 주인은 관심을 보이며 지남을 안으로 들어오라고 해 차를 대접했다. 물건은 얼마든지 있다며 얼마만큼 사겠느냐고 물었다. 지남은 지금 당장 물건을 사려는 것이 아니라 자신은 조선에서 아들에게 지포장사를 시키고 싶다고 하자 주인은 더 좋아하며 물건을 많이 가져가면 도매가격으로 싸게 해서 주겠다고 했다. 지남은 그렇게만 해주면 좋겠다고 하며, 지포를 어디서 받아 오느냐고 물었다. 그러나 주인은 그곳을 말해주지는 않았다. 그때 지남은 마가 써준 종이를 보이며 혹시 이런 사람을 아느냐고 물었다. 주인은 쪽지를 보더니 그런 사람은 모르겠다고 하였다. 지남은 자기 이름을 마상용(馬爽鏞)이라며 심양에 며칠 머무를 것인데 다시 오겠다며 인사를 하고 나왔다. 지남은 이 점포 주인이 언젠가는 필요할 것 같다는 생각을 하고 위치를 눈여겨보아 두었다. 지남은 다시 마를 찾아 나섰다. 하도 많은 점포가 있어 어느 곳에 가서 물어볼까 하고 생각하다 마래기(마으락이)를 파는 점포가 있어 물건을 둘러보는 척하며 주인에게 마가 써준 쪽지를 보이며 혹시 이런 사람 아느냐고 물었다. 주인은 글자를 모르는 문맹이었는지 자기는 글을 모른다며 쪽지를 돌려주었다. 지남은 그 가게를 나와 다시 한약재(藥材) 파는 가게에 들러서 물었다. 그러나 그 주인도 그런 사람을 모른다고 했다. 지남이 벌써 세 군데에서 허탕을 치자 점점 난감해지기 시작했다. 지남을 따라 다니던 마흔도 이렇게 해서는 찾기가 어렵겠다는 생각을 하고는 일단 때가 되었으니 점심부터 해결하자고 음식점으로 들어갔다.

전에도 있었던 일이지만 중국 어느 곳에서나 식당에 들어가면 아는 음식이 없어 어려웠다. 벽에는 수십 가지 음식을 써 붙여놓았지만 정작 보면 먹을 거라곤 돼지나 닭고기 음식밖에 없었다. 아니면 만두나 면 종류였다. 식당 안에 들어가 두리번거리자 주인이 무얼 먹겠느냐고 물었다. 지남은 마흔에게 먹고 싶은 게 있느냐고 묻자 그는 아무것도 모르니 지남에게 아무거나 시키라고 지남에게 미뤘다.

"날씨가 추우니 따뜻한 국물 있는 것으로 먹자."

지남은 벽에 붙어있는 안내판을 보고 점원에게,

"주로우탕빤 량완(猪肉湯飯 兩碗)."

하고 돼지국밥 두 그릇을 시켰다. 마흔이 지남에게 물을 따라주며,

"나으리, 마를 찾는다는 게 쉽지는 않을 듯합니다. 그 사람이 써준 게 제대로 써준 걸까요?"

"아니야, 장사꾼들은 돈이 걸려있으면 속이지 않아. 그럴 이유도 없었고."

"그 양반하고 책 이야기를 했으니 밥 먹고 나서 헌책방을 한번 찾아보는 게 어떻겠습니까?"

"오, 그 좋은 생각이구나, 그렇게 해보지."

두 사람을 식사를 마치고 가게를 나와 서문 밖을 헤매며 서점을 찾았다. 그러나 어디에도 서점이 눈에 보이지 않았다.

***

그러다 한 골동품 가게가 눈에 띄었다. 가게 앞에는 옛날 고풍스러운 도자기와 불상, 석탑 등이 널려있었고 진열창 안에는 화려한 도자기와 화병 등이 전시되어 있었다. 지남은 마도 찾을 겸 해서 구경삼아 가게 안으로 들어갔다. 가게 안은 고색이 아주 깊은 고품들이 지남을 압도했다. 언뜻 보아 도인 같은 백발이 성성한 주인이 지남을 맞았다. 노옹의 풍모에서 뿜어 나오는 기품이 진열되어 있는 골동품들과 닿아있다고 생각했다. 노옹은 지남을 보더니 자리에서 일어나 손짓으로 지남을 의자에 안내했다.

"날씨도 찬데 먼 길 오셨습니다."

그는 간단한 인사를 했다.

"어떻게 이렇게 진귀한 보물들이 많습니까?"

지남이 놀란 듯이 물었다. 그는 차를 끓이고 있던 주전자에 물을 다시 채워 넣으며 말했다.

"여기 있는 것들은 대부분이 가짜입니다."

모양과 색상이 하도 기이하고 고풍스러워 진품이라고 해도 아무도 의심하지 않을 자기 물건들을 가짜라고 서슴없이 말하는 주인에 놀랐다. 지남은 자리에서 일어나 구경을 좀 하려고 하자 노옹은 차를 한잔하고 천천히 보라고 하며 스치는 향이 있는 담백한 차를 따라주었다. 지남은 차를 마시면서도 시선이 자꾸만 주위로 이끌려 물건들을 보며 두리번거렸다. 차 한잔이 끝나자 주인은 지남에게 볼 만한 게 있는지 둘러보라고 권했다. 골동품이란 가게에 처음 들어와 본 지남은 그게 그것 같고 신기하지 않은 게 없었다. 지남은 지남대로 마흔은 마흔 대로 자기들 눈앞에 펼쳐지는 크고 작은 물건 하나에도 정신이 사로잡히지 않는 것이 없었다. 지남은 아주 깊고 퇴색한 항아리 앞에서 주인에게 물었다.

"이것은 진품 같네요."

물으니 그것도 역시 몇 년 전에 만들어진 가짜라고 했다.

"아니! 자태도 그렇고 이렇게 아름다운 수천 년의 빛을 지닌 이것이 가짜라면 대체 진품은 어떤 것입니까?"

"세상에 귀한 것들은 언제나 가짜가 있게 마련입니다. 이곳에는 조선의 청심환도 가짜가 많이 나돕니다."

"아니, 그런데 여기서 왜 우리나라 청심환이 나옵니까?"

서로 껄껄 웃었다.

"어쨌든 간에 진품 한번 보여주십시오."

지남이 주인에게 조르자 주인이 잠깐 기다리라며 안으로 들어가더니 작은 상자 하나를 들고 나왔다. 그 속에서 작은 물그릇 같은 통(筒) 하나를 꺼내 놓으며 말했다.

"이 필통은 진품입니다. 한(漢)나라 황실에서 쓰이던 것인데 모양이야 투박하지만 그 자체로서 역사를 가지고 있고 중후한 색감이 심연 같고 무게가 태산 같지 않습니까?"

자세히 보니 그 통에는 "眞無聲 美不光(참된 것은 소리가 없고 아름다운 것은 반짝이지 않는다)."이란 여섯 글자의 관지(款識)가 새겨져 있었다. 지남은 글자를 보고 몽둥이에 머리를 맞은 듯하여 하마터면 고개를 떨굴 뻔하였다. 지남이 한참 동안 생각에 잠긴 듯하자 노옹이 웃으며 말했다.

"무얼 그리 생각하시오?"

지남은 노옹의 물음에 아무런 말도 하지 않았다. 그 순간 지남에게 우리의 조정에서 눈만 뜨면 자기가 옳다고 서로 헐뜯고 소리 지르던 모습이 전광처럼 스쳐 갔다.

"역시 조선 선비라 글로 생각이 다듬어졌구나!"

노옹은 혼자 말을 했다.

"글쎄요. 저는 모르겠습니다, 저는 노옹께서 가짜라고 하는 이것들의 색깔이 더 곱고 좋습니다."

지남은 다시 고개를 한번 흔들고 노옹에게 말을 건네자 주인이 껄껄 웃으며

"선비 같은 사람만 있으면 내가 큰돈을 가질 수 있겠네만, 나는 그런 돈이 필요 없어서 한 말일 뿐일세."

라고 하며 필통을 다시 상자 속으로 싸두었다. 지남이 찻잔을 내밀며 차한 잔을 더 마시고 싶다고 하자 노옹을 차를 따르며 말했다.

"선비는 이제 '眞味淡(참된 맛은 담백하다).'의 경험까지 득한 모양이구만."

하면서 차를 따라주었다. 지남이 차를 마시며 별맛도 느끼지 못하는 이차를 권하며 하는 말이 와닿지 않았다. 노옹은 지남에게 물건을 사러 온

것인가 아니면 구경을 하러 온 것인가를 물었다. 사실은 이곳에 사람을 찾으러 왔다가 우연히 들르게 되었다고 지남이 말하자 그 사람이 누구냐고 물었다. 얼른 지남은 품속에서 쪽지를 꺼내 보였다. 노옹은 자세히 들여다보더니 이 사람이 가끔 한 번씩 들르기는 한다고 했다. 지남은 노옹이 마를 안다는 소리에 깜짝 놀라며 "그럼 혹시 이 사람을 좀 만날 수 있을까요?" 하고 묻자 그는 조선과 일본을 상대로 밀거래를 하는 사람인데 가끔은 자기 가게에 들러 가짜 골동품을 가지고 간다고 했다. 그런데 요즘은 한동안 오질 않아 소식이 끊겼다고 했다. 그 사람의 사는 곳을 묻자 서문 밖에 산다는 것만 알 뿐 그 이상은 모른다고 했다. 지남은 노옹에게 지금 연경에 가지만 두어 달 후에 귀국길에 다시 올 테니 연락이 되었으면 좋겠다는 말을 전해달라고 하고 가게를 나왔다.

지남은 별맛도 아닌 담담한 그 차의 맛을 참맛이라고 하던 노옹의 말을 되뇌며 다시 마흔의 말대로 고서점을 찾아 거리를 헤맸다. 다행스럽게도 한 후미진 곳에서 서점을 찾아냈다. 그런데 책방 문이 잠겨있고 손잡이에는 먼지가 뽀얗게 앉아있었다. 지남은 어쩔 수 없이 숙소로 돌아왔다. 이솔과 병이가 방안에서 술을 마시고 있었다. 밖에서 구경이나 하지 왜 방 안에 있느냐고 물으니 자기들도 심양행궁 구경을 하고 조금 전에 들어왔다고 했다. 그러면서 지남을 보고 내일은 소현세자가 머물렀던 심양관(청에서는 조선관이라 했다)을 구경 가자고 했다. 지남은 전에 그곳을 다녀왔다고 하자 한 번 더 가면 어떠냐며 다 같이 가자고 했다. 그렇게 하기로 하고 병이가 심양행궁을 보고 느낀 소회를 들으며 심양에서 이틀째 밤을 보냈다.

이틀째 되는 날 아침을 먹고 수하들과 심양관 구경을 갔다. 심양관은 심양 대남문의 북쪽에 인접해 있었다. 청은 18칸짜리 홑집을 지었는데 소현

세자와 봉림대군의 가족과 정승과 판서들의 자제와 관속과 환관, 궁녀, 역관 등 200~300여 명이 묵을 집이었다. 마흔이 심양관의 초라한 모습이 실망스러웠던지 지남에게 물었다.

"나으리, 그래도 그렇지 일국의 세자 저하를 이렇게 양반집 마구간보다 못한 이런 곳에다 거처하게 했습니꺼?"

"허허! 이 사람 보게, 저 사람들은 세자로 보지 않고 포로로 생각하고 있어. 포로에게 밤이슬 피하게 해준 것만으로도 은혜를 베풀었다고 생각할 사람들이야."

"그러면, 그렇게 많이 잡아 온 백성들을 다 어디로 가고요?"

"글쎄, 내가 그렇게 수천 번 이야기를 해도 말귀를 못 알아들어, 남자들은 전쟁터로 끌려가고 여자들은 종으로 팔려갔다고."

이야기를 가만히 듣고 있던 병이가 말했다.

"야! 생각만 해도 끔찍하다. 내가 만약 그때 살았다면 나도 어느 전쟁터에 끌려갔겠네요?"

그러자 이솔이 말했다.

"아니야."

"그럼, 뭐요?"

"지금쯤 죽었겠지."

"뭐라고요? 왜, 그렇게 재수 없는 말을 해요?"

병이가 목소리를 높였다.

"아니야, 이솔의 말이 맞아. 십중십 그렇게 됐어, 왜냐하면 조선 사람들을 항상 전쟁터 맨 앞에 '화살받이'로 내몰았거든. 전쟁에서 맨 앞에 서면 어떻게 되는지 잘 알잖아?"

지남이 이솔의 편을 들자 병이도 고개를 끄덕였다.

만약 그때 태어났다면 지금쯤 죽었을 거라는 지남의 말이 서운했던지 병이는 또 물었다.

"그러면 그때 우리 조선에 남자로 태어났다면 거의 다 왜나 청에 끌려갔을 것이고 그랬다면 거의 다 남의 나라 전투에서 죽어야 했는데, 무엇이 잘못되어 우리 백성은 그런 운명을 타고난 것입니까요?"

"그건 이야기가 너무 길어."

"길면 간단히 줄여서 말씀 좀 해주세요. 대체 어디에 무엇이 잘못되어 그 지경이 되었는지 소인도 좀 알고 싶네요."

"야, 그런 건 너무 어려워서 나도 못 알아듣겠던데, 말해줘도 못 알아들어. 그냥 있어!"

이솔이 말하자 또 사람 무시한다며 병이가 졸랐다.

"사람 무시하지 마셔요!"

하면서 지남에게 끈질기게 청을 했다.

지남은 병이의 성화에도 끝내 그때의 실상을 말하지 않았다.

그러나 당시의 조선의 시대 상황은 이랬다. 1592년 임진년 4월 왜적 수십만이 부산 앞바다에 쳐들어왔는데 그들이 올 줄 몰랐다. 1627년 정묘년과 1636년 병자년에 청이 쳐들어왔을 때도 그랬다.

왜가 쳐들어온 지 20일 만에 국토는 초토화되었다. 왕은 한양을 버리고 의주로 피난을 가고, 수많은 백성은 죽임을 당하고 여자들은 일본으로 끌려갔다. 불과 30여 년 뒤 정묘호란과 병자호란이 일어났을 때도 임금은 남한산성에서 50일을 채 못 버티고 삼전도에서 적장 앞에 삼배구고두례(三拜九叩頭禮)라는 치욕적인 항복을 하고, 소현세자, 봉림대군, 인평대군 등 아들 셋을 포함한 50만 백성들이 심양으로 끌려갔다.

병자호란이 일어났던 이듬해인 1637년 5월 17일 청의 황제 허락을 받아 심양성 남문 앞에서 끌고 간 우리 백성들의 매매가 이루어졌다. 청이 끌고 온 우리 백성은 수만에 이르렀다. 그중에는 어머니와 아들의 상봉도 있었고, 혹은 형제의 상봉도 있어 서로 만나 얼싸안고 울부짖으니 곡소리가 천지를 진동하였다.

백성들의 처지가 이러함에도 조정에서는 끊임없는 당파싸움이나 하고 있었다. 당파싸움은 백성들의 삶을 위해서가 아니라 자신들의 입지를 위해서 했다. 시비는 옳고 그름을 가리는 지혜다. 과례(過禮)가 비례(非禮)이듯이 시비 또한 같다.

권력에 혈안이 된 척신과 간신들의 과시비는 적개심의 불씨가 되어 온 나라를 불태웠다. 그들은 성리학으로 논리를 무장하여 언제나 나만 옳다는 오만과 독선에 빠져 내 편이 아니면 누구든 악으로 몰아세웠다. 빌미가 없으면 음모를 꾸미고, 없는 죄를 만들어 씌울 때는 자백할 때까지 고문을 일삼았다. 충신과 젊은 인재는 발붙일 곳이 없었다.

항상 내부 권력에만 관심을 두고 외세에는 눈을 감고 있었다. 임진왜란도 사전에 그 낌새는 있었다. 양 호란도 충분히 감지할 수 있었다. 그러나 그때는 외세에 눈감고 실리 없는 명분만 쫓다가 나라는 망하고 백성은 침략자들에게 끌려가 노예시장에서 팔려나가고 있었다.

9.

황성 입성

12월 4일 북풍이 살을 에는 아침, 지남은 심양을 출발했다. 이곳에서 연경이 어느 하늘 아래 붙어있는지 알 수는 없지만 운명처럼 주어진 길이라 생각하고 담담하게 출발했다. 기현을 제외하고는 모두 손을 비비며 목을 어깨 속에 움츠리고 있었다.

모두가 집 떠나온 지 석 달째 접어드니 얼굴은 꾀죄죄하고 날이 갈수록 형색은 초라해져 갔다. 심양에서 요양을 지날 즈음에 잠시 여유가 있어 지남은 잠시 기현의 집에 다시 들렀다. 그동안 할머니도 어머니 같은 정도 들었고, 느닷없이 데려다 놓은 순분이 모자가 궁금하기도 해서였다.

"어서 오세요, 나으리."

할머니는 여느 때나 변함이 없었다.

"잘 계셨어요? 할머니."

"추운데 얼른 안으로 드시지요."

"우리가 그럴 시간이 있으려나 모르겠네요."

"그래도 잠시 따뜻한 차라도 한잔 마시고 가야 내 마음이 편하지."

하면서 일행을 모두 집 안으로 안내하고 계집종에게 찻물을 빨리 달이라고 재촉했다. 순분이는 깨끗하고 단정한 차림으로 할머니 뒤에서 다소곳이 인사를 했다.

"나으리, 어서 오십시오."

이솔과 마흔이 등 일행에게도 허리를 굽혀 인사를 올렸다.

수하들도 달라진 순분의 모습에 '저렇게도 고운 여인이 2,000리 먼 요양 땅에서 거지 생활을 하고 있다니!' 하는 측은한 눈빛으로 순분을 바라보았다.

지남이 석이가 보이지 않는다고 하자 지금 순분의 방에서 자고 있다고
했다.

일행은 차 한 잔씩을 마시고 길을 다시 나섰다.

"나으리, 돌아오실 때도 이 길을 지나야 하니 꼭 들려주십시오."

"그때 사정을 봐서 되도록이면 그렇게 하리다."

하고 말고삐를 당겨 집을 나섰다.

할머니는 아들을 보내는 듯하고 순분은 할머니 뒤에서 눈물을 보이며
고개 숙여 송별을 했다.

심양에서 연행으로 가는 길은 청나라의 호행관이 안내했다. 그들이 안내
하는 여정은 전례대로 사신들이 걸었던 그 길을 그대로 답습했다.

이번 사행도 심양에서 출발하여 청에서 보내준 안내인 호행(護行)을 따
라 보름 동안 백기보-소흑산-신광영-십상산-고교포-영원-양수하 등을
지나왔다. 이 길은 조선의 사신들이 수백 년 다니던 길이라 널리 알려진
길이었다. 가는 길에 이미 연경을 다녀오는 조선 관원들도 만나 서로 안부
를 묻고 소식을 전하기도 하였다.

***

12월 20일 혹한 속에 중전소에서 아침을 먹고 출발하여 들 가운데 작은
언덕 위에 강녀묘(姜女廟)라는 사당에 도착했다. 이 사당은 사신들이 이곳
에 들러 잠시 휴식을 취하는 곳이라고 기현이 귀띔을 해주었다. 지남도 삼
사의 뒤를 따라 그 사당 안으로 들어갔다. 안마당에는 제법 크고 높은 바
위가 있고 거기에는 망부석(望夫石)이란 붉은 글씨가 새겨져 있었다.

9. 황성 입성

이야기인즉 진시황제가 만리장성을 쌓기 위해 천하의 백성들을 동원하였다. 그때 제나라에 강씨 성을 가진 여인이 살고 있었다. 그녀의 남편이 혼인한 지 사흘 만에 끌려간 후 10년이 지나도 돌아오지 않자 여인이 이 바위에서 기다리다 죽었는데 후세 사람들이 그녀의 정절을 기리기 위해 이곳에 사당을 지었다고 했다. 이 여인의 애틋한 사랑이 널리 전해져 중국의 고전인 시경(詩經)은 물론이고, 송나라 때 충신 문천상이 글을 지었는데 그 글이 사당 안에 새겨져 있었다.

> 秦皇 安在哉 진시황은 잘 있는가
> 萬里長城築怨 장성을 원한으로 쌓았구나
> 姜女不死也 맹강녀는 죽지 않았네
> 千年片石留貞 천년 바위에 곧은 정절 남아있으니

맹강녀 사당을 나오면서 마흔이 말했다.
"나으리, 소인의 마누라가 강가(姜哥)입니다요."
"그래! 어디 강씨야?"
"당연히 진양 강가지요."
기현이 갓마흔의 말을 되받았다.
"맹강녀의 성은 '강'씨라고 하는 사람도 있고, '허'씨라고 하는 사람도 있어 그녀의 진짜 성은 무언지 알 수가 없습니다."
그러자 갓마흔은 그녀의 성이 '강씨'라고 주장했다.
"아니, 맹강녀라는 뜻은 강씨 집안의 맏딸이라는데 왜 거기서 허씨가 나와? 이분은 우리 마누라하고 같은 강씨야."
병이가 마흔을 공격하고 나섰다.
"어디 자랑할 게 없어 마누라 성 자랑을 합니까요? 참 성님도 한심허요."

그러자 마흔은 병이 등짝을 툭 치면서 "너는 장가도 못 간 놈이 여기에 왜 끼어들어?"

"아니거든요. 저는 맹강녀 같은 사람 찾는다고 안 간 거지 못 간 게 아닙니다. 사람 그렇게 무시하면 안 됩니다요."

바락바락 말대꾸를 하며 달려들었다.

"그래, 잘했다. 턱 밑에 얌생이 수염 나도록 그런 여자 기다려라."

하면서 지남이 사당을 나서는 것을 보고는 마흔도 따라나섰다.

***

사당을 둘러본 일행은 산해관(山海關)으로 향했다. 눈앞에 나타난 산해관은 그야말로 높고 웅장했다. 성문 앞에 다가서니 하도 튼튼하고 웅장해서 기가 꺾일 정도였다. 이곳은 만리장성의 동쪽 끝 시발점이다. 성루 정면에는 "天下第一關"이라는 편액이 걸려있었다. 중국 사람들이 이곳을 천하제일관문이라고 한 것은 그들의 화이사상(華夷思想)에 근거를 둔 것이었다. 한족(漢族)만이 문명인이고 다른 민족은 모두 오랑캐라고 본 것이다. 만리장성 밖의 오랑캐들이 문명세계로 들어오는 첫 관문이 이 산해관이라는 뜻에서 이곳을 그렇게 불렀고, 자신들의 자존심만큼이나 높고 웅장하게 쌓았던 것이다.

그러나 이곳의 일대는 역사적으로 우리의 땅이었다. 산해관의 본래 이름은 유관(楡關)이다. 고구려 영양왕이 임유관(臨楡關) 전투에서 수나라 30만 대군을 격파한 곳이 이 일대이다. 산해관의 옛 지명이 '유관'이었고, 그 지명의 유래도 '임유관'과 무관하지 않다.

예부터 우리 사신들이 중국에 들어갈 때는 이곳을 통해 들어갔다. 그러기에 이 관문은 우리 사신들에게 널리 알려져 있었고 또한 그들의 가슴 속에 아쉬움을 남기기도 한 곳이었다. 그러나 이 산해관의 아픔은 중국인에게도 서려있다. 그것은 청나라가 명을 멸할 때 청나라 군사들이 이 문으로 들어왔기 때문이다. 명나라 말기 이자성(李自成)이 농민반란을 일으켜 명의 왕조를 무너뜨리고 북경을 점령하자 이자성을 제압하기 위해 당시 산해관 총병이었던 오삼계가 청군을 이 산해관 안으로 끌어들인 것이다. 청의 예친왕 도르곤(多爾袞)은 오삼계와 함께 농민 반란군을 제거하고 난 후 북경을 그들의 수도로 삼아버린 것이었다. 이자성의 농민반란은 결국 명의 천년 사직을 청에게 넘겨준 뼈아픈 사건이 되고 말았다. 이자성의 농민반란이 정치적 성향을 띄지 않았거나, 오삼계가 나라 안의 사건에 청을 끌어들이지 않았다면 명과 청의 역사는 달라졌을 것이다. 그 뼈아픈 역사의 현장이 바로 이 산해관이었다.

농민의 반란은 농민의 요구사항이 관철되는 선에서 마무리되어야 한다. 농민반란이 그 선을 넘어 왕조타도를 외치면 나라가 망한다. 빈대가 있다고 집을 허물지 마라! 외세에 어두운 농민이 부패를 척결한다고 난을 일으키면 그 왕조는 십중팔구 외세에 넘어가게 되어있다.

진시황이 오랑캐를 막자고 백성의 원성 속에서 만리장성을 쌓았지만 정작 마지막에는 환관 조고 하나를 이기지 못했고, 하늘을 찌르는 산해관을 쌓고도 스스로 문을 열어주었으니 이 교훈을 깊이 새겨볼 만하다.

그날 지남은 사행단과 함께 산해관을 지나 홍하포에서 유숙하였다.

12월 27일 아침 죽 한 그릇으로 요기를 하고, 계주를 출발하여 통주에

다다랐다.

통주성 성첩에 꽂힌 깃발들이 바람에 일렁거리고 있었다. 중국은 어디를 가나 높고 큰 성이 있고 성에는 붉고 푸른 각양각색의 군기들이 펄럭이고 있어 항상 전쟁 분위기 속에 사는 나라같이 생각되었다.

통주 성 밖에는 통하(通河)라는 큰물이 있어 무수한 돛대가 짙은 수풀 같았다. 물가에는 민가와 술집이 즐비하게 보였다. 한눈에 보아도 풍성한 물고기로 돈이 많은 어항으로 보였다. 이곳이 예전에 역관 홍순언이 병부상서 석성의 아내를 구해준 곳이라고 하였으나 지금은 세월이 흘러 그곳이 어딘지 알 수가 없었다.

조금을 더 가니 팔리포(八里浦)란 마을이 나타났다. 이름답게 포구의 해안선이 아름답고 끝이 없었다. 아직은 아침 식전인데도 거리엔 많은 인력거와 말들이 분주하게 오고 갔다. 이곳에서 북경 황성(皇城)까지는 30여리인데 길바닥에는 큰 돌을 네모반듯하게 다듬어서 깔아놓았다. 그 위를 지나는 수레바퀴 소리와 말발굽 소리가 귀가 따가울 정도였다. 그곳에서 아침 식사를 하였다.

***

팔리포를 지나니 곧 동악묘(東岳廟)가 보였다. 동악묘가 보이면 연경에 도착했다는 뜻이다. 이곳은 태산신인 동악대제(東岳大帝)를 모신 사당이기는 하지만 우리 사신이 황궁에 들어가기 위해 평복에서 관복으로 옷을 갈아입는 곳이기도 하였다.

지남도 구경삼아 삼사를 따라 동악묘 안으로 들어갔다. 삼사가 옷을 바꿔 입는 동안 지남은 수하들과 함께 동악묘 경내 구경을 했다.

이곳에 모신 동악대제는 인간의 생로병사와 부귀귀천을 관장하는 태산신을 모신 곳으로 중국 도교의 본산이다. 지남은 전에도 이곳에 들른 적이 있지만 이곳에 들어오면 어쩐지 마음이 편안해지고 정신마저 맑아지는 듯하여 기꺼이 이곳에 들른 것이다. 묘당에 예를 올리고 나와 뜰 앞에 있는 정자에 오르니 낡은 현판에 푸른 글씨로 경구가 새겨져 있었다.

분위기가 한껏 엄숙해서 숨소리만 들릴 뿐 아무도 함부로 소리를 내는 사람이 없었다. 바로 그때 병이가 정적을 깨뜨렸다.

"통사 나리, 저 글씨가 뭐라고 써진 겁니까?"

"그게 다 우리가 이미 잘 알고 행하는 말들이야?"

"그게 뭔데요? 설명 좀 해주세요. 저런 거 보면 까막눈은 얼마나 답답하고 갑갑한지 아십니까요." 마흔이 말했다.

지남은 자신이 읽고 설명을 해준다며 해석을 해주었다.

"오불가장(敖不可長)하고, 욕불가종(欲不可從)하며, 지불가만(知不可滿)하며, 락불가극(樂不可極)하라! 는 뜻이야. 다시 말해, 사람은 항상 겸손해야 하고 너무 오만하게 굴지 말고, 욕심은 자제하고 너무 지나치지 말 것이며, 세상에 궁금한 것도 너무 끝까지 파고들지 말며, 즐거움도 그것이 너무 지나치면 오히려 해가 된다는 말이야. 이 말은 『예기(禮記)』에 나오는 말인데 너희들은 이 가르침을 다 몸소 행하고 있으니 알 필요도 없어."

그 말을 듣고 있던 이솔은 고개만 끄덕이고 병이는

"예, 그렇습니다. 소인은 딱 이 말대로만 행하고 있습니다."

하고 나서자 마흔이 웃으며 병이의 등짝을 또 한 번 탁 내려쳤다. 동악묘 구경을 마치고 나와 서쪽 패루 안으로 들어가니 드디어 황성의 동문인 조양문(朝陽門)이 보이기 시작했다.

"다들 저길 봐! 저곳이 황성이야!"

지남이 말하자 다들 "와!" 하고 탄성을 질러댔다. 목숨을 걸고 혹한의 두 달을 견뎌 2,000킬로의 대장정 끝에 나타난 황성. 다들 설레는 마음에 발길이 가벼워지는 듯했다.

조양문 앞에 다가가니 3층 누각이 하늘에 불쑥 솟아있고 남쪽으로는 붉은 칠을 한 담장이 길게 늘어서 있었다. 성 아래는 해자가 넓게 파여져 있고 문밖에는 구름같이 사람들이 몰려다녀 연경의 번성함을 알 수 있었다. 조양문 누각은 3층으로 푸른 청기와로 이었고, 앞으로는 옹성을 둘러 성을 지키는 일반적인 형태를 갖추고 있었다. 옹성의 규모가 얼마나 큰지 성 높이와 다름이 없었다. 성은 두께가 스무 발 정도 되고 높이도 넉넉히 9장은 되어 보였다.

남쪽을 바라보니 숭문문(崇文門)이 보이고 문에서 조금 걸어 서쪽에 이르니 지남 일행이 묵을 회동관(會同館)이 보였다. 삼사는 회동관 동관에 머물고 지남은 서관에 자리를 잡았다.

사행단이 목적지인 연경 황궁에 도착한 것은 지난해 동짓달 말에 한양을 떠나 두 달 만이었다. 정사는 회동관 정당(正堂)에 자리를 잡고 부사와 서장관은 그 뒷방에 순서대로 짐을 풀었다. 지남은 서관에 숙소를 잡고 수하들은 옆방에 들게 하였다. 삼사는 청의 황제(皇帝)가 주재하는 세시(歲時) 조회에 참석하기 위해 왔지만 지남은 목적이 달랐다. 청의 국내 정세와 염초 제조에 관한 정보를 수집하기 위해서였다.

　그러나 지금 이곳에 올 때까지 두 달여 동안 아무런 기회도 포착하지 못했다. 이제 더 갈 곳이 없으니 모든 걸 이곳에서 매듭을 지어야 했다.

　한양에서 떠나오는 날 "나라에 보탬이 되는 큰일을 하라."는 윗사람들의 암호 같은 그 말은 중국의 우수한 화약 제조법을 알아 오라는 분부였지만, 지남은 오래전부터 그러한 꿈을 가지고 있었다. 그 길만이 나라를 구하고 백성들이 이웃 나라의 종으로 끌려가는 것을 막을 수 있는 길이라고 생각했기 때문이다. 서관에 도착한 첫날은 피곤에 지쳐 씻을 힘도 없이 그냥 쓰러져 잤다.

　한숨을 자다가 방이 차가워서 잠이 깼다. 자기 나라 황제를 위해 두 달 동안 수만 리 길을 달려온 사람들에게 대접이 이러하니 은근히 화가 치밀어 올랐다. 너무 추워 밤을 뒤척이고 있다가 먼동이 틀 무렵 자리에서 일어나 수하들을 깨웠다.

　"밤에 춥지들 않던가?"

　"아이구, 너무 피곤해서 추위도 모르고 그냥 기절했었습니다."

　마흔이 큰 입을 찢어져라 하품하며 말했다. 밖에선 이미 기현이 먼저 와서 기다리고 있었다.

　"나으리, 밤새 안녕하셨습니까?"

　"안녕하였느냐고 묻는 건 우리 조선식 인사법인데."

　"할머니에게 배웠습니다."

　"하하, 너도 이제 조선 사람 다 됐구나."

　"그랬으면 저도 좋겠습니다. 그건 그렇고 나으리, 소인은 지금 그냥 떠날까 합니다. 어차피 오늘 가야 하니 조금이라도 일찍 가려고 합니다."

기현이 이별을 고하자 지남은 기현을 자기 방으로 불렀다. 그간 책문에서 이곳 연경까지 한 달 동안 같이 오며 동생처럼 정이 들었다. 수레 삯은 서장관이 일괄해서 난두장에게 지급하기로 되어있었기 때문에 기현에게 받았느냐고 물었더니 심양 가면 다 정산해 주기 때문에 걱정하지 말라고 했다. 다만 조선으로 돌아가실 때 그냥 가지 말고 꼭 자기 집에 들렀다 가라고 손을 잡고 부탁을 했다. 지남은 꼭 그렇게 하겠다고 언약했다. 기현은 붉은 눈시울로 웃음을 보이며 돌아서 갔다. 갓마흔, 이솔, 병이도 서로 안고 등을 토닥이며 기현을 보냈다.

아침 식사 후 민 부사의 호출을 받았다.

"불러 계시옵니까?"

"어서 오게, 별일 없는가?"

"네, 그러하옵니다."

"나라에 또 외환(外患)이 생겼다네."

"외환이라니요?"

"또 왜적들이 금강하구에 도적질을 해갔다는구먼."

"요즘은 에도막부와 사이도 좋은데 알 수가 없군요."

"막부의 군사가 아니라, 규슈 지방의 도적 떼들인 게지."

"예예, 무슨 말씀이온지 알겠습니다. 그런데 그놈들이 이번에는 무슨 짓을 하고 갔답니까?"

"지난가을, 일본 남부가 유례가 없는 큰 태풍을 맞아 쑥대밭이 되었는데 아마 먹을 게 부족했던 모양이야. 그러니 그놈들이 또 도적질을 하러 온게 뻔했던 게지."

"몇 척이나 왔다고 합니까?"

"여남은 되나 봐. 그런데 왜놈들이 배에다 대포를 싣고 와서 우리 수군과 맞닥뜨렸다는데, 우리 수군이 패해서 오히려 도망을 갔다니 참으로 한심한 일이지."

"설마, 그런 일이 있었을 리가 있겠습니까?"

"적과 해상 교전이 벌어졌는데 지난여름 장마로 화약에 누기가 들어 포를 쏘아도 포탄이 날아가지를 않았다고 하는구먼. 하는 수없이 우리 수군이 퇴각을 하자 도적들은 노골적으로 배를 정박시켜 놓고 조창(漕倉)에서 쌀을 모조리 빼앗아 갔다고 하네. 지금 조정에서 급히 질 좋은 중국 화약을 구입해서 보내라는 전갈이 왔기에 자네를 불렀네, 어찌하면 좋겠는가?"

"소인인들 별수가 있겠사옵니까. 의당히 서장관으로 하여금 공식적인 절차를 밟아 구입함이 옳을 듯합니다. 만약 그렇지 않고 그걸 밀상들에게서 사게 되면 값도 비싸고 믿을 수도 없을 것입니다."

"그럼, 알았네, 내 그렇게 해볼 터이니 만약 여의치 않으면 자네를 다시 부르겠네. 자네는 자네가 하는 일이나 차질 없이 하게."

지남은 부사를 하직하고 나와 숙소로 돌아와 수하들을 불러서 조선에서 일어났던 왜적의 도둑질을 알려주었다. 그리고 오후에는 다 같이 정양문을 빠져나와 연경 최대의 번화가인 유리창(琉璃廠) 거리로 나갔다. 유리창은 정양문에서 선무문까지 다섯 거리에 걸쳐있었다.

**

"나으리, 여기를 왜 유리창이라 합니까? 유리창도 별로 없는데."
병이가 물었다.

"유리창이란 유리로 된 창문이 많아서 유리창이라 하는 게 아니고 옛날에 이 황궁을 지을 때 지붕에 얹을 유리기와를 만들던 공장이 이곳에 있었기 때문에 붙여진 이름이 지금까지 그렇게 내려오고 있는 걸세."

"소인은 집들의 창문이 온통 유리창으로만 되어있는 줄 알았습니다. 그런데 마흔이형 이번에는 나를 무식하다고 왜 안 때려요?"

하며 갓마흔을 쳐다보았다.

"나도 유리창이라 하기에 그런 줄 알았거든."

"그러면 성님이나 나나 무식한 건 똑같네요."

" 너는 통무식, 나는 반무식이잖아."

"옷은 다 젖으나 반 젖으나 젖으면 벗어야 되는 거요."

병이는 한 마디도 지기 싫어했다.

"어쭈! 니가 문자 쓰는데."

마흔은 병이 머리를 쿡 쥐어박았다.

"지금은 이 유리창이 유리기와공장이 아니라 한양의 인사동같이 골동품과 서적을 파는 가게들이 많이 들어서 있지. 그래서 천하의 진귀한 골동품과 유명한 고서들이 이곳에서 거래되고 있어 고미술 애호가들이나 글을 하는 선비와 과거를 준비하는 거인(擧人)들이 많이 드나들고 특히 만국의 사신들이 황제에게 조공을 바치려 왔다가 늘 들리는 곳이 이곳이야. 그래서 연경 하면 유리창이고 유리창 하면 연경을 떠올리게 되는 거야."

지남이 유리창에 대한 설명을 하자 수하들은 모두 다 눈이 휘둥그레지며 진귀한 물품들을 보느라 정신이 없었다.

유리창의 거리는 명성 그대로 휘황찬란했다. 길 양옆에는 붉은 홍등을 매단 음식점과 주점이 수없이 늘어서 있고, 골동품 가게에는 오래된 불상과 불탑, 그리고 그 연대를 알 수 없을 만큼 녹슬고 고색이 창연한 옛날 술병, 검은 흙으로 빚은 술잔, 낡은 궤짝, 녹슨 청동화로, 무늬가 반쯤 지워진 항아리 등이 무수히 쌓여있었다.

지남은 심양에서 만난 골동품 가게 주인이 연경에 가면 그 많은 골동품

대부분이 가짜라는 말이 떠올랐다. 그러나 지남은 그 가짜로 여겨지는 골동품들이 싫지가 않았다. 잡초가 있어야 꽃이 아름답듯이 이 세상엔 가짜가 있어야 진품이 귀한 생각이 들었기 때문이다. 지남은 한참을 지나 고서점 거리에 도착했다.

문수당(文粹堂), 명성당(鳴盛堂) 등 그 이름만 들어도 알 수 있는 유명한 고서점들이 옛날 낡은 간판을 그대로 달고 있는 모습이 눈에 띄었다. 지남은 그 서점들이 반가웠다. 혹시나 자신이 찾는 책이 있을까 해서였다. 먼저 눈에 보이는 문수당 안으로 들어갔다. 책방 안에 들어서자 도인의 복장에서부터 승복을 입은 사람, 앞머리를 완전히 밀어버린 청나라 젊은 사람들까지 어우러져 함께 북적댔다. 갓을 쓰고 조선 한복 두루마기를 입은 지남을 보자 주인은 반색을 하며 맞았다.

"어서 오십시오, 조선 선비님."

주인이 먼저 인사를 건넸다. 조선 선비들은 이곳에서 책을 많이 사 가곤 했기 때문에 서점 주인도 얼른 알아봤다. 지남은 주인의 인사를 받고 나서 서가에 꽂힌 책들을 하나씩 유심히 살폈다. 서가에 꽂힌 책들은 철학과 정치, 경서, 문학 등으로 구분되어 있었고, 군사와 전술에 관한 책들이 있기는 했지만 지남이 찾는 병서와 화약에 관한 책은 눈에 보이지 않았다. 책도 너무 많고 오래되어 한두 시간 찾고 나니 눈도 아프고 목도 칼칼했다. 오늘은 첫날이니 이만하기로 하고 수하들과 저녁을 먹고 숙소로 돌아왔다.

식전에 민 부사로부터 급한 연락이 왔다. 이솔을 짐을 챙겨 함께 데리고 오라는 것이었다.

"나으리, 부르셨사옵니까."

"얼른 들어오게. 마음이 바빠서 이렇게 식전에 부르게 되었네."

"아니옵니다. 이맘때면 소인도 일어나 있을 시간입니다."

"다름이 아니라 어제 다행히 화약 3,000근을 어렵사리 구했는데 이솔을 딸려 보내야겠네."

"네. 알겠습니다."

지남은 한양에 가서 만나기로 하고 이솔과 헤어져 다시 숙소로 돌아왔다.

다음 날 아침 식사를 마친 지남은 마흔과 병이를 데리고 다시 유리창으로 나갔다.

지남은 그들에게 밖에서 구경하라고 하고 혼자서 열심히 서점을 뒤지고 다녔다. 서점은 많았지만 염초와 화약에 관한 책은 아예 구경조차 할 수 없었다. 그런데 뜻밖에 『난중일기』가 보였다. 주인을 불렀다.

"주인장, 이 책은 얼마요?"

단도직입적으로 가격을 물었다.

"아니, 조선 사람이 조선의 책값을 왜 묻는 거요?"

하고 되물었다.

"이 책은 금서인데 이것이 어찌 이곳에 와있는 거요?"

"금서? 이 사람 세상을 전혀 모르는구면, 돈만 주시오. 내가 얼마든지 구해드리리다."

하고 주인은 자기 자리로 돌아가 버렸다. 그곳에 더 있다가는 바보가 될 것 같아 지남도 그냥 나와버렸다. 책방을 나오자 병이와 마흔도 딱히 갈 곳이 없었던지 문 앞에 기다리고 있었다. 세 사람은 한 음식점에 들러 점심을 먹고 이곳저곳을 헤매다가 다시 숙소로 돌아왔다.

지남은 두 사람을 자기 방으로 불렀다. 오늘 있었던 이야기도 하고 한담이나 하면서 저녁을 보낼까 해서였다.

"이곳에 와보니 어때?"

하고 지남이 병이를 쳐다보며 물었다. 그러자 딱히 할 말이 없던 병이는 묵묵부답이었다.

"요양과 심양에서 우리 민족이 여기까지 끌려와 어떤 신세가 되어있는지 보았지? 그리고 이 추운 날씨에 왜 우리는 수만 리 이곳 연경까지 와서 왜 조공을 바치고 돌아가야 하는지 그 이유를 아는가?"

하고 이번에는 갓마흔에게 물었다. 그도 역시 마찬가지였다.

"나라가 힘이 없어 그래. 그래서 내가 찾고 있는 것은 중국의 염초와 화약 제조법이야. 물론 우리나라에서도 화약을 만들고 있지만 중국 것이 우리 것보다 훨씬 낫거든. 오늘도 그것 찾고 다닌 거야."

"소인도 본래 취토장이라 대충은 알고 있었습니다요. 그런데 그런 책을 구할 수 있겠십니꺼?"

"성님은 잘 알면서도 그래, 어려우니까 나으리가 여기까지 온 것 아니야?"

하면서 갓마흔에게 핀잔을 주었다.

"그래, 자네들 말이 다 맞아. 그런 책을 구하기도 어렵고 그래서 수만 리 연경까지 그 책을 구하러 온 것 아니겠나."

"맞습니다. 우리는 무식해도 나으리를 무조건 따를 것입니다. 그러니 끝까지 한번 해봅시다."

라고 병이가 의지를 보이자 지남이 병이의 등을 쓰다듬으며,

"그래, 고맙다. 다 사람의 일이니 끝까지 한번 해보자."

라고 말하고 서로 각자의 방으로 돌아갔다.

그다음 날은 활동영역을 넓혀 궁성 밖으로 나가보기로 했다. 아침을 먹고 조양문 밖을 나가려고 하니 문지기가 외성 밖을 나갈 수가 없다며 가로막았다. 지남이 청심환 하나를 건네주자 일찍 돌아오라며 슬쩍 내보내 주

었다. 조양문 밖에도 유리창 못지않은 시사(시장)가 있었다. 서점이 있기는 하나 아주 작았다. 그날도 지남은 허탕을 치고 일찍이 숙소로 돌아왔다. 다음 날은 서쪽의 서직문 밖을, 또 그다음 날은 안정문을 나가 북쪽 지역을 헤맸으나 모두가 허사였다. 황성의 동서남북을 열흘 이상 헤매고 다녔지만 아무런 단서 하나도 건지지 못했다. 그러자 지남도 서서히 맥이 풀리기 시작했다. 잠도 오질 않았다.

10.

장돌뱅이
장 서방

자포자기하는 식으로 유리창에 가서 술이나 한잔해야겠다고 다음 날 저녁에 유리창에 나갔다. 셋이서 저녁을 먹고 있는데 누가 인사를 하며 아는 척을 하였다.

　"아이구! 통사 나으리, 여기에서 뵙게 되는군요. 기억이 나실는지 모르지만 소인은 두어 달 전에 책문에서 인사 올렸던 장 서방입니다."

　"나도 얼굴은 기억이 나구먼, 여기에 어쩐 일로?"

　"우리 같은 장돌뱅이야 세상천지 어디 안 가는 데가 있습니까요? 돈만 되면 저승도 갑니다."

　"그렇다 하고 여기엔 웬일로 왔는가?"

　"물건 하러 왔지요?"

　"무슨 물건?"

　"소인은 주로 비단을 취급했는데 지난가을에 왜구가 금강에 들어와 노략질을 하고 간 뒤로 조정에서 화약을 급히 구한다는 소문이 있어 그것 좀 알아보러 왔습니다."

　"그런 소문은 어디서 들었는가?"

　"나으리, 그런 거 너무 깊이 묻지 마십시오, 저희들도 곤란합니다. 하여튼 그렇습니다."

　"그럼 술잔을 들고 이쪽으로 잠깐 와보게."

　"그렇게 해도 되겠습니까?"

　장 서방은 자기 일행과 마시던 술병을 통째로 들고 잠시 지남의 자리로 이동을 했다.

"그래 그럼, 화약은 좀 구했는가?"

"나으리, 세상에는 돈만 많이 주면 고양이 뿔도 있습니다. 그까짓 화약쯤이야 돈만 푹 집어 준다면 얼마든지 살 수가 있습니다. 세상에 돈이면 안 되는 건 없습니다. 그런데 이번에 조선에 가는 화약도 값을 제대로 주지 않아 2,000근만 주려고 했는데 서장관 나리가 하도 통사정을 해서 1,000근을 더 보태주었다고 했습니다."

엊그제 부사 어른이 하신 말씀을 장 서방이 더 자세하게 말하는 것으로 보아 이 자가 여간 아니라는 생각이 들어 지남이 술병을 들고 먼저 술을 건넸다.

"아이구, 아이구, 아닙니다요, 통사 어른, 제가 먼저 올리겠읍죠."

지남이 들고 있던 술병을 빼앗아 지남에게 따랐다. 지남은 그 술을 받아 마시고 다시 잔을 건네며 술을 따르고는 수하들과 인사를 시켰다.

"인사 올립니다. 소인 이름은 장원인데, 그냥 장 서방이라 하면 됩니다."

"반갑소, 이용걸입니다."

"저는 병이입니다."

"아니 그런데 장 서방은 이 유리창에 어떻게 온 것인가?"

지남이 물었다.

"쉰네야 이곳이 우리들이 노는 장마당 아닙니까. 조선에 가면 중강에 가고 부산에 가면 왜관에 가고, 일본에 가면 쓰시마 가고, 에도에 가면 요시와라 가고, 중국에 오면 이곳이나 유리창에 가지요. 팔자에 역마살이 끼어 늘 이렇게 떠돌아다닙니다."

"그럼 돈도 많이 벌었겠네."

"젊어서부터 이 짓을 하다 보니 세상구경은 많이 했는데, 돈은 겨우 밥 먹고 삽니다."

"주로 다루는 물건은 무엇인가?"

하고 지남이 자꾸만 반복해서 묻자 목이 마른지 술잔을 들고 말했다.

"통사 나리, 처음부터 이렇게 많은 걸 물으시려면 술이나 한잔 더 주고 물으십시오."

하면서 술잔을 내밀었다. 지남이 술잔에 술을 가득 따르자 장 서방도 지남에게 술잔을 채우고 마흔과 병이에게도 술잔을 채운 뒤 말을 이어갔다.

"쉰네같이 조선과 중국과 왜를 오가는 장사치들은 그 취급하는 품목이 거의 정해져 있습니다. 조선의 인삼을 중국에 와서 팔고 중국의 비단 사서 왜관에서 일본에 넘기고 일본에서 오는 은이나 때로는 유황 같은 것도 받아서 조선에 넘기곤 합니다. 그렇게 하다 보면 중간에 조금씩 떨어지는 게 있어 관에 녹을 받거나 농사를 짓는 것보다는 이문이 좀 더 낫습니다."

"그럼 세상 여자 구경은 다 했겠네요?"

병이가 중간에 끼어들었다.

그러자 마흔이 병이의 머리를 쿡 쥐어박으며

"너는 가만히 좀 있어. 아무 데나 끼어들지 말고."

"아이, 또 때려."

하면서 병이가 꼭뒤를 감싸며 마흔을 쳐다보았다.

"조금 전 일본의 유황도 취급해 봤다고 했는가?"

"물론입죠."

"그럼 화약은?"

"통사 나리, 그런 건 묻지 말아주십시오."

"아. 무슨 뜻인지 알았네. 그럼 오늘은 이만하고 내가 서관에 묵고 있으니 내일 한번 들어올 수 있겠는가?"

"네, 그럼 내일 未時(오후 1시)경 찾아뵙겠습니다."

하고 서로 헤어졌다.

숙소로 돌아온 지남은 장 서방을 만난 게 어쩌면 무슨 실마리라도 보일 것 같은 예감이 들어 그를 숙소로 불렀던 것이다. 날짜는 가고 아무런 실마리도 잡지 못해 애를 태우고 있던 차에 장 서방을 만난 것은 큰 다행이라 여겨졌다. 뒷날 약속된 시간에 마흔이 장 서방을 데리고 방으로 찾아왔다.

　"나으리, 장 서방이 찾아왔습니다."

　"어서 오시게, 기다리고 있었네."

　지남이 문을 열고 나왔다.

　"숙소는 멀지 않았는가?"

　"네, 우리는 오면 늘 먹고 자는 데가 이 유리창 안에 단골로 정해져 있습니다."

　"여길 드나드는 데는 문제가 없는가? 우리는 출입이 딱 정해져 있어. 나가는 시간은 아침 사시(오전 10시경)이고 들어오는 시간은 오후 유시(오후 5~7시)경으로 그 시간 외에는 꼼짝도 못 하게 하고 있네."

　"네. 우리 장사치들은 문지기들을 잘 다루기 때문에 그건 문제가 되지 않습니다. 예전에는 사행 오신 분들도 그런 문제가 없었는데 몇 해 전에 하인들이 기생집에 나가서 들어오지도 않고 밖에서 싸움을 해서 그 이후로 출입통제가 생겨났습니다."

　"그런데 장 서방이 이렇게 어렵게 와주었는데 뭐 대접할 게 없어서 어떡하지?"

　"아이구, 그런 말씀 마십시오. 소인은 이쪽 사정을 누구보다 잘 알고 있습니다. 걱정을 마십시오."

　"그런데 장 서방 본은 어딘가?"

　"인동입니다."

　"그래, 그럼 수역 장현(張炫) 어른도 잘 아시는가?"

　"잘 아다마다요. 저의 집안 할아버지입니다."

지남은 장 서방이 장현의 손자뻘이라는 말에 반갑기도 하고 놀랍기도 해서 소리를 질렀다.

"아니! 이 사람, 뭐 공명(장현의 자) 어른이 자네의 집안 할아버지라고!"

"네. 그렇습니다."

그 말은 들은 지남은 오래전 장현이 사역원 수역으로 근무할 때 지남을 매우 아끼고 사랑했으며, 삼복의 변이 일어났을 때는 장현을 잘 따랐다는 이유로 국문장에 끌려가 목숨을 잃을 뻔했던 이야기를 들려주었다. 그랬더니 장 서방이 무릎을 꿇으며 자세를 고쳐 앉았다.

"지금 그럴 것까지는 없네. 편히 앉게."

지남과 장 서방의 관계는 급속도로 가까워지기 시작했다. 슬슬 지남은 심중에 있는 본론을 꺼내었다.

"장 서방, 혹시 염초나 화약 제조에 관련된 서적 취급해 본 적이 있는가?"

"그런 서적을 본 적은 없습니다. 그 분야는 하도 단속이 심해서 모든 사람이 겁을 많이 냅니다. 만약 발각이 되는 날에는 끝장이 나기 때문이죠. 그런데 그건 왜 묻습니까?"

"아닐세, 그냥 한번 물어본 것뿐이야."

"그런 말씀 마세요, 누굴 어린애 취급하는 겁니까? 저도 역관이 되려고 몇 번 시험을 쳤다가 낙방을 하여 그만 이 길로 들어섰습니다만 우리 집안도 대대로 나라의 녹을 먹는 관리 집안에다 아까 말씀드렸다시피 공명 할아버지는 효종 대왕 때부터 북벌계획의 총책이었습니다. 그래서 소인도 척하면 압니다. 그리고 엊그제 화약 3,000근을 급히 구입하는 것도 소인이 아니었으면 2,000근밖에 못 구했습니다."

그 말을 들은 지남은 내심을 털어놓지 않을 수 없었다.

"사실은 내가 중국의 염초 제조에 관한 비법을 좀 알고 싶은데 도무지 방법이 없어서 걱정을 하고 있는 중일세."

지남이 자존심을 버리고 심중에 있는 이야기를 솔직하게 하자 장 서방은 이미 잘 알고 있다는 듯이 일장 연설을 하였다.

"잘하셨습니다. 지난 10월에 왜구의 노략질 이야기를 들으셨지요? 그게 조선의 화약 만드는 수준으로는 필요한 양의 화약을 제때에 대지 못합니다. 왜 그러냐 하면 조선의 염초 제조는 여염집 지붕을 뜯어서 그 밑에 나오는 먼지 같은 흙을 모으거나, 아니면 남의 집 부엌을 뜯어서 나오는 흙으로 만들거나, 아니면 멀쩡한 남의 집 담장을 헐어 그 밑에서 나오는 흙을 모아 염초를 만드니 그 양이 얼마나 될 것이며 나라에서 필요한 염초 제조를 하려면 조선 천지에 남아나는 초가집은 하나도 없을 것입니다."

듣고 있던 마흔은 자신이 취토장으로 일할 때 자기의 아픈 곳을 들춰내는 것 같아 마음이 찔끔함을 느꼈다. 그래 아무 말도 못 하고 그냥 장 서방의 이야기만 듣고 있었다.

"그런데 우리 조선에서는 최무선 할아버지께서 저술하신『화약수련법(火藥手練法)』도 현재는 전해 내려오지도 않고 있지요, 게다가 이서(李曙) 할아버지가 쓰신『신전자취염초방(新傳煮取焰硝方)』이 있기는 하지만 소인이 말씀 올린 그런 문제점 때문에 우리나라는 화약을 제대로 만들 수가 없다고 이쪽 청나라 사람들은 다들 알고 있습니다. 그런데 우리나라 관리들은 그런 줄도 모르고 매번 전해 내려오는 방식대로만 하고 있다가 지난가을에도 왜구들에게 당한 것 아닙니까?"

장 서방 이야기를 듣고 지남은 깜짝 놀랐다. 우리나라 화약 제조에 관한 실정을 훤히 꿰고 있는 것이 아닌가.

"자네는 화약에 관한 일을 어찌 그리 손바닥 보듯 통달하고 있는가?"

"통달이 아니고요, 어깨너머로 주워들은 이야기인데 먹고살려면 그 정도는 척을 해야 합니다."

10. 장돌뱅이 장 서방

"아, 이 사람아, 그래서 내가 지금 자네를 초청한 게 아닌가. 그러니 자네가 좋은 방안을 한번 내보게."

"소인인들 뾰족한 수가 있겠습니까만 그럼 내일 소인이 한 사람을 소개해 올릴 터이니 그 사람을 만나서 긴히 이야기를 한번 해봅시다. 그 사람이 얼마나 응해줄지는 모르겠습니다만."

이라고 단서를 붙이고 나서 내일을 기약하고 오늘은 그만 헤어지자고 했다. 이야기가 이렇게 돌아가는 상황에서 지남으로서는 장 서방을 그냥 보낼 수 없었다. 저녁을 같이 하자고 유리창으로 데리고 나갔다.

"통사 나으리, 이곳은 소인 관할 구역이니 소인이 안내하겠습니다."

"그렇게 하게. 그리고 앞으로 나리 나리 하지 말고 삼촌이라 부르게."

"네, 그렇게 하겠습니다. 통사 나으리."

그러자 병이가 대뜸 나서며 장 서방에게 한 수 거들었다.

"아니, '나으리'라 하지 말고 삼촌이라 부르라는데 왜 자꾸 나으리, 나으리 하는 거요. 아니 그렇게 수천 번 이야기해도 말귀를 못 알아들으시네."

"너 닮아서 그렇다 왜?"

하면서 마흔이 병이의 머리를 쿡 쥐어박았다.

"아! 또 때려."

병이는 마흔을 째려보았다. 둘이서 싸우는 모습이 재미있었던지 장 서방도 서로의 눈빛을 마주치며 웃었다.

***

장 서방은 번화한 대로를 지나 한참 좁은 뒷골목의 한 주점으로 들어갔다. 낡은 2층 목조 건물에 잘 보이지도 않는 낡은 간판이 주점의 오랜 역사를 말해주고 있었다.

여 주인장이 장 서방을 보더니 손을 들어 서툰 조선말로 "어서 옵쇼, 장 쌍고(商賈)!"하고 반갑게 맞았다. 장 서방이 단골이라는 걸 단박 알아볼 수 있었다. 장 서방은 주인을 불러 옆에 세워두고 지남에게 물었다.

"나으리, 아, 아니 삼촌. 술은 이 집 고량주가 좋은데 안주는 뭐로 하시렵니까?"

지남은 중국 안주는 잘 모른다며 알아서 시키라고 말했다. 그러자 장 서방은 지남이 알아듣지도 못하는 안주 두서너 가지를 시키는 것 같았다. 이 집은 오래전부터 드나들던 단골이라 우리 조선말도 제법 알아듣는다고 하면서 중국 사람 욕은 하지 말라는 당부도 했다.

"그런데, 이쪽은 나이가 훨씬 어려 보이니까 그냥 병이라 부르면 될 것 같은데 이쪽은 뭐라고 호칭해야 될는지 모르겠습니다."

용걸에 대한 호칭을 물었다.

"마흔성님이라 부르게. 아무래도 나이가 한두 살은 위로 보이니까."

"그럼, '마흔님'이라 부르겠습니다. 마흔님도 통사님이십니까?"

"나는 부산 동래부에서 취토장 하다가 남의 지붕을 너무 많이 뜯어 그 지붕이 무너지는 바람에 쫓겨났다가 어찌 운 좋게 이 통사 나으리를 만나 지금 여기에 오게 되었네."

"남의 지붕을 무너뜨렸다고요?"

장 서방이 웃으며 그렇게 말하자 병이가 나섰다.

"이 성님 생긴 걸 보소, 남의 집 지붕이고 담장이고 얼마나 허물었겠는지."

자기 머리를 때린 화풀이라도 하듯이 마흔을 성토해 댔다. 술과 음식을 가지고 나와 주인이 식탁에 차리기 시작했다. 장 서방은 이 집이 집도 허름하고 값도 싸지만 음식은 맛이 있다며 술잔을 돌렸다. 힘들고 피곤한 사행길에 이렇게 좋은 분위기에서 술을 먹는 것도 그렇게 흔히 있는 일이 아니었다.

그것은 무엇보다 지남이 장 서방에게 거는 기대가 있기 때문이었다.

"자, 술잔 다 채웠으면 다 같이 한잔 들지."

지남이 건배를 제의했다. 그러자 병이가 자기가 먼저 선창을 하면 안 되겠느냐고 물었다. 마흔이

"너 또 맞고 싶냐." 하면서 병이를 쳐다보았다.

지남이 한번 해보라고 시켰다.

"그럼 제가 합니다. 소인이 선창을 하면 다들 '내세요.'라고만 복창을 하세요."

"장 서방님이 술값은 내세요!"라고 선창을 하자 다른 사람들도 웃으며 "내세요!"라고 하고 술잔을 비웠다.

첫 잔을 들고 돼지 수육으로 보이는 안주를 한입씩 먹고 나자 지남이 마흔에게 말했다.

"마흔이, 그때 남의 지붕 뜯던 이야기 좀 해보게. 재미있을 것 같아."

마흔이 기억을 되살리며 남의 집 지붕 뜯던 이야기를 하기 시작했다.

"그런데 10년도 훨씬 넘은 이야긴데, 20대 후반이었습니다. 우리 동래부에서도 염초 흙이 모자라 난리가 났었지요. 군기시(軍器寺)에서 할당된 양을 못 채우면 반 죽였으니까요. 아시다시피 염초 흙은 주로 남의 부뚜막이나 담장, 또는 지붕 밑 흙이라야만 되었는데, 그런 흙이 어디 많습니까. 부뚜막을 뜯으면 솥단지 무너지지요, 남의 담장 긁으면 비 올 때마다 무너지지요, 그러니 동네마다 그런 난리가 없었지요. 그런데 지붕 밑을 긁고 나면 당장은 표시가 나지 않기 때문에 취토장들이 그 방법을 많이 썼습죠. 소인도 몇 번 해보니 요령이 생기더라고요. 내 나이가 젊어서 그런지 과부나 여자 혼자 사는 남의 첩 집에 가서 부탁하면 지붕을 잘 내어주었지요. 그래서 내가 염초 흙을 가장 많이 긁어 후한 상도 받았는데 재수 없게도

사고가 발생했습니다. 내가 낡은 집 지붕이 무너졌는데 알고 보니 그 집이 고을 사또의 애첩이 사는 집이었습니다. 그런데 그 여자는 나이도 젊고 얼굴도 예뻤는데 자기 집은 괜찮다고 자꾸만 나보고 자기 집 지붕을 긁어 가라고 했습니다. 그런데 내가 너무 자주 긁었나 봐요. 장마철도 아닌데 그 지붕이 그냥….”

마흔이 거기서 하던 말을 끊자 병이가

“그 지붕이 어쨌다는 거요?”

하면서 다그쳤다.

“야, 무너졌지 어떻게 되긴 어떻게 돼.”

“그럼, 지붕만 무너진 게 아니라 여러 개 무너졌겠는데요?”

“뭐가 여러 개 무너져 인간아.”

“성님이 관가에 잡혀가기 전에는 첩의 몸도 무너졌을 테고, 잡혀간 뒤로는 첩의 마음도 무너졌을 거 아닙니까요?”

“이 인간 그런 때는 머리 잘 돌아가네.”

하면서 또 한 대 선물을 안겼다. 그 말을 듣고 있던 장 서방이 술을 마시자며 있던 잔을 비우고 지남에게 잔을 올렸다. 지남이 장 서방의 잔을 받고는 자기 잔을 장 서방에게 건네며 말했다.

“그 외 다른 일은 없었냐?”

“나으리, 소인이 쫓겨나기까지 그 짓을 5년 동안 했는데 어찌 그뿐이겠습니까? 솥단지 무너진 이야기 한번 들려드릴까요?”

목이 마른 지 자작을 하고서는 다른 이야기를 꺼냈다.

“취토장은 두 사람이 한 조로 해서 다녔습니다. 염초 흙을 긁으러 가면 특별한 경우를 제외하고는 누구도 허락을 해주지 않았습니다. 누가 자기 집 부뚜막이나 담장 밑을 파도록 허락해 주겠습니까. 그래서 강제로 하는 경우도 있고 또는 슬슬 달래서 채취하는 경우도 있었습니다. 그런데 그 달 말일까지 할당량을 채우지 못해 안달하며 마을로 나갔는데 전부 다 들에 일하러 가고 집에는 사람이 없었습니다. 할 수 없이 주인도 없는 집 부엌에 들어가 부엌 안의 흙을 마구 긁으며 몇 집을 돌았지요. 그랬더니 겨우 책임량은 채웠습니다. 그런데 며칠 뒤 동래부에 몇 집이 주인 몰래 남의 부뚜막을 뜯어간 놈을 잡아달라는 탄원서가 들어 왔습니다. 밥을 하다가 밥솥이 한쪽으로 쓰러져 밥도 버렸고 부엌을 전부 새로 지었다는 것이었습니다. 그래도 지붕 무너졌을 때는 곤장만 맞고 그대로 넘어갔는데 이번에는 여러 집이 한꺼번에 집단으로 탄원서를 내서 결국 제가 취토장 자리에서 쫓겨나고 말았지요."

장 서방은 웃으며 쫓겨날 짓을 했다며 자신이 알고 있는 조선과 중국의 염초 흙에 관해서 이야기를 했다.

"우리나라에서는 염초 만들 흙을 꼭 남의 집 부엌이나 담장, 그렇지 않으면 지붕을 헐어서 구했는데 소인이 알기로는 중국에서는 그런 방식이 아닌 것 같았습니다. 왜냐하면 중국 어디에서도 염초용 흙 때문에 민원이 발생했다는 말을 들어본 적이 없거든요."

"바로 그것이 문제인데 그럼 중국은 염초용 흙을 어디서 구했다고 하던가?"

지남이 장 서방에게 물었다.

"그건 저도 모릅니다. 그게 바로 극비사항(極秘事項) 아닙니까? 만약 소인이 그 흙을 어디서 구하는지 알았다면 지금 이 자리에서 이러고 있겠습니까? 벌써 훈련원이나 군기감에 나아가 높은 자리에 있겠지요."

이런 자리에서 염초 이야기는 이제 그만하자고 지남이 말하자 병이가 여자 이야기를 꺼냈다.

"장 상고님, 유리창에는 기생방(妓樓)이 유명하다던데 눈에 하나도 안 보이네요?"

"그건 여기서 좀 더 나가야 돼, 왜 거기 가보고 싶어?"

"당연히 가보고 싶고, 또 가봐야지요. 여기까지 와서 거길 안 가본다면 여길 뭣 하러 옵니까?"

병이가 여기 연경에 온 것은 마치 기생집에 가기 위해 온 것처럼 말을 하자 장 서방은 아직 젊어 힘이 뻗치는 병이의 심정을 알겠다는 듯이 오늘은 이미 늦어서 다음에 안내를 하겠다고 하였다. 그러자 병이는 말이 나온 김에 지금 가자고 조르니 지남이 늦어서 안 된다고 제지하며 장 서방에게 부탁했다.

"장 서방, 하여튼 자네가 경험도 많고 이곳에 관시(關係)도 좋으니 이번 내가 하고 있는 일에 신경을 좀 써주게. 잘되면 구전은 내가 알아서 챙겨 줄 터이니."

"삼촌, 그런 말씀 마십시오. 이 일은 누구의 일이고 아니고가 아니라 우리 조선인 전부의 일입니다. 소인도 조선 사람입니다. 제 몸속에도 북벌정책의 주역이시던 공명 할아버지의 피가 흐르고 있는데 어찌 소인에게 구전 말씀을 하십니까."

그 말을 듣고 있던 마흔과 병이는 약간 긴장하는 모습을 보이며 침묵하고 있었다. 그리고 오늘은 이만하고 내일 오후에 다시 만나기로 하고 술좌석을 파했다.

***

다음 날 장 서방이 약속대로 찾아왔다. 그들이 오후에 만난 것은 이곳의 점포들은 대부분 오후에 문을 열기 때문이었다. 장 서방은 지남의 일행과 함께 유리창 번화가를 한참 벗어나 후미진 곳에 있는 작고 허름한 서점으로 안내했다. 그런데 서점도 아직 문을 열지 않았다. 일행은 주인이 오기를 기다리며 외성의 성곽을 한 바퀴 돌다가 다시 1시간 후에 다시 왔다. 그러나 그때도 책방 문은 열리지 않았다. 옆집 음식점 주인에게 물어도 왜 그런지 요즘 가게 문을 열 때도 있고 며칠씩 열지 않는 때도 있다고 했다. 옆집 아주머니의 말에 지남은 뜻하지 않는 걱정거리가 생겼다. 어쩔 수 없이 그날도 허탕을 치고 숙소로 돌아왔다. 장 서방의 말에 의하면 그 집은 가게는 허름하지만 주로 조선과 일본이 밀거래 상인들을 상대로 금지 품목을 취급하기 때문에 가게 문을 열지 않는 경우가 잦다며 그렇다고 걱정까지 할 필요는 없다고 하였다.

돌아오는 길에 어제 병이가 여자가 있는 집에 가서 술을 한번 먹자고 한 청을 들어준다며 홍루 거리로 안내했다.

장 서방은 유리창 홍등가로 가면서 평소 자기가 가는 단골집으로 모시겠다고 했다. 유리창이 끝날 무렵 왼쪽으로 꺾어 들자 눈이 부실 정도로 화려한 거리가 나타났다. 유곽이나 홍등가는 어디나 그렇듯이 이곳도 화려하고 북적댔다. 지남은 요시와라를 떠올렸다. 중국은 일본과 어떻게 다를까 하는 궁금증이 생겨서 마음이 설레기도 하였다. 거리에 접어드니 길 양쪽에는 2층 검은 목조에 붉은색 기둥이 돋보이는 기루가 줄을 지어 쭉 늘어선 모양이 마치 어느 그림 속의 궁궐 같았다.

중국인의 기호에 맞게 온통 노란 황금색이 붉은색과 어울려 번쩍이고 건물의 처마와 창문에는 붉은 홍등이 주렁주렁 매달려 있었다.

집 앞을 지날 때마다 간드러진 비파 소리와 교태 섞인 여인들의 웃음소리가 새어 나오고, 비단옷을 입고 거드름을 피우는 한량들이 거리를 휘젓고 다녔다.

장 서방이 앞장서서 '홍지루(虹池樓, 무지개가 떠있는 연못)'라고 간판이 걸린 한 가게 안으로 들어갔다. 안에서 지켜보던 한 사내가 달려 나오며 허리를 굽혀 인사했다. 서로는 잘 아는 사이인 것처럼 "하오지오 뿌첸(好久不見, 오랜만에 뵙겠습니다)." 하고 인사를 했다.

"하오." 장 서방이 간단히 대답하자 사내는 이미 약속이나 한 듯이 장 서방 일행을 별실처럼 생긴 큰 안방으로 모셨다. 장 서방은 방을 둘러보더니 안 오는 사이에 방 분위기가 다소 바뀐 듯 벽의 장식물들을 둘러보고 지남에게 자리를 권했다.

잠시 뒤 뜻밖에 한복을 곱게 차려입은 여인이 들어오며

"초희입니다. 어서 오세요. 오라버님, 오랜만입니다. 그동안 왜 그리 뜸하셨어요?"

장 서방을 오라버니라 부르며 친근감을 보였다.

"그래, 그건 그렇고, 오늘 내가 아주 귀하신 분들을 뫼시고 왔으니 좀 잘해봐! 내 낯이 깎이지 않도록 말일세."

"제가 언제 오라버님 체모를 깎은 적이 있었습니까?"

"그래 자꾸 말 걸지 말고, 애들은 전부 다 어린 처녀들로만 들여보내."

"네, 알겠습니다."

맏언니로 보이는 조선 여인이 문을 열고 밖으로 나갔다.

"장 서방은 여기에 자주 왔나보구나."

"소인이 말씀 올리지 않았습니까. 장사꾼에게는 삼불금(三不禁)이라는 게 있습니다. 그게 뭐냐 하면 모르는 것도 없고 못 하는 것도 없고 안 되는 것도 없어야 한다는 말이죠, 그래야 남의 돈을 먹을 게 아닙니까?"

"거 참 명언이로군. 그런데 저 여자는 누군데 조선말을 해? 조선 여자야?"

"보시다시피 조선 여자잖아요? 저래 뵈도 여걸입니다."

그때 방문을 두드리며 문을 열고 그 맏언니가 젊은 여자 너덧을 데리고 들어왔다.

맨 앞의 여자는 치파오를 입고 있었다. 옷이 몸에 쫙 달라붙어 가슴부터 하체까지 몸매가 한눈에 드러나고 아랫도리는 양옆이 트여 하얀 넓적다리가 보일 듯 말 듯하여 급한 사내들의 성미를 돋우는 듯했다. 두 번째 여인은 전통 중국의 황실의 그림에서나 보던 선녀 복장을 하고 있었다. 바람이 불면 날아가 버릴 듯한 너울들을 걸치고 있었다. 또 한 여자는 등 뒤에 무엇을 접어 업은 왜색 기모노를 입고 있었고, 또 다른 여자는 국적 불명의 낯선 복장을 하고 있었다.

"나으리, 애들 한번 보시지요, 장 오라버님은 입맛이 워낙 까다로워 이번에도 우리 집에 있는 애들 중에서는 가장 어리고 예쁜 애들을 골랐습니다."

"예전에 보던 애들은 아닌 것 같은데."

장 서방이 맏언니의 말을 받았다.

"네, 이번에 전부 새로 온 아이들입니다."

지남은 시선 둘 곳이 없었던지 초점 없이 그 여자들을 바라보며 침묵하고 있었다. 낯선 풍경 앞에 입을 다문 것은 지남뿐만 아니었다. 모두 벙어리가 되어있었다.

장 서방이 정리를 하겠다며 맨 먼저 선녀복을 입은 아이를 마흔 옆에 앉히고, 치파오를 입은 여자를 병이 옆에 앉히고 나머지는 나가라고 손짓을 했다. 그리고 지남 옆에는 한복을 곱게 입은 맏언니를 앉혔다. 그리고 장 서방은 술병을 들고,

"이제부터 술 석 잔은 말없이 그냥 마시고 시작하겠습니다."

라며 지남 앞에서 장사치들이 술 먹는 법을 선보이려 했다. 지남은 그렇게 하지 못하게 하고 술도 점잖게 마시자고 했다. 그러나 장 서방은 이런 곳에서 술은 점잔 빼며 먹는 곳이 아니라며 굳이 장사치들이 하는 방식대로 마시겠다고 우기자 마흔도 장 서방 편을 들고 나왔다. 그래서 남녀 할 것 없이 모두 독주 석 잔씩을 빈속에 마셨다. 그랬더니 그중에 마흔의 짝은 그길로 술을 토하며 문을 열고 밖으로 뛰쳐나갔다. 지남도 오랜만에 빈

속에 석 잔 술을 부어대니 속에서 불이 나는 것 같았고, 모두 다 금세 굳어 있던 분위기가 일시에 무너져 버리는 것 같았다.

지남은 이러다 혹시 실수나 하지 않을까 하고 냉수를 시켜 한 대접을 억지로 마셨다. 장 서방은 다들 술 실력이 이래서야 되겠느냐며 한 잔을 더 따르라 하여 마셨다. 역시 장사는 술도 장사(壯士)였다. 빈속에 독주 서너 잔씩을 마시고 나니 세상의 모든 것이 잊혀버리고 오직 눈앞에 있는 계집들만 보였다. 마흔과 병이 옆에 앉은 여자들은 조선말을 한마디도 하지 못했다. 역시 격을 허무는 데는 술만 한 게 없었다. 서로가 말 한마디 하지 못해도 하고 싶은 것은 다 하고 놀았다.

지남은 초희에게 과거의 행적을 물었다. 그도 그럴 것이 이 먼 연경 땅에서 조선 여자가 이런 장사를 한다는 게 신기하기도 하고 한편 대견스럽기도 해서였다. 그러자 장 서방이 말을 가로챘다.

"나으리, 여인의 과거를 묻지 마세요. 그냥 병자년에 끌려온 조선인 2세라고만 알고 계십시오, 이곳에는 초희 말고도 조선 여인이 운영하는 기루가 한 곳 더 있습니다만 조선 여자들은 남자들보다 훨씬 더 똑똑하고 잘났습니다. 얼굴도 이쁘지만 머리도 영리하고 하여튼 조선은 여자들이라야 합니다."

초희는 과찬이라고 말하고서 지남에게 한 잔 올리겠다고 술병을 들었다. 지남은 처음에 먹은 술이 과하다며 조금만 따르라고 주문하는데 그때 갑자기 병이가 "악!" 하고 비명을 질렀다.

"아니 이 여자 손이 어디로 들어와?"

하면서 고함을 지르자 치파오 여자는 한 손을 둥그런 형태를 지으며,

"헌 따! 헌 따!"

깔깔거리며 웃었다. '헌 따'가 무슨 말이냐고 병이가 물으니 '엄청 크다!'는 소리라는 것이었다.

그러자 옆에 있는 선녀복 여자가 마흔의 아랫도리를 만져보더니,

"메이요! 메이요!"

하고 죽는다고 깔깔댔다.

마흔이 '메이요'가 무슨 말이냐고 묻자 '없다'는 말이라고 하자 마흔이 자존심이 상했던지 자기도 성나면 무섭다고 자신을 추켜세웠다.

분위기가 너무 노골적으로 흐르자 장 서방은 초희에게 시켜 두 짝을 밀실로 보내버렸다.

세 사람이 조용히 술을 마시는 동안 초희는 지남이 궁금해하는 자신의 과거를 털어놓기 시작했다.

"나으리는 이곳에 오시면 조선의 여인들이 어떻게 살아가고 있는지 그게 궁금하시지요. 여기에 사는 조선 여인들은 하나같이 짐승만도 못한 지난 과거가 있습니다. 자신의 과거가 너무나 자존심 상하고 비참해서 그 누구도 자기의 과거를 사실 그대로 말하려 하지 않습니다. 그러니 오늘 좋은 자리에 오셨으니 마음 편히 술이나 드시고 가시지요."

세 사람이 돌아가며 이야기도 하고 차분히 술잔을 나누고 있는데, 병이가 술좌석으로 돌아왔다. 상투가 흐트러지고 얼굴은 벌겋게 달아서 방으로 들어오며 장 서방에게 항의 조의 시비를 걸었다.

"장 상고님, 아니, 중국에는 처녀도 젖이 나옵니까?"

"그게 무슨 말이야?"

"아까 내 짝도 처녀라 했는데 젖이 나옵니다. 그래도 무시하고 빨아먹었더니 갑자기 설사가 나 죽을 지경입니다요."

"아, 이 사람아, 젖이 나오면 그걸 안 먹어야지 그걸 실컷 빨고 나서 지금 설사가 난다면 난들 어떡하나?"

되레 병이를 나무라자 지남과 초희는 아무 말 없이 웃고만 있었다.

"아, 웃지 마세요, 지금 남은 설사가 나서 죽을 지경인데 그렇게 웃으면 됩니까?"

병이가 실망해서 불평을 늘어놓자 초희도 치파오 아가씨가 처녀인 줄 알았지 젖이 나오는 줄은 몰랐다고 사과를 했다. 그랬더니 지남은 웃으면서,

"화대는 장 서방이 내고 젖 값은 병이 네가 내라, 너 혼자 먹었으니까."

하고 웃어넘겼다. 그런데 마흔은 아직도 내려오지 않고 있었다. 장 서방이 무슨 일인가 하고 마흔의 방을 찾아갔다. 문 앞에 당도하니 천장이 무너지는 듯 코 고는 소리가 들렸다. 방문을 열어보니 두 사람은 알몸으로 아직도 곯아떨어져 자고 있었다. 장 서방은 마흔을 깨워 내려오라고 하고 먼저 와서 저녁으로 국물이 있는 탕을 주문해서 먹였다. 그렇게 유리창에서의 추억 하나를 쌓았다. 그 집에서 나와 지남은 숙소로 돌아가고 장 서방은 서점에 가본다고 서로 헤어졌다.

11.

비서 『자초신방』을
손에 넣다

이튿날, 장 서방은 어제 과음으로 속이 아주 거북했다. 달리 속을 다스릴 방법이 없어 냉수만 잔뜩 마시고 점심도 거른 채 서점에 찾아갔다. 예전에도 보면 해가 이미 중천에 기울 때나 되어야 가게 문을 열던 기억 때문이었다. 혹시 오늘도 점포 문을 열지 않았으면 어떡하나 하고 바쁜 걸음으로 유리창 골목길에 접어들었다. 마침 그때 주인이 문을 열고 있었다.

　"이 라오반, 니하!"

　장 서방이 주인에게 먼저 인사를 하며 다가갔다.

　"니 하! 썸머 스?(안녕하세요! 무슨 일로?)"

　장 서방이 어쩐 일이냐며 반갑게 손을 내밀었다. 서점주인 이 씨의 손을 잡으니 손이 얼어 차가운 느낌이 들었다. 주인 이 씨는 한족(漢族)으로 명이 청에 망하면서 멸문한 집안사람이었다. 예전에 이 씨의 집안도 옥전현에서 대대로 토호생활을 하다가 한이 청에 망하면서 먹고살 게 없어 집안에 있던 책을 팔아 연명을 하다가 어떻게 유리창 근처에서 헌책방을 하게 되었던 것이다. 그래서 그는 지금도 한족이라는 자부심이 강하고 점령군이 된 청을 싫어하며 한때지만 왜와 청에 당한 조선에 대해서는 동병련(同病憐)을 가지고 있었다. 장 서방도 오래전 동업자인 청인을 따라와서 우연히 알게 된 이 씨와 친해져서 오늘까지 유리창에 오면 이 서점에 들르곤 했다.

　이 라오반은 차를 준비하며 언제 왔느냐고 물었다. 장 서방은 며칠 전 조선에서 삼절연공행 사신이 오는 데 물건 좀 가지고 왔다고 했다.

"쮜이쩐 쮜야오 따이 썸머 똥시녀?(요즘은 주로 무슨 물건 가지고 오느냐?)"

"조선에서 가지고 올 게 뭐 있겠는가? 늘 인삼이지." 대답을 하니 이 라오반은 차를 따르며,

"쩌리 티엔찌 헌렁빠?(이곳 날씨 매우 춥지?)"

하며 날씨로 화두를 돌렸다. 그러자 장 서방은 따뜻하게 차 한 모금을 하고는 차분히 말을 꺼냈다.

"라오반, 책 한 권 구해주세요."

"셤머 수?(무슨 책?)"

"자초방(煮硝方)."

장 서방이 말하자 그 말을 듣던 이 라오반이 정색하며 장 서방의 얼굴을 빤히 쳐다보았다. 그러면서 왜 그렇게 위험한 책을 구하려고 하는지 물었다. 그러자 장 서방은 노련하게 이 라오반의 장삿속을 파고들었다.

이번에 아주 좋은 기회가 있는데 같이 한번 해보겠느냐고 물었다. 그러자 이 라오반은 관심이 있는 듯 무슨 기회냐고 다시 물었다. 그러자 장 서방은 찻잔을 들고 한 모금 다시 마시고 나서 찬찬히 이야기를 꺼냈다.

"지금 조선이 중국의 '자초방'을 구하려 많은 애를 쓰고 있다. 조선에도 오래전부터 자초방에 관한 책이 있기는 하지만 중국 것을 구해서 참고로 하고 싶은 모양이야. 우리 같은 장사치들이 이런 기회를 놓치면 안 되잖아? 그런 분야는 당신이 전문가이니 같이 한번 해보는 게 어떤가?"라고 하자,

"조선도 있다며 왜 그 책을 또 구하려 하는가?"

"사실은 지난해 10월 그러니까 지금부터 불과 두 달 전일세. 조선의 가을 추수한 쌀을 훔치려고 왜구가 조선의 서해바다에 나타난 거야. 도적 떼가 출몰하자 조선 수군이 나서서 그들과 거세게 한 판 붙었는데 그때 조선

수군이 엄청 당했다는 거야."

"조선에도 화포를 단 함선이 많은데 왜 당해?"

"물론 있지, 그래서 임진란 때 이순신 장군이 왜적을 크게 박살냈지 않는가. 그때는 왜적은 함포가 없었기 때문에 우리가 유리했었지, 그런데 요즘은 왜구도 배에 함포를 싣고 다니며 조선을 괴롭힌다는 거야."

"그럼 조선에는 화포도 있고 화약을 만든 역사도 꽤 오래 된 걸로 예전부터 알고 있는데 지난번에 왜 졌어?"

하고 이 라오반이 자꾸만 말꼬리를 물고 들어갔다.

"조선도 화약에 관한 서책은 많이 있지, 그 역사도 오래되었고 『화약수련법』이라든지, 『신전자취염초방』이라든지 많아."

"조선에 화약을 만드는 그런 책이 있다면 우리나라 것 가져가서 무슨 돈이 되겠는가? 말이 안 되잖아?"

"그런데 나는 잘 모르는데 우리 조선하고 중국하고는 염초 만드는 법이 조금 다른 모양이야. 그러니까 조선에서도 그걸 구하려고 하지 똑같다면 왜 그렇게 하겠어?"

장 서방이 설명해도 이 씨는 이해가 잘되지 않는다는 듯이 고개를 갸우뚱하였다.

"화약이면 다 똑같을 텐데, 알 수가 없네."

하고 혼잣말을 하며 창밖을 응시하였다.

그러자 장 서방은 다시 설득하기 시작했다.

"글쎄, 참고하기 위해서라고 하지만 나름의 무슨 뜻이 있으니 구하려 하는 것 아니겠어?"

"그럼, 그 책 구해주면 얼마 줄래?"

드디어 이 라오반의 입에서 책값 이야기가 나오자 장 서방은 이제 됐구나 하는 일말의 안도감을 가졌다.

"얼마 받을래?"

"5,000."

"이 사람, 책 장사하는 사람이 계집 장사하는 사람보다 욕심이 더 많아!"

"그런 책은 그 정도 받아야 되는 것 아니야? 자네도 알다시피 그거 팔다 걸리면 그냥 가는 거 몰라? 그런 거 나보다 더 잘 알면서 그래."

랴오반이 자기주장을 굽히지 않자 장 서방도 물러서지 않고 화약에 관한 서적의 역사를 늘어놓기 시작했다.

"라오반, 화약 책 나온 게 까마득한 옛날일세. 중국 송나라 때 이야기 아닌가. 그러니 그때가 허동의 『호령경』과 『무경칠서(武經七書)』, 『무경총요(武經總要)』를 통해 화약과 화포, 화전 만드는 법이 세상에 다 알려졌었지, 그게 지금으로부터 600~700년 전 이야기야. 한마디로 말하면 세상이 다 아는 극비사항이지, 그렇지 않은가? 요즘 세상에 화약 못 만드는 나라가 어디에 있나? 그런데 지금 와서 극비니 금서니 하면서 앞뒤 어긋나는 소리 하니 어이가 없는 거지."

중국이 송부터 청에 이르기까지 1,000년에 이르는 동안 그것을 나라 법으로 금하고 있다고 비난하였다. 사실은 우리 조선도 염초의 제조에 관한 기술을 왜에게 알리지 않으려고 갖은 애를 쓰고 있었지만, 왜도 화약무기인 조총을 사용한 지 100년이 넘었다.

"그럼 자네가 그걸 구하면 되지 않는가?"

이 라오반은 한 발 뒤로 물러서는 듯했다.

"나도 물론 다른 데서 구하려면 구할 수는 있지, 하지만 내가 자네한테 이야기하는 것은 그래도 우리는 오랫동안 같은 일을 해서 먹고사는데 상반의리(商伴義理)라는 게 있지 않은가?"

하고 말꼬리를 슬쩍 돌렸다.

"하! 하! 하! 장 상고 왜 이리 갑자기 의리까지 찾고 그래?"

           11. 비서 『자초신방』을 손에 넣다

장 서방의 집요한 설득작업에 껄껄거리고 웃어댔다.

"이번에 조선에서 사신이 왔는데 그 인간들 눈만 뜨면 서로 권력 투쟁이나 하다가 이번 왜구 사건으로 혼쭐이 났는지 중국 '자초방' 이야기를 어디서 듣고 왔더라고. 그래서 이번에 잘 요리하면 우리도 한 건 할 수 있으니 자네가 이번에 힘 좀 써보게. 이거 놓치고 나면 내가 자네 평생 원망할 거야. 그러니 일단 그 서책부터 한번 구해봐. 알았지?"

그 말을 들은 이 라오반은 큰돈을 만질 수 있다는 소리에 귀가 솔깃해서 대답은 않고 알았다는 듯이 그때서야 고개를 끄덕거렸다.

장 서방은 그 정도면 됐다는 생각이 들어 지남이 먹으라고 준 청심환 2환을 먹지 않고 있다가 꺼내서 한 알씩 둘이서 나눠서 차와 함께 먹었다.

중국 사람은 상거래에서 결코 쉽게 매듭을 지어주는 일이 없었다. 그들은 세심해서 작은 거래라도 다지고 두드리고 몇 번을 접었다 폈다 주무르다가 나중에 자기에게 돈이 된다 싶으면 그때야 못 이긴 척하고 나서는 태성이 있기 때문에 장 서방도 이 라오반의 즉답을 요구하지는 않았다. 그 정도 해놓고 장 서방은 기다려 보기로 했다.

그런데 역시 며칠이 지나도 답이 없었다. 날짜는 자꾸만 속절없이 흐르는데 아무런 소식이 없자 지남의 독촉을 받은 장 서방은 오히려 지남보다 더 안달이 났었다.

그렇다고 이 라오반에게 자꾸 매달리는 모습을 보이는 것도 약점을 보이는 것 같아 연락이 올 때까지 꾹 참았다. 그래도 연락이 오지 않자 역시 목마른 놈이 샘 판다는 식으로 또 장 서방이 이 라오반을 찾아가서 다른 데에 부탁을 한번 해도 되겠느냐고 슬쩍 떠봤다. 그랬더니 할 데가 있으면 해보라고 했다. 그러면서 지남에게서 들은 마초개 이야기를 슬쩍 띄웠다.

그러자 마초개가 누구냐고 물었다. 그는 만주족이라 자네는 모르는 사람이라고만 말하고 그는 주로 왜와 청, 조선을 다니며 금지된 물건만 취급하는 큰손이라고만 하고 말았다.

그가 지난번 왜에 갔었는데 지금쯤 돌아올 때가 되었다고 말을 했다. 그리고 장 서방은 결코 심리전에서 밀리지 않겠다고 그 이상은 말하지 않고 다시 돌아왔다. 그러고도 또 며칠이 지났다. 이 라오반은 아무런 소식을 주지 않았다. 장 서방은 도저히 어려울 것 같아 이번에는 초희에게 돈 생각 말고 미모가 아주 뛰어난 한족의 기생을 준비하라고 시켜놓고 이 라오반을 초희 집으로 초대했다. 그리고 그날 저녁 절영연(絕纓宴)을 진하게 한판 벌렸다. 이번에도 자신이 기생들과 먼저 빈속에 술 석 잔을 마시고 이씨에게도 같이 권했다. 그리고 악공들을 불러 주흥을 한껏 돋우게 했다. 이 라오반은 그 기생을 보더니 자신이 먼저 술을 퍼마시기 시작했다. 빈속에 술은 끓어오르기 시작했고, 풍악이 그들의 감정을 있는 대로 흔들어 놓았다. 장 서방은 더 이상 버틸 수 없을 것 같아 이 라오반의 손을 꼭 잡고 아무 말도 하지 못하고 그대로 쓰러져 버렸다. 그러자 이 라오반도 장 서방 위에 푹 꼬꾸라졌다.

초희는 기녀들로 하인들을 불러 두 사람을 각자의 방으로 기녀와 함께 들여보냈다.

며칠 뒤 이 라오반에게서 만나자고 연락이 왔다. 장 서방은 득달같이 책방으로 달려갔다. 책방에 들어서니 내실로 장 서방을 안내한 후 검은 보자기에서 한 권의 책을 보여줬다. 노란 표지에 "자초신방(煮硝新方)"이란 글자가 선명했다. 그러고는 보자기를 다시 싸서 탁자 아래에 내려놓고 물건을 보았으니 이제 값을 치르라는 뜻이었다. 그는 5,000냥에서 조금도 물러서질 않았다. 장 서방은 책은 꼭 살 테니 값을 내려달라고 했다. 그리고 진위 여부는 알 수 없지만 지금 밀상들 사이에는 '자초방'이라는 서책이 나돈다는 소문이 있다고 풍을 떨었다. 그리고 그날은 결말을 짓지 못하고 장 서방은 돌아와 지남에게 오늘 있었던 이야기를 했다. 지남은 어떡하든 책은 손에 넣어야 한다며 값은 알아서 잘 조정해 보라고 당부했다. 장 서방은 꼬박 이틀 동안을 그냥 흘려보냈다. 이제는 몸이 단 쪽은 이 라오반 쪽이었다. 나라에서 국법으로 거래가 금지된 금서를 구해놓고 팔지 못한다면 그것도 보통 문제가 아니었기 때문이다. 장 서방도 중국과 일본을 오가며 물건을 놓고 밀고 당기는 재주는 어느 중국 상인들 못지않았다. 결국 칼자루를 쥐게 된 장 서방은 오랜 실랑이 끝에 3,000냥을 주고 책을 건네받았다. 그때 이 라오반은 도와주려면 확실하게 도와주어야 한다며 종이를 꺼내서 무언가를 쓰더니 그 글을 건네주며 말했다.

"심양에 가면 이 사람을 찾아가게. 그러면 화약을 책이 아닌 실제로 만드는 법을 가르쳐 줄 걸세."

그 종이에는 '가융(賈隆)'이라는 이름과 주소가 적혀있고 그 아래에는 간단한 안부와 잘 좀 도와주라는 부탁의 글이 적혀있었다.

***

그 뒷날 장 서방은 라오반이 준 책과 편지를 품 안에 넣고 서관으로 지남을 직접 찾아갔다.

"삼촌, 계십니까?"

"아이쿠, 장 서방! 어서 들게, 오늘따라 바람이 더 차네."

하며 장을 반갑게 맞았다. 그런데 장 서방의 손에 아무것도 없는 것을 보자 지남은 내심 크게 낙망하는 기색을 보이며 일단 자리를 건넸다. 장은 자리에 앉기 전에 주위를 한번 두리번거리며 문을 안으로 걸어 잠그고 지남 곁에 바짝 붙어 앉으며 속삭였다.

"삼촌, 구했습니다. 여기 있습니다."

품 안에서 붉은 비단보자기를 꺼내서 지남에게 밀었다. 지남은 그 보자기를 받아 풀기 시작했다. 지남의 두 손을 떨고 있었다. 먼저 라오반이 준 편지를 한눈에 읽고 나서 책을 집어 들었다.

노란 기름종이 표지에 "煮硝新方(자초신방)"이란 붉은 네 글자가 선명했다. 지남은 조심스레 한 장씩 책장을 넘겨보았다. 책장을 넘길 때마다 지남의 손은 사시나무 떨듯 심하게 떨었다. 그 책은 조선에 현재 전해 내려오는 『신전자취염초방』의 내용과 목차와 내용이 사뭇 달랐다. 제조 과정이 우리 것은 열다섯 과정으로 되어있는데 이것은 10가지밖에 되지 않았고, 그중에는 안부(安釜)나 열조(列槽) 같은 용어도 보이지 않았다. 책장을 전부 넘겨 확인한 뒤에 지남은 숨을 몰아쉬며 장 서방을 바라보았다.

"장 서방, 고맙네! 자네가 아니면 이 비서(秘書)를 어디에서 구할 건가? 자네가 큰일을 했네."

하며 장 서방의 손을 붙잡았다.

"아닙니다, 전 오직 삼촌 지시를 받고 심부름만 했을 뿐입니다. 그런데 이 책이 진본은 맞습니까?"

"맞네, 진본일세."

"그럼, 다행입니다. 이곳에는 가짜가 많으니 도무지 믿을 수가 없습니다. 어떤 때는 여자도 가짜인 듯한 생각이 들 때도 있다니까요."

"아닐세. 진본이네. 이건 진본이야!"

지남이 거듭 강조를 했다.

"허기야, 그 친구가 저하고 거래한 지 10년이 넘었는데 사람은 진국입니다. 그리고 앞으로도 계속 장사를 같이 해야 하니 나를 속이진 않았을 겁니다."

"그리고 이 편지는 무언가?"

"책만 가지고는 화약을 만들기가 쉽지 않으니 심양에 가서 이 사람을 만나면 직접 화약 만드는 법을 보여줄 거라며 찾아가 보라고 하였습니다."

"아! 참으로 고마운 분이시구먼, 그분이 어찌 그리 우리를 도와주려고 하는지 궁금하네."

"말씀드리지 않았습니까? 그분도 자기 나라가 청에 먹힌 것을 한탄하며 우리 조선도 외적에게 침략당하는 데 대한 동병상련이 있어서라니까요."

"그런데 책값은 얼마로 쳤나?"

"3,000냥입니다."

"그 정도면 값이 어떤 건지 모르겠네."

"소인이 아주 후려쳐서 헐게 구입한 것입니다."

"후려치다니? 어떻게?"

"그런 건 우리 같은 장사치들이나 하는 짓이니 삼촌은 관심 갖지 마십시오."

"알았네만, 내가 지금 가진 것은 2,000냥뿐이네. 모자라는 것은 한양에 가서 주겠네."

"한양을 가서 주시든 말든 알아서 하십시오."

"그게 무슨 소린가?"

"공명 할아버지는 600금을 주고 '일통지'도 구해서 바쳤는데, 소인도 그 책값 받을 생각이 없습니다. 나라 업고 장사하는 놈이 귀한데 쓰는 1,000냥 못 내겠습니까. 저도 그런 정도는 벌었습니다. 그러니 그 1,000냥은 걱정하지 마십시오."

장 서방의 말을 듣고 지남은 할 말을 잊었다. 역시 공명 가문 사람은 생각 자체가 다르다는 생각을 했다.

"그런데, 장 서방 이걸 어떻게 가지고 나가지? 이제 그게 걱정이네."

지남이 산해관과 책문을 빠져나갈 걱정을 하였다.

"어떻게 길이 있겠지요 뭐, 너무 미리 당겨서 걱정하지 마십시오, 소인은 연경 관문 드나든 게 스무 번도 넘습니다. 그리고 웬만한 문지기는 소인이 다 알고 지냅니다."

그 말까지 들은 지남은 장 서방과 눈을 마주치며,

"내가 이번에 어떻게 해서 자네를 만났지, 아마도 하늘이 자네를 보내준 것 같네."

"무슨 말씀이십니까. 다 삼촌 같은 분이 계시니 이런 일도 있는 게 아니겠습니까?"

하고 겸손을 떨며 이제 자기도 가봐야겠다고 자리에서 일어났다. 지남은 장 서방을 보내고 그 책을 다시 싸서 장 속에 깊숙이 밀어 넣었다.

지남은 장 서방을 보내놓고 혼자서 감격과 동시에 두려움에 사로잡혔다. 그렇게 염원했던 중국의 '자초방'을 손에 넣으니 이제는 해냈다는 성취감과 함께 무섭기도 하고 떨리기도 하였다. 앉았다가 누웠다가 일어나서 방안을 빙글빙글 돌아보다가 다시 책을 꺼냈다. 그 책을 다시 꺼내 꼼꼼히 넘겨보았다. 확실하게 기존의 우리의 『신전자취염초방』과는 편제와 내용이 달랐다.

우선 염초의 원재료인 흙을 길에서도 구할 수 있다는 내용과 화약을 제조하는 과정도 간소하고 무엇보다 골머리를 앓고 있던 염초와 재와 유황의 배합비율을 명시하고 있다는 것은 우리 조선의 화약 제조 기술을 완전히 한 단계 끌어 올리는 쾌거였다.

이제 책은 손에 넣었으니 남은 일은 이것을 어떻게 탈 없이 가지고 나가느냐 하는 문제였다. 예전에도 금서를 반출하다 죽임을 당하는 일은 허다했다. 여말 삼우당 문익점 선생의 붓두껍 지혜를 짜내야 하는데 혼자 누워

11. 비서 『자초신방』을 손에 넣다

서 천정만 쳐다보다 묘안이 떠오르지 않아 뒤척이다 밤을 새웠다.

뒷날 날이 새자 아침 일찍 민 부사를 찾아갔다. 부사의 방문 앞에는 누군가의 신발이 두 켤레 놓여있었다. 그래도 마음이 급해 실례를 무릅쓰고 아뢰었다.

"나으리, 계시옵니까? 김 역관이옵니다."

"오, 그래, 어서 들어오게. 오랜만에 들렀구나."

부사는 낯이 선 군관들과 함께 담소하고 있었다.

"나으리, 긴히 드릴 말씀이 있어 찾아뵈었습니다."

"그래, 그럼 너희들은 잠시 옆방에 가있거라."

부사는 주위의 사람들을 물리쳤다.

"나으리, 중국의 자초방 서책을 구했습니다."

목소리를 낮춰 속삭이듯 아뢰었다.

"지금, 뭐라고 했느냐. 그걸 구했다고!"

부사도 깜짝 놀라는 표정이 역력했다.

"그 책은 지금 어디에 있느냐?"

"이것이옵니다."

지남은 품속에서 보자기에 싼 책을 꺼내 보였다.

책을 받아든 부사가 손을 떨며 책장을 넘기기 시작했다.

"그런데 이것이 진본이겠지?"

"소인이 어제저녁 꼼꼼히 검토를 했는데 틀림없습니다. 설사 필사본이라 하더라도 그 편제와 내용이 우리의 기존의 염초서 하고는 목차도 내용도 크게 다릅니다."

"그래! 그럼 얼른 이걸 다시 넣게."

하면서 보자기를 덮었다. 그리고는,

"내가 뭘 어떻게 도와주면 되겠는가?"

나지막하게 속삭였다.

"지금으로서는 아무것도 없습니다. 다만 이걸 어떻게 가지고 나가느냐가 문젠데, 한번 고민을 해보겠습니다."

그 말을 들은 부사도 한숨을 크게 내쉬었다.

"자네가 큰 고생은 했네만, 이걸 어떻게 가지고 나가지? 정말 이젠 그게 걱정일세."

"어쩌든지 묘안을 한번 생각해 보겠습니다."

"그렇게 하게. 나도 한번 생각해 볼 터이니, 그리고 이 사실을 누가 아는 사람이 있는가?"

"책을 구해준 사람 외는 아무도 모릅니다."

"알았네, 아래위 누구에게도 발설해서는 안 될 것이야!"

"네, 명심하겠습니다."

"그럼 가보게, 곧 이곳을 떠나 귀국길에 오를 것일세. 알아서 차질 없도록 하게."

지남은 인사를 하고 급히 숙소로 돌아왔다. 보고를 받은 민 부사의 불안한 모습을 보자 지남도 더욱 겁이 났다. 그날부터 식사시간 외는 문밖출입을 일체 금하고 방에 틀어박혀 어떻게 관문을 통과할 수 있을까 방법만 짜냈다. 그러나 아무리 애를 써도 묘안이 떠오르지 않았다. 밤낮으로 불안한 마음을 감출 수가 없었다.

지남은 궁리 끝에 나름의 묘책이 떠올랐다. 결과야 하늘만이 아는 일이고 지금 지남이 할 수 있는 것은 자기 나름의 최선을 다하는 것뿐이었다. 다음 날 지남은 마흔에게 유리창으로 나가 명주 석 자를 구해오게 했다. 지남은 방문을 걸어 잠그고 혼자서 그 위에 깨알같이 『자초신방』을 필사하기 시작했다. 그는 명주 바닥에 깨알같이 『자초신방』을 옮겨 적었다. 그것은 책문을 통과하지 못할 경우를 대비하는 것이었지만 자신의 꿈을 새겨 넣는 일이기도 하였다.

그리곤 한양에서 가지고 온 누비이불을 꺼냈다. 이불을 꺼내니 어머니와 아내의 냄새가 은은히 배어 나왔다. 지남은 그 이불을 뜯어 솜을 꺼낸 다음 그 솜으로 명주를 싸서 다시 이불 속에다 넣고 아내의 손길대로 다시 기웠다. 바느질 솜씨가 서툴기는 했지만 지남이 보아도 감쪽같았다. 저들의 수색이 까다롭기는 하지만 이불을 뜯어 솜을 해체하지 않는 다음에야 들킬 일은 없을 것이란 생각을 하니 마음이 다소 안정되는 듯했다. 필사 명주를 이불 속에 넣고 나니 지남은 한결 편안해졌다.

그날 저녁 장 서방이 수하들과 함께 해거름에 찾아왔다.
"삼촌, 모레 출발한다고 들었습니다."
"그렇다네. 다들 떠날 준비들 잘하고 있는가?"
지남이 수하들에게 물었다. 그랬더니 생뚱맞게 병이가 목구멍에 기어들어 가는 소리로 하소연하듯 말했다.
"아니요, 나으리 소인은 아직 안 되었습니다."
"뭐가 안됐다는 거냐."
지남은 병이를 바라보았다.
"나으리, 얼마 전에 갔던 그 초희 집에 한 번만 더 보내주십시오. 소인이 떠나기 전에 그 치파오를 한 번만 더 봤으면 좋겠습니다요. 이제 가면 영영 이별인데요."
"왜 치파오 젖이 더 먹고 싶어?"
"아니, 그게 아니라 이제 배탈도 다 나았고 그 소녀를 꼭 한 번 더 보고 싶습니다. 눈에 아른거려 잠을 못 자겠습니다요."

그러자 장 서방이 나서면서,

"삼촌 그럼 병이 소원도 풀어주고 유리창에 가서 이별주 한잔 더 하시지요."

"안 돼! 그럴 시간이 없네. 마흔이 자네는 어떤가?"

"이제 떠나면 한두 달 여자 구경을 못 할 판인데 소인도 그 선녀 한 번 보고 싶습니다요."

셋이서 모두 맞장구를 치자 지남도 못 이긴 듯이 허락을 해주었다.

"그럼, 셋이서 간단하게 한잔하고 오게."

지남의 승낙이 떨어지자 셋은 유리창 초희 집으로 다시 갔다. 그곳은 언제나 한량들이 붐비고 술꾼들로 시끌벅적했다. 그런데 가는 날이 장날이었다. 선녀도 치파오 여인도 그날은 쉬는 날이었다. 세 사람은 그냥 자기네들끼리만 둘러앉아 조촐하게 한잔하고 다시 숙소로 돌아왔다.

12.

황성을 떠나오다

연경을 출발하기 하루 전날 압물통사 재호가 짐 실을 수레꾼을 데리고
왔다.

"선배님, 이 수레는 심양까지만 이용할 것입니다. 삯은 지난번 올 때처럼
우리가 일괄하여 약정을 하였으니 그냥 쓰시기만 하면 됩니다."

"어이구, 고맙구먼, 그럼 심양에서 책문까지는?"

"이 사람들이 심양까지만 가겠다고 하여 어쩔 수 없이 거기까지만 약정
을 하였습니다. 그리고 심양에 가면 다시 수레를 잡아야 할 것 같습니다."

하고는 자신은 바빠서 그냥 간다며 인사만 하고 돌아섰다. 지남은 내일
떠날 채비를 모두 마치고 잠자리에 누웠으나 가슴이 두근거려 잠이 오지 않
았다. 벌써 수하들이 와서 아침 문안을 했다. 지남은 서책은 보자기에 싸서
몸속에 둘러매었다. 그리고 이불보는 손수 들고 가서 수레 제일 밑에 실었
다. 그때 장 서방이 숨을 헐떡이며 찾아왔다.

"자네, 일찍 왔구나."

"네. 삼촌, 문안인사 드리러 왔습니다. 그런데 오늘 소인은 같이 못 가고
물건 때문에 하루나 이틀 정도 늦을 것 같습니다."

"그래, 가다가 요양이나 책문 같은 데서 만날 게 아니냐?"

"그렇게 될 겁니다. 그건 잘 간수하고 가셔야 할 건데요?"

"나도 그게 걱정일세. 아무튼 하늘 뜻 아니겠나."

지남은 자기가 하는 일이 운명처럼 하늘에 매였다는 뜻을 내비쳤다.

"그럼, 조심해서 가십시오, 소인도 가능하면 빨리 합류할 수 있도록 하

겠습니다."

"그래, 늦지 말고 꼭 나를 찾도록 하게."

"네, 명심하겠습니다. 그럼 소인은 가보겠습니다."

하고 서로는 헤어졌다.

드디어 출발을 알리는 나팔 소리가 삼사를 앞에서 이끌었다. 지남도 말에 올라 옥하교를 건너 조양문을 나섰다. 조양문 밖의 해자 물이 바람에 잔잔한 잔물결이 일렁거리고 있었다. 지금 이곳을 떠나면 언제 다시 오려나 하는 생각이 들어 조양문을 돌아다보았다.

연경 황성을 떠나는 날은 2월 20일이었다.

조양문을 나서니 밖에는 새벽 장터가 열려있었다. 어둡고 추운 날씨임에도 많은 사람들이 붐볐다. 아마도 여러 나라에서 온 사신들이 이 문을 나서기 때문인 듯했다. 추운 날씨라 벙거지 같은 것을 쓰고 입에서 하얀 입김을 내뿜고 있는 모습이 한양이나 이곳이나 다름이 없었다. 지남은 수하들에게 가급적 앞사람 놓치지 말고 잘 따라오라고 일렀다.

성문을 나와 10여 리를 가니 관상대라는 곳이 나왔다. 천문을 관찰하고 별들의 도수를 관찰하는 곳이라며 앞사람들의 뒤를 따라 들어갔다. 처음에는 경주의 첨성대가 생각났다. 그러나 안에 들어가 보니 우리 조선에서는 볼 수 없는 신기한 기구들이 즐비하게 설치되어 있었다. 지구 모양의 둥근 조형물과 먼 거리의 각도를 측정하는 장치들이 호기심을 일으켰지만 누구도 해설을 해주는 이가 없어 호기심만 일으키고 다시 내려왔다. 허나 눈으로만 하늘의 움직임과 땅의 변화를 바라보는 우리와는 너무도 달랐다. 서양의 천문학적 기술이 이곳에 들어와 크게 앞서가고 있다는 부러움이 있었다.

관상대를 내려와 팔리교에서 점심을 먹고 배를 빌려 남으로 통주성 북문에 도착했다. 성문 안으로 들어가 좌우를 살펴보니 번성한 시가지가 심양에 못지않았다. 그날 밤 통주에서 자고 21일 삼하, 22일 계주, 23일 옥전을 거쳐 사하역에서 자고 뒷날 아침 40여 리를 가서 수양산(首陽山)에 다다를 때였다.

그곳에는 유명한 백이숙제를 모신 사당과 묘가 있었다. 중국 땅은 넓고 커서 올 때나 갈 때나 볼 것 많고 배울 것이 많았다. 지남도 사행단의 뒤를 따라 묘당 안으로 들어갔다. 오랫동안 말로만 듣던 선비지조의 상징인 이곳을 찾게 되니 기꺼이 한번 둘러보고 싶었다.

묘당 앞에는 이제묘(夷帝廟)라는 파란 글씨의 작은 현판이 붙어있고 두 인물상을 모셨는데 백이와 숙제인 듯했다. 사당 뒤로는 수양산이라는 작은 산이 있고 앞으로는 난하(灤河)라는 작은 강이 흐르고 있었다. 이 작은 강을 건너는데 서로 먼저 건너려고 난리가 났다. 강에는 작은 배가 한 척뿐인데 추운 날씨에 그 배로 건널 수밖에 없는데 서로가 다투면 어떡하겠다는 것인지 도무지 이해가 되질 않았다. 그러면서도 삼사가 이곳에 꼭 들리는 것을 보면 상당히 역사가 있는 사람들 같은데 병이는 아는 바가 없어 지남에게 물었다.

"나으리, 날씨가 이렇게 춥고 또 서로 먼저 건너겠다고 저렇게 다투면서 저길 왜 들리려고 하는 겁니까?"

"백이숙제라고 혹시 들어봤나?"

"아닙쇼."

"그분들이 누군데요?"

"나라에 녹을 받아먹고 사는 사람은 누구나 마음속에 지니고 살아야 할

분들이야?"

지남이 그렇게 말하자 마흔도 약간 긴장하는 모습을 보이며 귀를 쫑긋 세웠다.

지남은 입에 하얀 입김을 뿜으며 백이숙제에 관한 이야기를 간단히 설명했다.

***

"옛날 고대 중국에 고죽국이라는 나라의 왕이 세 아들을 두고 있었는데, 그가 죽으면서 왕위 계승을 셋째 아들에게 물려주고 싶었지만 관례에 따라 첫째 아들에게 물려준 거야. 그러자 첫째는 아버님의 뜻에 따라 막내에게 왕위를 양보하려 하고, 또 셋째는 관례가 그렇지 않다며 첫째 형에게 양보를 했어. 두 형제가 서로 왕위 자리를 양보하자 조정에서는 둘째 아들을 왕으로 추대하였대. 두 형제는 덕이 아주 높다는 이웃 주나라 문왕을 찾아갔는데, 그때 문왕이 얼마 전에 죽었고, 그의 아들 무왕이 군사를 이끌고 상(商)나라를 정벌하러 가고 있었어. 이를 본 두 형제는 무왕의 수레를 가로막으며 '지금은 문왕의 상중으로 아버지 위패를 모시고 전쟁에 나가는 것도 옳지 않고 또 상나라는 주나라의 상국(上國)인데 그 나라를 치러 가는 것도 옳지 않다.'면서 정벌을 못 하게 하자 옆에 있던 주나라 장수들이 이 두 형제를 죽이겠다고 위협하며 밀치고 지나가 결국 상나라를 멸망시켰어. 이 두 형제는 주나라 무왕이 무도(無道)하다면 주나라 곡식을 먹지 않겠다고 지금 우리가 와 있는 이 수양산에 들어와 고사리를 캐 먹고 살다가 굶어 죽었다는 거야. 굶어 죽은 큰아들 시호가 백이(伯夷)이고 셋째 아들 시호가 숙제(叔齊)야. 그 두 분을 모신 사당이 이곳이야. 여기 와볼 만한 곳이지?"

병이는 지남의 설명을 다 듣고 난 뒤 고개를 끄덕이며 말했다.

"와! 백이와 숙제는 대단한 사람들이네요."

"꼭 그런 것만도 아니야. 우리나라에도 역사적으로 그런 높은 지조를 가지신 분들이 많이 있어."

"아니, 우리나라에 그런 분들이 어디 있습니까?"

"고려 말 포은 선생이 그렇고, 세조 임금 때 성삼문, 하위지, 박팽년 등 사육신들은 이 두 분에 결코 못지않은 곧은 지조를 지키신 분들이야. 중국은 도의 나라이고 조선은 예의 나라라고 하지만 사실 알고 보면 땅덩어리는 작아도 도와 예에서는 중국보다 우리나라가 더 큰 나라야."

지남의 이 말을 듣고 있던 마흔이 고개를 옆으로 갸우뚱하면서 약간은 놀랍다는 표정을 지었다. 삼사는 이제 사당에 예를 마치고 이미 저만큼 수양산을 내려가고 있었다.

그날 저녁 영평부에서 사행단과 함께 숙박을 했다.

***

새벽 영평부를 떠나 팔리포, 소릉하, 소흑산을 거쳐 3월 6일 드디어 심양에 도착하였다. 삼사는 조선관에서 묵고 다른 원역들은 민가에서 유숙하였는데 지남은 올 때처럼 서문 밖 민가에 자리를 잡았다. 심양에 도착하니 기현이 미리 소식을 듣고 수레를 대기시켜 놓고 있었다. 연경에서 헤어진 뒤 근 석 달 만의 재회였다. 서로는 반가워서 부둥켜안고 어쩔 줄을 몰랐다. 기현은 연경 수레꾼으로부터 짐을 모두 옮겨 실었다.

지남은 이 랴오반이 준 편지를 들고 가융이라는 사람을 찾아갔다.

가융의 집은 심양의 한복판에 대궐 같은 집을 짓고 살고 있었다. 그 집에 당도하니 많은 사람이 모여있었다. 그 이유를 물어보니 가용은 지포를 직접 만드는 사람으로 큰돈을 벌어 부자가 되었는데 며칠 전 갑자기 알 수 없는 병으로 급사하였다는 것이다. 그래서 오늘 출상을 앞두고 있다 했다. 지남은 하늘이 준 기회라 생각했지만 어쩔 수 없는 일이라 발길을 돌리고 말았다.

삼사는 요양으로 출발하기 전 심양에서 하루를 더 묵었다. 그날 저녁 지남은 또 민 부사의 부름을 받았다.

"대감님, 소인 지남이옵니다."

"그래, 어떻게 간수하고 있는가?"

"네, 산해관도 그랬고, 아직까지는 잘 왔습니다만 책문은 어떨지 걱정이 됩니다. 지금으로서는 하늘에 맡기는 수밖에 없는데, 어쩌면 잘 될 것 같기도 합니다."

"그래, 자네는 원래 주도면밀한 사람이니 나도 그런 점을 믿고 있네. 아무쪼록 각별히 조심해서 차질이 없도록 하게."

"네. 대감님, 명심하겠사옵니다. 그리고 내일 저녁은 지난번 올 때처럼 요양의 수레꾼 집에서 유숙을 할까 하옵니다."

"그렇게 하게, 몸조심하고!"

지남은 부사의 승낙을 받고 돌아와 3월 8일 심양을 떠났다.

중국을 다니는 동지사를 비롯한 대부분의 사신은 늦가을에 떠나 혹한의 삼동을 만주나 연경에서 보내고 봄이 와서야 다시 돌아오니 그 날씨 고생이란 이루 다 말을 할 수가 없었다. 이날도 새벽에 요양으로 출발하니 3월이라 하지만 코가 떨어져 나갈 것 같았다. 백탑보에 들어서니 어둠에 묻혀 있던 탑이 그제야 겨우 하얀 제 모습을 드러내기 시작했다. 십리보에서 점심을 먹고 구요양에 접어드니 짧은 해가 서산에 기울기 시작했다. 기현이 먼저 말수레를 몰아 집으로 앞서갔다.

***

한양 길은 아직도 1,000리가 짧은데, 이곳에만 와도 한숨이 놓이는 것은 그 무슨 까닭이 있을까? 마흔도 병이도 얼굴이 펴지고 목소리도 한층 밝아졌다.

"성님, 여기만 와도 다 온 듯합니다."

"그렇지? 나도 그래. 아마 할머니가 계셔서 그런 거 같아."

마흔도 할머니를 기다린 듯했다. 일행이 마을 입구에 들어서니 벌써 문 밖에는 할머니가 전 가족을 데리고 나와 있었다. 지남은 말에서 내려 말고삐를 잡고 걸어갔다. 지남의 생각에 이제는 어머니가 두 분이 된 듯했다. 할머니는 석이의 손을 잡고 있었다. 순분은 할머니 뒤에 서서 일행에게 공손히 절을 했다.

"할머니, 그동안 잘 계셨습니까?"

지남이 어머니 본 듯 먼저 인사를 했다.

"하이구! 나으리, 이 늙은이는 우리 나으리님 기다리다 눈 빠지는 줄 알았습니다. 어서 오세요. 추운데 얼른 안으로 드시지요."

할머니가 허리를 굽혀 인사를 하자 순분도 허리가 부러져라 절을 했다. 기현은 말고삐를 받아 마구간으로 가고 지남의 일행이 집안에 들어가자 얼마나 군불을 땠던지 더운 김이 얼굴에 확 끼쳤다.

밝은 불빛에 보니 할머니는 지난번처럼 한복을 곱게 입으신 것은 물론 순분까지 한복을 입혀놓았다. 두 사람이 한복을 입고 있으니 모두는 너무도 편안해하였다.

할머니는 저녁을 먹기 전에 먼저 목욕부터 하라고 했다. 지남이 기현을 따라 아래채에 내려가니 그곳에는 벌써 세 사람이 씻고도 남을 물을 뜨겁도록 데워놓았었다. 지남과 수하들은 차례대로 목욕을 마쳤다. 새 옷으로 갈아입으니 머리와 수염은 산 도둑같이 길었지만 얼굴은 말쑥했다. 그 사이 할머니는 저녁상을 준비했다. 삶은 돼지 수육에 취며 고사리 등 갖가지 마른 산채나물까지 곁들여 성찬이 따로 없었다. 그중에서도 가장 구미를 당기는 것은 단연 우리의 토속적인 된장과 김치였다. 두어 달 전에도 그랬듯이 밥상 한가운데서 보글보글 끓어오르는 된장국 냄새가 추억처럼 향기롭고, 뻘건 김장김치는 보기만 해도 군침이 돌았다. 어느새 누군가의 침 넘어가는 소리가 꼬르륵 들렸다.

"나으리, 차린 것은 없지만 시장하실 테니 얼른 뜨실 때 드십시오, 그리고 양반도 앞으로 바짝 좀 당겨 앉으시게!"

하면서 병이의 허리를 안으로 밀어 넣었다.

"할머니, 정말 고맙습니다. 이 된장국과 김치를 보니 왜 이리 마음이 반갑고 무거운지 모르겠습니다."

지남이 숟가락을 들며 예를 갖췄다. 그러자 모두 그동안 얼마나 조선 음식에 배를 곯았던지 머슴 같은 밥숟가락에 뜨거운 된장을 한 숟갈씩 떠서 먹기 시작했다. 이를 옆에서 지켜보고 있던 할머니는 소매의 끝동을 접어 올리더니 두 손으로 김치를 죽죽 찢어 마흔과 병이의 밥숟가락 위에 척척 걸쳐 주었다. 할머니의 그 마음이 너무도 고맙고 서러워서 병이는 숟가락이 떨렸다. 병이는 할머니의 그 손길이 너무도 정겨워 서러움이 북받쳐 올랐다. 병이는 자신의 감정을 바꾸려고 할머니에게 농을 걸었다.

"할머니, 손 씻었어요?"

"정이 씻겨나갈까 봐 못 씻었다."

할머니의 그 말 한마디는 모두를 쩡하게 만들었다. 집 떠나 몇 달을 남의 땅에서 춥고 배고프게 지내다 보니 그것이 모두 약소민족의 설움으로 남아있었는데, 김치를 찢어 밥숟갈에 얹어주는 할머니의 그 손길이 따스한 민족애로 흐르는 듯했다.

식사가 끝날 무렵 할머니는 자리를 떠나 부엌으로 가더니 밥솥을 북북 이기는 소리가 들렸다. 잠시 뒤 할머니는 커다란 바가지에 숭늉을 가득 퍼오셨다. 그리고는 밥그릇마다 따뜻한 숭늉을 넉넉히 부어주었다. 숭늉은 따뜻하고 구수했다. 우리의 맛이 그대로 살아있었다. 이 숭늉의 맛이 할머니의 사랑인지 진정 민족의 뜨거운 정인지 알 수가 없었다. "나으리, 어떻게 요기는 됐는지 모르겠습니다."

"아이구! 할머니. 무슨 말씀이오, 오늘 저녁 이 소회를 내 뭐라 잘라 말하기가 어려울 지경입니다. 조금 전 병이도 울먹였지만 이번에 기현이를 잘 만나 이곳에서 할머니를 만나게 되어 너무도 많은 것을 느끼게 해주었소. 하지만 고맙다는 말 외에 달리 전할 말이 없습니다."

"성님도 좀 드셨습니까?"

하고 기현이 마흔의 얼굴을 쳐다보며 말하자,

"내가 음식 놓고 속으로 울어보기는 이번이 처음일세. 왜 그런지 나도 모르겠네. 어쨌든 허리끈 풀어놓고 먹었네. 허허!"

하고 마흔도 할머니를 바라보며 고마움을 전했다. 식사를 하고 할머니와 이야기를 주고받는 사이 순분은 계속 부엌을 오가며 심부름을 했고 석이는 아직도 일행이 낯설었던지 송아지처럼 자기 엄마의 뒤를 졸졸 따라다녔다.

식사가 끝나자 할머니가 차 준비를 하라고 이르자 순분이 널찍한 쟁반 위에 차와 찻잔을 담아 오더니 잽싸게 주전자에 찻물을 끓여 왔다. 얼굴도 곱지만 어찌나 일손도 빠르고 몸이 잰지 두고 가기는 너무도 아까운 사람으로 보였다.

할머니가 차를 따르며 보이지 않는 이솔을 찾았다.

"나으리, 지난번에 오셨던 한 양반은 안 보이시네요, 무슨 일이 있습니까?"

"네, 그 사람은 다른 일이 있어서 먼저 좀 갔습니다."

그때 순분은 석이를 데리고 할머니 등 뒤에서 다소곳이 앉아있었다.

"나으리, 이 순분이는 어찌나 얌전하고 말도 없이 부지런한지 내가 우리 집에서 데리고 쓰기로 했습니다. 삼동에는 내가 움직이는 것도 힘이 들고, 특히 농사철에는 일손이 딸려서 쩔쩔매는데 남 쓰느니 석이 어미를 쓸까 했더니 가족들도 좋아하고 쟤도 그렇게 해주시면 고맙다고 해서 그렇게 하기로 했습니다."

"거 참, 잘되었네요. 듣던 중 반가운 말씀입니다."

지남이 박수를 치자 수하들도 함께 박수를 쳤다.

"한양에 가면 이솔을 만나게 될 텐데 이 소식을 꼭 전하겠습니다."

"할머니는 너무도 고마운 분이라 잊을 수가 없을 것 같습니다." 하면서 병이까지 맞장구를 쳤다.

"그렇게 생각하시면 연행길을 올 때마다 들러주세요, 그러시면 나도 고맙고 반가울 것 같습니다. 그러시고 우리 손자한테 짐도 많이 실어주시고요."

할머니는 손으로 입을 가리시며 웃었다. 그날 밤은 차를 마시며 그렇게 정이 깊어만 갔다.

뒷날 이른 아침, 기현이 수레를 끌고 나와 떠날 채비를 마쳤다, 할머니와 순분이는 벌써 일어나 조반 준비에 분주했다. 기현은 마흔과 병이의 방문을 두드리며 잠을 깨웠다. 아마도 여독이 풀리지 않아 갈 길도 잊고 깊은 잠에 빠졌던 모양이었다. 그러고 나서 지남의 방문 앞에 가서 조용히 아뢰었다.

"통사 나으리, 이제 기침하실 때가 되었습니다."

"오, 그래, 알았느니라."

즉시 대답하는 것으로 보아 벌써부터 잠에서는 깨어있었던 모양이었다. 남 먼저 일어나 부산떠는 모습을 보이기 싫었기 때문인 것 같았다. 지남이 자리에서 일어나 방문을 나왔을 때 수하들은 이미 세안을 마치고 굳었던 몸을 풀고 있었다.

"나으리, 밤새 춥지는 않았습니까? 새벽에도 수숫대를 한 아름 가져다 고래 속에 불을 지피기는 했는데."

할머니가 지남에게 아침 안부를 전했다.

"그래서 그런지 너무 따뜻해서 일어나기 싫어 늦잠까지 잤습니다."

"아이구, 그렇게 잘 주무셨다니 고맙습니다."

하고 다시 부엌으로 들어가 분주하게 움직였다.

잠시 뒤 서로의 이별을 앞둔 아침 밥상이 올라왔다. 가을에 말린 무청을 말려 된장을 푼 시락국이 구수한 냄새를 풍기며 올라왔다. 식탁 앞에 모여 앉은 사람들은 어느새 정이 든 한 가족이 되어있었다. 할머니는 이번에 띄운 된장은 잘 뜨지가 않아 묵은 된장으로 국을 끓였다며 국그릇마다 한 족자씩 더 퍼 주었다. 그리고 먼 길 떠나려면 배가 든든해야 한다며 밥도 더 먹으라고 자꾸 독촉했다. 이른 새벽인데도 조선 치마저고리를 단정히 입고 소매를 걷어붙인 채 한 숟갈이라도 더 먹이려는 할머니의 정겨운 모습이 지남의 가슴을 더 시리게 했다.

이제 식사도 끝이 나고 언제 다시 만날지 모르는 이별의 순간이 다가왔다. 할머니는 중국 차보다 우리 식이 좋다며 구수한 숭늉을 한 그릇씩 떠 주었다.

마지막 이별의 덕담을 나누려고 모두 한자리에 둘러앉았다.

"할머니, 뜻밖에 이런 만남이 있어 힘든 연행길에 무엇보다 큰 힘이 되었습니다. 같은 민족이 한 나라에 살지 못하고 이렇게 뿔뿔이 흩어져 먼 이국땅에서 외롭게 살아야 하는 아픔도 약소민족이 걸어야 하는 설움입니다. 그러나 우리는 선천적으로 착한 민족이라 언젠가는 그 축복을 받는 날이 올 것입니다. 이번에 두 번이나 할머니의 큰 사랑을 받아 너무도 고맙습니다. 그리고 이것은 내가 고마움의 표시를 드리는 정성이니 받아주십시오."

지남은 한지에 싼 은화 약간과 청심환을 할머니 앞에 내밀었다. 그리고 순분에게도 아기 옷을 사주라며 함께 작은 봉지를 내밀었다.

"아이구, 나으리, 이거는 아닙니다. 이러시면 안 됩니다. 이 늙은이에게 얼마나 무거운 짐을 남기시려고 이러십니까?"

할머니는 극구 그 봉지를 내밀며 사양하였다. 그러자 마흔과 병이가 나서며,

"할머니, 괜찮습니다. 나으리의 성의이오니 받으시지요."

하며 할머니를 만류하였다. 그러자 다시 할머니는 부탁을 했다.

"나으리, 여기서 보면 한 해에도 몇 번씩 우리 사신이 이곳을 지나갑니다. 하니 또 나으리와 옆에 계신 양반들도 모두 한 번은 지나가게 될 게 아닙니까. 그러시면 그때는 꼭 이 늙은이를 잊지 말고 찾아주십시오."

하면서 부탁을 하였다.

"자, 그럼 우리 이제 일어납시다."

지남이 자리에서 일어나자 모두 함께 일어나 마당으로 나섰다. 지남이 말에 오르기 전에 순분을 불렀다. 이제까지 단 한 마디 말이 없던 순분은 두 뺨에 흐르는 눈물이 비 오듯 했다. 지남은 기약 없는 이별 앞에 흘리는 그녀의 눈물을 보고 모두가 침묵했다.

지남은 말없이 순분의 손을 한 번 잡고 말했다.

"할머니 잘 모시고, 아기 잘 키우게, 인연이 닿으면 언젠가는 또 만나는 날이 있을 테니까."

하고 말에 올랐다.

두 손으로 얼굴을 감싼 순분은 울먹이며 말했다.

"나으리, 꼭 다시 뵙도록 해주십시오."

순분은 참았던 눈물이 터져 뒤로 돌아서고 말았다.

"자, 이제 가세!"

지남은 말머리를 돌렸다.

모두의 뒷모습이 사라질 때까지 할머니와 순분이는 손을 흔들고 있었다.

***

3월 13일 아침, 지남의 일행은 기현의 집에서 석문령으로 향했다. 초입에 드니 다행스럽게 삼사께서 먼저 도착하여 영마루에서 쉬고 있는 모습이 보였다. 그날 저녁 낭자산에서 유숙하고, 다음 날은 정사 대감의 가마가 미끄러지는 사고가 있었던 청석령을 넘어 연산관에서 잤다.

연산관은 조선 사신의 숫자와 짐 보따리를 파악하던 곳이라 돌아올 때도 갈 때처럼 관원이 일일이 사람의 숫자를 세고 있었다. 그러나 사람 숫자도 운반하는 짐의 숫자도 서로 맞지 않는다고 얼굴이 붉으락푸르락하며 짜증을 부려댔다. 조선의 사행단 속에는 정식으로 등록된 사람만 오가는 것이 아니기 때문에 그 숫자를 정확히 파악할 수도 없을 뿐만 아니라 더구나 청나라 밀상들이 많이 끼어들어 자기들도 사실상 통제가 어려운 상황이었다.

연산관에서 하루를 묵은 지남 일행은 다음 날 초하구에서 점심을 먹고 통원보에 도착하여 유숙하였다. 통원보에서는 나덕헌의 국서 폐기 사건이 있었던 곳이라 지남으로서도 이곳은 섬뜩한 기분이 들었다. 몸에 감았던 책보를 풀어 머리맡에 놓고 눈을 감았다. 그러나 책문에서 어떠한 일이 일어날지 몰라 눈을 감아도 잠이 오질 않았다. 거의 뜬눈으로 밤을 새우다시피 한 지남은 책보를 다시 몸속에 감고 도랑에 가서 세수를 하고 정신을 가다듬었다. 여느 때처럼 조식은 죽 한 그릇이었다. 수하들과 같이 죽 한 그릇을 마시듯 먹고 또 길을 따라 송참으로 나섰다. 송참에 도착하니 이제 한양에 가까이 왔다는 생각에 한결 마음이 푸근해졌다.

13.

책문에
혼자 잡히다

다음 날, 송참에서 책문으로 향했다. 멀리서 봉황산이 보이는 걸 보니 이제 책문이 멀지 않았다는 생각이 들었다. 지남의 심장이 쿵덕거리는 것을 느꼈다. 어금니를 물고 단전에 힘을 주어보았지만 별 도움이 되지 않았다. 서산엔 해가 기울고 있었다. 책문에 도착하니 건너편에는 의주에서 마중 나온 군사들이 천막을 쳐놓고 있고, 그 주위에는 만상과 화상들이 한몫을 잡으려고 성시(盛市)를 이루고 있었다.

삼사와 삼당상은 책문 안에 지정된 방으로 안내되었다. 지정된 방이 없는 지남은 수하들과 함께 일부러 제일 구석진 방에 자리를 잡았다. 그나마도 방을 차지하지 못한 많은 사람들은 지난번 올 때처럼 현관과 처마 밑에 자리를 잡았다.

그런데 심양에서 출발한 짐수레가 고개를 넘다가 함께 미끄러지는 사고가 발생하여 짐꾼이 죽고 수레도 골짜기로 굴러 버려 수습을 하는 데 2~3일은 걸릴 것 같다는 연락이 왔다. 그래도 다행히 기현은 제때에 짐을 빨리 운반해 주었다. 지남은 먼저 이불 짐부터 챙기고 나서 기현과 작별의 인사를 나눴다.

"기현아! 그동안 정들었는데 고맙다. 조심해서 가고 어머님과 순분이에게도 안부 전해라."

"네, 나으리, 이제 언제 다시 만날 수 있을까요. 다시 오시는 걸음이면 잊지 말고 꼭 찾아주세요. 두 분 성님도 안녕히 가시고 다시 뵙기를 빌겠습니다."

하면서 기현이 흐르는 눈물을 주체하지 못했다. 마흔도 병이도 서로가 포옹하며 함께 울었다. 기현이 떠나는 모습을 일행은 손을 흔들며 하염없이 바라보고 있었다.

그런데 정작 기다리는 장 서방이 오질 않아 지남이 마음을 졸이고 있었다. 기다리는 시간이 어찌나 길고 지루한지 지남은 줄담배를 물었다. 짐수레의 사고로 시간적 여유가 생긴 것은 다행이었다. 꼬박 하루가 지난 그다음 날 오후 드디어 장 서방이 도착했다.

"삼촌, 많이 기다리셨지요?"

"이 사람아, 왜 그리 늦는가?"

"그래도 빨리 왔지 않습니까? 그런데 어떻게 묘안이 섰습니까?"

"묘안은 무슨 묘안? 자네가 오기만을 기다리고 있는데."

"저도 고민을 많이 해봤는데 이 일은 크게 지르는 방법밖에 없습니다."

"만약 그게 안 되면?"

"돈이 안 통하는 데가 어디 있습니까?"

"그냥 감춰서 통과하는 방법은 없을까?"

"공중으로 날아가든지 아니면 땅속으로 걸어가면 되지요."

"농담하지 말고! 그럼 자네가 저쪽의 의사타진을 한번 해보게."

두 사람은 어쩔 수 없이 검색관에게 찔러주는 방법을 택하기로 하였다.

장 서방은 평소에 자신이 거래하던 문지기 엄소암(嚴小庵)을 찾아갔다. 두 사람은 오랜 지기라 신임은 두터웠다.

"뭐야? 금서(禁書)라고!"

하며 엄은 정색을 하고 몸을 홱 돌렸다.

"왜 그래요, 우리가 한두 번입니까?"

"그래도 그건 안 돼! 너도 알잖아. 2년 전 일통지(一統誌) 사건."

하면서 금서 이야기는 아예 끄집어내지도 못하게 하였다. 그러나 장 서방도 물러설 상황이 아니어서 시침을 뚝 떼고 내일까지 윗선과 의논해 보라고 하고 물러 나왔다.

일통지 사건이란 장 서방 집안의 작은할아버지인 장찬이 반출이 금지된 청나라의 지도인 일통지를 조선으로 가지고 오다 이곳 책문에서 발각되어 조선과 청나라 양국 사이에 커다란 외교문제가 발생하였던 사건이었다. 그런데 이번에 서책의 이름은 밝히지 않았지만, 만약 그 금서의 반출이 들통나면 봉황성장은 물론이고 책문관원은 모조리 살아남기 어렵기 때문이었다.

하루가 지나도 아무런 소식이 없자 장 서방은 엄을 다시 찾아갔다.

"엄 따꺼(大哥), 의논을 한번 해봤습니까?"

"아니, 너무 겁이 나서 말도 꺼내지 않았어."

"형님은 갑자기 왜 그리 졸장부가 되었어요?"

"웃기는 소리 하지 마! 이제 나도 나이가 있는데 괜히 팔자 고치는 것도 아닌데 목숨 걸 필요는 없지 않은가."

하며 손사래를 쳤다. 그러나 장 서방은 노련했다. 오랜 장사 경험으로 어려운 흥정일수록 시간이 걸린다는 걸 알고 있었기에 느긋하게 줄 당기기를 하고 있었다.

"형님 많이 약해졌어요. 하여튼 소인은 형님만 믿고 갑니다."

라고 하며 모든 걸 엄에게 미뤄놓고 또 방을 나와버렸다.

이틀이 지나도 엄으로부터 연락이 없자 장은 또다시 엄을 찾아갔다.

"시간도 없는데 자꾸만 이렇게 미루면 어쩌자는 겁니까? 이렇게 어려울 때 한번 도와주십시오, 이번 일만 잘되면 이 동생 놈이 크게 한번 쓰겠습니다."

장은 돈을 워낙 좋아하는 청의 관리들의 약점을 파고들었다.

"야! 팔자 고칠 일도 아닌데 목숨 걸 필요 없다고 했잖아."

"앞으로 나하고 거래하지 않을 거지요?"

"야, 야, 그런 막말 하지 말고 다른 걸로 하면 되잖아, 꼭 모가지가 걸린 금서만 해야 하나? 난 못하니 다른 사람한테 부탁해 봐!"

엄은 단호하게 선을 그었다. 장이 다른 관원에게 부탁을 한다 해도 엄이 알고 있으니 그럴 수도 없었다. 어쩔 수 없이 이 사실을 지남에게 털어놓았다.

"삼촌, 곤란한 일이 생겼습니다."

"몇 년 전 작은할아버지의 일통지 사건 이후로 관원들이 겁을 먹고 금서 이야기는 아예 꺼내지를 못하게 합니다."

"그럼, 이걸 말해버렸으니 어떡하냐?"

"글쎄 말입니다. 아주 고약하게 꼬여버렸습니다."

***

그날 저녁 사고 났던 짐수레가 도착하여 곧 통관 검색이 예상되었다. 지남은 마흔을 급히 불렀다. 지남은 자기가 덮던 이불 짐을 마흔에게 건네주면서 말했다.

"이 이불 속에는 중요한 서책의 필사본이 들어있다. 내가 만약 못 나가면 이 이불을 아들 경문에게 전해주어라."

"아니, 그게 무슨 말씀이옵니까?"

"내 시킨 대로만 해!"

마흔은 무슨 말뜻인지 단박에 알아듣고 지남의 이불을 두 손으로 안고 자기 방으로 들어가 이불보에 신줏단지 모시듯 감싸고 있었다.

예상대로 내일 아침 성장이 책문을 열고 통관 검색을 할 것이니 미리들 준비하라는 연락이 왔다. 검색은 일사천리로 진행되었다. 맨 먼저 삼사와 삼 당상관이 검색을 마치고 책문을 통과해 나갔다.

그다음으로 자제군관과 일반 통사들이 검색을 받았다. 다음은 마흔과 병이 차례였다. 갓마흔은 지남이 준 이불과 자기 짐보따리를 모두 풀고 검색관을 기다리고 있었다. 검색관은 마흔의 이불을 쓱 들춰보더니 물었다.

"너 이불이 왜 2개야?"

청나라 말을 모르는 마흔은 무슨 뜻인지 몰라 그냥 가만히 쳐다만 보고 있었다.

검색관이 마흔의 이불을 들고 시비를 거는 모습을 멀리서 보고 있는 지남은 그 순간 심장이 멈추는 것 같았다. 그러더니 검색관이 쓰윽 지나가며 병이 소지품을 뒤척여 보았다. 그 순간 지남은 안도의 한숨을 쉬며 다리가 풀려 주저앉았다. 마흔과 병이가 무사통과를 하자 지남은 손을 흔들며 그들이 책문을 빠져나가는 것을 지켜보고 있었다.

다른 사람들은 모두 검색대를 통과하여 책문을 빠져나갔지만 지남과 장서방은 스스로 뒤에 처져 남았다.

그날 밤 지남은 숙소로 돌아와 극도의 불안감과 이 문제로 자신의 인생이 끝날 수도 있다는 절망감을 느꼈다. 평범하게 살아도 되는데 자기가 무엇이라고 나랏일까지 걱정하여 이러한 엄청난 사고를 저지르게 되었는가 하고 후회가 되기도 하였다. 그날 저녁 지남이 한 생각이 떠올라 장 서방을 찾아갔다.

"장 서방, 내일 문지기 엄을 찾아가서 우리가 연경으로 다시 돌아가겠다고 하게."

"그게 무슨 말씀이십니까?"

"통관을 시켜주지 않으면 책을 옛 주인에게 되돌려 주고 오겠다고 하라는 말일세."

"에이, 그게 어찌 그럴 수가 있습니까?"

"일단 내 시킨 대로 하게, 모든 것은 내가 책임질 테니."

하고 단호하게 지시했다. 다음 날 장은 엄을 만나 지남의 지시대로 내일 곧바로 연경으로 돌아갈 터이니 자기가 가지고 온 짐만 당분간 보관해 달라고 했다. 그러자 엄의 태도가 갑자기 바뀌었다.

"뭐 그럴 것까지 할 게 뭐 있어. 조금 기다려 봐, 왜 그렇게 사람이 급해?"

하면서 종전과는 다른 모습을 보였다. 아마 이번 일을 도와주지 않으면 이번뿐만 아니라 앞으로도 큰 돈줄이 없어질 것을 염려한 엄이 생각이 바뀐 듯했다. 그리고 장을 다음 날 다시 한번 와보라고 했다. 달라진 엄의 태도에 장은 역시 지남의 지략은 놀랍다고 생각했다.

3월 23일, 다음 날이었다. 엄은 장에게 큰 것 3개를 달라고 했다.

장은 깜짝 놀라며 그 책을 1,000냥 주고 샀는데 3,000냥을 달라면 그게 말이 되느냐고 둘러댔다. 그리고 지금은 물건을 다 사버려 가진 돈도 없으니 그냥 내일 연경으로 가서 돌려주고 오겠다고 하였다.

그러자 엄은 2,000냥이라도 가지고 오라고 했다. 지남과 장 서방의 지략

13. 책문에 혼자 잡히다

에 엄이 넘어간 셈이었다.

그런데 문제는 지금 당장 2,000냥이 없었다. 지남이 걱정을 하자 장 서방이 대안을 제시했다.

"삼촌, 죄송합니다만, 소인이 의주에 가면 우리 조합원들이 있으니 그곳에서 변통을 해올 테니 그때까지만 이곳에 머물러 계십시오."

지남을 이곳에 당분간 잡혀있으라고 제의를 했다. 그렇게 할 수 있다면 지남으로서도 그 이상의 상책은 없을 것 같았다. 그렇게 하기로 하고 그날 저녁 헤어졌다. 다음 날 장은 엄 관원과 2~3일 후에 돈을 가지고 오면 그때 통관을 해주기로 언약을 하였다. 그길로 장 서방은 책문을 빠져나갔다. 먼저 나온 마흔과 병이는 책문 앞 의주부 관리들이 쳐놓은 천막에서 그때까지 지남과 장 서방을 기다리고 있었다.

장 서방은 다음 날 마흔과 병이를 데리고 의주로 가서 자신이 평소 자주 가던 객줏집으로 데리고 갔다. 객줏집에 들어가니 하인이 머리를 숙이고 종종걸음으로 뛰어나오며 장의 일행을 맞았다.

"어서 옵쇼, 장 상고님, 오늘은 어찌 늦게 오셨습니다요?"

"그래, 주인장 계시냐?"

"예, 예. 계십니다."

장의 목소리를 듣고 있던 객주 김 상기가 문을 열며 장 서방을 맞았다.

"아이쿠, 장 서방 추운 날씨에 고생이 많네. 어서 들게."

"객주님, 조용한 방 있습니까?"

"오늘이 사신 귀환일이라 방은 다 나갔네, 그렇지만 아래채에는 빈방이 있네."

하면서 하인더러 장을 아래채 빈방에 모시라고 일렀다. 장은 마당에서 짐을 풀어 방에다 넣고 인부들을 돌려보냈다. 그리고 큰 방은 마흔과 병이를 들게 하고 자신은 혼자서 옆방에 들었다.

장 서방이 마흔에게 저녁을 어떡하겠느냐고 묻자 몸이 좋지 않아 밖에 나가지 못하겠다고 하였다. 장 서방은 하인에게 저녁상을 방 안으로 차려 오게 했다.

장 서방이 아무 말 없이 반주 잔을 들고 마흔에게 술을 따르자 내부 사정을 모르는 병이는 장 서방의 얼굴을 한 번 힐끗 쳐다보았다.

"원이 형님도 한 잔 받으시죠."

병이가 장 서방에게 술을 따랐다. 마흔이 서로 눈빛을 부딪치며 말없이 단숨에 술잔을 비우더니 밥상은 아예 밀어버리고 서로 대책을 의논하기 시작했다.

"이게 어떻게 돌아갈지 도무지 감이 오질 않네."

"삼촌이 한동안 고생은 하시겠지만 큰 탈은 없을 겁니다. 저는 책문을 드나들면서 저들의 속을 수십 번 들어갔다 나왔거든요. 저 인간들은 눈앞에 돈이 얼른거리면 이빨이 다 빠져도 일단 물고 보는 놈들이라 결국은 돈이 문제지요."

"돈을 많이 달라 할 게 아니냐?"

"좀 달라 했어요."

아무리 들어도 알 수 없는 두 사람의 대화를 듣고 있다가 병이도 답답했던지 뛰어들며 장 서방에게 말을 걸었다.

"원이 형님, 저도 좀 알면 안 되는 일입니까? 나으리는 왜 못 나오시는 겁니까?"

장 서방은 마흔의 얼굴을 쳐다보며 마흔이 말해주길 바라는 눈초리였다.

"그래, 이제는 우리 땅에 넘어왔으니 말해줄게. 유리창에서 나으리가 중국의 화약 책을 가지고 나오시다가 지금 책문에 걸렸어. 그래서 못 나오시는 거야."

"예! 화약 책요?"

병이도 갑자기 심각한 표정을 지었다.

"그런데 저들이 요구하는 액수는?"

마흔이 액수를 묻자

"2,000."

"왝! 아니, 어찌 그리 큰돈을."

"그런데 내용을 알고 보면 큰 금액은 절대 아닙니다. 화약이 나빠서 왜적들에게 몰살을 당하는 상황을 생각해 보십시오, 20,000도 싼 겁니다."

"그래 자네 말이 옳기는 한데, 나으리가 그런 돈이 어디 있냐 하는 것이지."

"그 돈은 나라에서 주어야 하는 돈이지요."

"그럼 나라에 달라고 하면 될 게 아니냐?"

"나라에서요? 꿈도 꾸지 마세요. 몇 년 전에도 저의 할아버지에게 비슷한 사건이 있었는데 그때도 조정에서는 '몰래 문서를 구입하여 자신의 개인적인 공상(功賞)을 노린 것'이라고 하며 나 몰라라 하였습니다."

"그럼 그 돈이 어디서 나오나?"

"이 일은 제가 해야 됩니다."

장 서방은 이번 일이 결코 쉬운 일이 아닌 줄 알면서도 기꺼이 이 일에 발을 들여놓으며 해결할 의지를 보였다. 역시 조선의 북벌계획을 실재적으로 주도했던 인동 장씨 가문의 애국심이 장 서방에게도 대를 이어가며 흐르고 있었다. 장 서방은 일단 잠이라도 좀 자려는 듯 하인을 불러 술을 더 청한 뒤 연거푸 잔을 비우고는 자기 방으로 돌아갔다.

장 서방의 아침은 늦었다. 어제 과음 탓이었다. 문밖에 훤해진 햇살을 보고 이러고 있을 때가 아니라는 생각이 번쩍 들어 자리를 박차고 일어났다. 옆방의 마흔과 병이도 한밤중이었다. 개울에 나가 세안을 하고 돌아오니 마흔도 일어나 마당에서 몸을 풀고 있었다. 장 서방은 병이를 깨워 아침 식사를 같이 하고 주인장을 만나러 사무실로 찾아갔다.

"장 서방, 어제 좋은 일이 있었던 모양이지?"

"어르신, 사실은 소인이 긴히 드릴 말씀이 있어 왔습니다."

"긴한 말이라니 겁나네. 왜 무슨 일인가?"

"실은 소인이 급전이 좀 필요해서 왔습니다."

"급전이라니, 얼마나?"

"당장 필요한 건 2,000인데 한 3,000이 있었으면 좋겠습니다."

"거간질이나 하는 나 같은 사람이 그렇게 큰돈이 당장 어디에 있나?"

"어르신, 그런 말씀 마시고 이번에 소인이 중국에서 가지고 온 물건을 잡고 2,000이라도 융통해 주십시오, 지금 소인은 책문에 들어가야 할 돈이 아주 급합니다."

"글쎄, 책문에 들어가야 할 돈이라면 무슨 말인지 짐작이 간다마는 글쎄 그런 돈이 없다니까. 자네가 중국에서 무슨 물건을 가지고 왔는데?"

하면서 하인을 불러 어젯밤에 장 서방이 맡긴 짐을 가져와 보라고 했다. 짐을 풀어보니 비단 5필에 약재와 먹 몇 개 정도였다.

"이 비단은 금을 잘 쳐봐야 1,000냥 정도이고 나머지 것들은 그것도 임자를 잘 만나야 일이백인데 어찌 이삼천을 이야기하는고?"

"소인이 나머지 차액은 어음을 끊어 드리겠습니다."

"이 사람아, 그런 소리 말게, 나는 어음에 신세 망친 사람이네."

김 영감은 아예 손사래를 치며 옆으로 돌아앉았다. 그러면서 하인을 다시 불러 장 서방의 짐을 보기 싫다는 듯이 창고에 다시 갖다 넣으라고 지시하였다. 하인이 장 서방의 짐을 다시 싸서 방을 나가자 어쩔 수 없이 장

13. 책문에 혼자 잠히다

서방도 그 방을 물러 나왔다. 장 서방은 오랜 단골로 물건을 맡기고 거래를 해왔기 때문에 내심으로 믿고 있었는데 김 영감의 단호한 거절로 적이 당황했다. 그렇다면 중국에서 가지고 온 물건과 이제까지 쌓아온 신용으로서도 자금이 안 된다면 이제 방법은 한양으로 가는 수밖에 없는데. 여기서 한양을 갔다 오려면 밤낮을 달려도 보름은 걸릴 텐데 그동안 지남이 책문에 갇혀있을 것을 생각하니 눈앞이 캄캄했다.

김상기 영감의 거절에 기가 꺾인 장 서방은 풀이 죽어 마흔 앞에 나타났다.
"왜, 잘 안됐어? 표정이 왜 그래?"
"노인네가 어음 받고 돈은 못 준답니다. 아마 다른 사람들 어음에 많이 당했나 봅니다."
"그러면 어떡할 셈인가?"
"천상 한양을 가기는 가야겠는데. 아무래도 보름 하나는 걸릴 것 같으니 그동안 삼촌이 고생할 걸 생각하니 선뜻 나서지도 못하겠습니다."
장 서방이 갈피를 잡지 못하고 있을 때 마흔의 머리에 번쩍 생각나는 게 있었다.
마흔은 무릎을 탁 치며 "옳지, 밀져봐야 본전이다."라고 혼잣말을 하며 자리에서 일어났다.
"성님, 어딜 가시게요?"
"내가 찾아뵐 곳이 있네."
마흔은 몇 달 전 개가죽을 선물로 준 김영호 역관을 찾아 나섰다. 그는 지남의 선배이기도 하지만, 그것보다 압록강과 책문을 오가며 송상과 만상들의 밀거래 단속을 자주 하기 때문에 객주들에게도 먹혀들 것이라는 생각이 났기 때문이었다.
"통사님, 소인을 기억하시겠습니까?"

"이 사람, 갓마흔, 사람을 어찌 보고 하는 소린가? 그렇지 않아도 김 통사를 찾아도 찾을 수도 없고 기다려도 오질 않아 궁금했는데 잘 왔구먼."

김 역관은 갓마흔을 반갑게 맞아주었다. 갓마흔은 조용히 드릴 말씀이 있다며 김 역관의 팔을 한쪽으로 끌었다. 갓마흔의 말을 듣고 있던 김 역관은 깜짝 놀라며 내일 오전 중으로 김 영감을 직접 만나러 가겠다고 하며 마흔과 헤어졌다.

"아이구, 김 통사께서 이 누추한 곳에 어려운 걸음을 하셨습니까? 얼른 안으로 드시지요."

"오랜만일세. 한번 와본다는 게 늘 바빠서 못 오다가 오늘 이렇게 오게 되었네."

"하이구, 통사께서 이렇게 한번 왕림해 주시는 것도 큰 힘이 됩니다. 기수야, 얼른 차 내오너라."

김 영감은 하인을 부르며 호들갑을 떨었다.

"주인장, 내가 사실은 긴히 할 말이 있어 왔는데, 다름이 아니라 이 집에 장원이라는 장사꾼이 묵고 있지?"

"네. 그러하옵니다만."

"그 사람이 지금 아마 급전 이야기를 했을 텐데?"

"네, 어제 했었읍죠. 그런데 급전 2,000을 이야기하면서 어음 쪼가리를 준다고 하기에 거절했습니다."

"주인장, 그러지 말고 그 사람 좀 도와주게. 만약 약속한 날짜에 돈을 갚지 않으면 내가 직접 받아주리다."

"아, 그러시다면 소인이 거절할 이유가 없습니다. 걱정하지 마십시오. 통사께서 그렇게 말씀해 주시니 소인도 이제 주저할 바가 없다고 생각됩니다. 그 대신 앞으로 잘 좀 보살펴 주십시오. 부탁 올립니다."

김 역관이 돌아간 뒤 김 영감은 하인을 불러 장 서방을 들게 하였다.

"아, 이 사람아. 그러면 내가 알아듣도록 말을 해야지 대뜸 돈을 내놓으라면 난들 어떻게 하겠나. 그러면 그 창고에 있는 물건은 일단 내가 잡을 테니 어음을 작성해 오게."

"네, 알겠습니다. 어르신 감사합니다."

장 서방은 물러 나와 석 달짜리 어음을 작성하여 들고 사무실에 들어가니 김 영감은 군소리 없이 돈 꾸러미를 내놓으며 세어보라고 했다. 확인해 보니 2,000냥이었다. 장 서방은 고맙다고 인사하고 방으로 돌아와 갓마흔과 병이를 함께 만났다.

"성님, 고마워요, 덕분에 잘 풀렸어요."

"그럼, 언제 갈 거냐?"

"내일 아침, 일찍 셋이서 함께 갑시다."

"안 돼, 나는 이불 보따리가 있어 못 가. 둘이서 다녀와."

"성님, 이불 봇짐 지고 가요. 나도 이걸 가지고 단둘이 가기가 뭣해서 그래요."

"알았네, 그럼 그렇게 하세."

***

뒷날 아침 마흔은 이불 봇짐을 등에 지고 장 서방을 따라 책문으로 향했다. 장 서방은 책문 안으로 들어가 문지기 엄을 한 밀실에서 조용히 만났다.

"약속한 날짜보다 늦어 죄송합니다. 우리 나으리는 잘 계십니까?"

"잘 있으니깐 걱정 말게. 돈은 가지고 왔는가?"

"예, 돈은 준비되었습니다."

"어디 돈부터 먼저 내놔봐."

"돈은 여기 가지고 왔으니 우리 나으리를 먼저 모시고 나오십시오."

장 서방은 봇짐 속에서 전대 주머니를 꺼내 돈을 보여주었다. 돈을 본 엄은 잠시 문밖을 나가더니 부하 관원과 함께 지남을 데리고 나왔다. 불과 나흘인데도 지남의 몰골은 말이 아니었다. 머리는 헝클어지고 밥을 굶겼는지 얼굴은 새까맣게 타서 차마 보기가 민망할 정도였다. 지남은 장 서방과 병이를 보고 마치 저승에서 환생이라도 한 듯이 그들의 손을 붙잡고 반가워했다. 지남을 본 장 서방도 돈 꾸러미를 내밀었다. 엄은 자기 부하가 보는 앞에서 돈을 직접 세어보더니, "쎄, 쎄." 하고 지남을 데리고 나가라고 손짓을 하면서 방을 나갔다. 그들이 나가자 지남은 일행을 데리고 가서 묻어두었던 보자기를 파내어 품 안에 안았다. 책문을 빠져나올 때 엄은 자기 부하를 데리고 나와서 지남이 안전하게 나갈 수 있도록 문을 직접 지키고 있었다. 지남이 책문을 나서자 김영호 역관의 부탁이 있었다며 의주 군관들이 마중을 나와있었다. 그들은 해가 질 무렵 압록강을 건너 의주성에 도착하니 통군정 앞에 김 역관이 직접 마중을 나와있었다.

　　"하이구, 선배님! 장 서방한테서 이야기 잘 들었습니다. 이 은혜를 어찌 갚아야 할지 모르겠습니다."

　　"쓸데없는 소리 말게. 그래 행색을 보니 고생이 심했던 모양이구먼."

　　"저놈들이 밥도 안 주고 옥에다 가둬놓는 바람에 배도 고프고 밤이 되면 얼어 죽는 줄 알았습니다."

　　서로 인사를 마친 후 지남은 김 역관의 안내를 받으며 용만관에 도착했다. 그날은 삼사가 이미 평양으로 떠나고 객사가 비어있었다. 지남은 김 역관의 배려로 용만관에서 묵고 장 서방과 수하들은 자기들의 숙소로 돌아갔다.

　　다음 날 아침, 지남은 김 역관이 마련해 준 말을 타고 수하들과 함께 의주를 떠났다. 장 서방은 의주에서 며칠 더 머물러야 한다며 지남 일행을 배웅해 주었다.

의주 성문 밖에 나서니 봄바람이 귀밑을 스치고 따스한 햇빛이 눈이 부셨다. 지남은 이곳이 우리의 땅이라서 그럴 거라고 생각했다.

지남은 의주를 떠난 지 보름 만에 드디어 한양 문턱인 홍제원에 도착했다. 주위엔 어둠이 내리고 고향 마을 저녁 불빛을 보니 몸은 피곤했지만 마음은 편했다. 등잔불이 켜진 방 안에서 오순도순 모여 노는 어린 것들의 모습이 떠올랐다. 그때 "아버지" 하고 부르는 큰아들 경문의 목소리가 들렸다. 경문이 할머니의 손을 잡고 마중을 나와 있었다.

"아이고! 아이고! 어서 와. 얼마나 고생이 많았어?"

하면서 어머니는 지남을 얼싸안았다.

"잘 계셨어요? 어머님! 어디 편찮은 데는 없으시지요?"

지남은 말에서 내려 어머님께 큰절을 올리고, 경문을 안아주며 한양에서 가족과 첫만남을 가졌다. 수하들도 할머니께 문안인사를 올렸다. 지남은 마흔에게 이불 짐을 바꿔 실은 후 다시 만나기로 하고 각자 집으로 돌아갔다. 인왕산 위의 푸른 별들이 총총히 반짝이고 있었다.

***

지남은 말에서 내려 고삐를 아들에게 맡기고 어머니의 손을 잡고 집으로 향했다. 집에 도착하니 아내가 초롱불을 들고 아이들과 함께 동구 밖에 나와있었다. 어둠 속에 지남의 모습이 나타나자 얼굴을 알아본 막내 찬문이 "아빠!" 하며 맨 먼저 달려 나왔다. 지남은 막내를 번쩍 들어 올려 오랜만에 뜨겁게 안아보고 다섯 아들을 차례로 쓰다듬고 안아주었다.

"고생 많으셨지요?"

아내는 무사히 돌아온 지남을 바라보며 반갑게 웃으며 인사를 건넸다.

"애들 데리고 살림 산다고 당신이 고생했지, 내가 뭐 혼자서 고생한 게 있소?"

막내를 안고 집으로 들어왔다. 지남은 아내가 데워준 물에 목욕을 하고 방 안에 들어왔다. 밝은 불빛에 너무도 수척해진 지남의 모습에 어머니와 아내는 깜짝 놀랐다. 그래도 막내는 아빠가 좋다고 무릎에서 떠날 줄을 몰랐다. 이윽고 부엌에서 아내가 밥상을 들고 오자 요양의 기현이 집 생각이 잠시 스치기도 하였다. 그날 지남은 편안한 마음으로 가족들과 행복한 저녁을 맞았다.

뒷날 아침 지남은 사역원에 출근하여 도제조에게 귀국 인사를 드리고 다음 날 예조에 들러 민 대감을 찾아뵈었다. 민 대감은 지남을 반갑게 맞았다.

"이번에 자네 고생이 많았네. 그래 책문에서 몸을 다치지는 않았는가?"

"네, 그들이 매를 가하지는 않았습니다."

"그래, 그것만 해도 큰 다행이네. 예전에는 자네도 알다시피 그런 병서에 접근했다가 목숨을 잃은 사람이 얼마나 많았는가."

"네, 알고 있습니다. 그게 다 대감님의 은혜이옵니다."

"아닐세. 나라를 위해 큰일을 하는 사람이 어찌 죽을 고비가 없겠는가. 그리고 이번 사행 결과를 임금님께 복명하는 자리에서 '자초방' 말씀을 아뢰었는데, 한 언관이 '나라에서 시키지도 않은 매우 위험한 짓'이라고 불평을 늘어놓자 전하께서는 아무 말씀도 계시지 않았어. 그러나 지금은 화약이 부족해서 온 나라가 난리이니, 그런 말 다 들을 것 없고 자네는 열심히 해서 꼭 성공해야 하네. 그것이 진실로 나라를 위하는 길이야."

지남은 민 부사가 조정에서 오히려 핀잔을 들었다는 말에 크게 당황했다. 게다가 전하께서 아무런 말씀이 계시지 않았다는 데 더 실망이 컸다. 그러니 지남은 앞으로 혼자서 외로운 길을 가야 할 운명에 처해지고 말았다.

그때부터 지남은 우리의『신전자초염초방』과 중국의『자초신방』을 서로 비교하며 탐독했다. 두 책 사이에는 몇 가지 차이점이 있었다.

첫째, 염초 제조 과정이었다. 우리 것은 15단계였지만 중국 것은 10단계밖에 되질 않았다.

둘째, 염초의 주원료인 흙의 선택이 달랐다.

우리는 부엌 밑이나 담장 밑, 그리고 지붕 밑에 있는 흙을 선택하도록 하고 있으나 중국은 길 위에 있는 흙(路上土)으로도 가능한 것으로 되어있었다.

그 외에도 투입되는 원료와 화약의 주원료 배합비율(配合比率)도 달랐다.

어쩌면 중국 화약이 우리 것보다 폭발력이 강하고 습기에 오래 버티는 것은 이러한 차이점에 있는지도 모른다.

지남의 머릿속에는 온통 염초 생각밖에 없었다. 심지어는 좋은 화약을 만들어 왜적과 오랑캐를 격파하는 상상을 해보기도 하였다. 그러나 이제까지 보아온 것은 책을 통한 이론일 뿐 과연 실제도 그렇게 될지 그것이 궁금했다.

하지만 에도와 심양에서 자신들을 조선으로 데려가 달라고 울부짖던 사람들을 생각하면 어떠한 난관에 부닥치더라도 이를 성공시켜야 한다고 생각했다.

지남은 자신의 마음부터 다져나갔다.

이튿날 새벽, 냉수에 몸을 씻고 백운봉으로 향했다. 삼각산 백운봉은 우리 조상들이 하늘에 기도를 올리는 원봉(顧峰)으로 널리 알려져 있었기 때문이다. 봄이지만 산이 높아 아직은 바윗길이 미끄러웠다. 어렵게 정상에 올랐다. 아직 세상은 어둠에 묻혀있고 거친 바람은 사람도 날려버릴 듯했다. 지남은 경건한 마음으로 무릎을 꿇었다.

"하늘이시여! 이 땅은 외적의 침략으로 폐허가 되고 백성들은 그들의 땅으로 끌려간 뒤, 남자는 전쟁터로 내몰려 생사를 알 수 없고, 여자는 노예가 되어 고국으로 데려가 달라고 울부짖어도 데려올 수가 없는 처지가 되었습니다. 이러한 민족의 비극이 쇠약한 국력에서 비롯되었으니, 이제 우리는 스스로를 지키고, 하늘의 뜻이 이루어질 수 있는 길을 가고자 하오니 부디 굽어 살펴주시옵소서."

지남은 심중에 있던 간절할 소망을 빌고 또 빌었다. 얼마의 시간이 지났을까. 그 사이 지남이 눈을 뜨고 하늘을 우러렀을 때 동쪽 하늘에 푸른 별 하나가 영롱하게 지남을 비추고 있었다.

14.

옛 연인,
강한 남자를 만들다

지남은 중국의 『자초신방』을 가지고 오면 조정에서 기뻐하며 많은 지원을 해줄 것이라고 믿었다. 그런데 오히려 "시키지도 않은 위험한 짓"이라며 비난을 쏟아냈다고 하니 심한 자괴감을 느꼈다. 그러나 누군가는 꼭 해야 할 일이니 위험을 무릅쓰고 자신만이라도 해야겠다고 다짐하지 않았던가.

　그다음 날부터 사역원에서 퇴근을 하면 혼자서 강한 조선을 꿈꾸며 차근차근 준비해 나갔다. 일단 먼저 사랑채 뒤에 실험장을 만들었다. 그리고 그 안에 커다란 가마솥 2개를 걸었다. 흙과 자재와 땔감을 보관할 창고도 넉넉히 마련하였다. 이 모든 것은 지남의 사재로 이루어졌다. 실험막사를 끝내자 이제는 일손을 도와줄 사람이 필요했다.

　취토장은 갓마흔으로 하고 심부름꾼은 병이를 부르면 되지만 문제는 염초장이었다. 실제로 그런 경험을 가진 사람을 구하기는 매우 어려웠다. 궁리 끝에 하다 민 대감을 찾아갔다. 대감도 생각을 잘했다며 곧바로 알아보겠다고 했다. 며칠 뒤 늙수그레한 사람이 지남을 찾아왔다.
　"통사님, 소인 박광웅이라 하옵니다. 민 대감의 명을 받고 찾아뵙게 되었습니다."
　"아, 반갑소. 어서 오시게."
　지남은 그를 안으로 들여 그의 과거 행적을 물었다. 차근차근 이야기를 들어보니 그는 젊어서부터 비변사와 군기시에서 우리의 화약 제조에 오랫동안 몸을 담아 염초장까지 올랐고, 젊어서는 잘생겨 뭇 여성을 울리기도 했지만, 이제는 나이가 들어 물러나 있다고 했다. 지남은 그가 바로 자신이 찾고 있는 사람이라고 생각하고 매우 만족하였다. 그날 저녁 지남은 박 염초장을 데리고 저잣거리로 나가 밥을 먹으며 우리나라의 화약 실정에 관한 이야기를 많이 나눴다. 박 염초장도 우리 화약의 위력과 제조의 어려움을 잘 알고 있었다. 여러 가지 이야기로 밤이 이슥해서야 헤어졌다.

어느새 4월도 깊어지니 이제는 완연한 봄기운이 대지에 가득했다. 뜰 앞엔 꽃들이 만발하고 새소리도 잦아졌다. 이제는 고통스러운 연행도 끝나고 가족들과 함께 생활하며 마음의 여유도 가질 만했지만 지남은 오히려 더 바빴다. 계절이 바뀌어도 염초 제조에 관한 생각들로 여념이 없었다.

지남이 박 염초장과 갓마흔과 병이와 함께 첫 모임을 가졌다. 실험막사에 조촐하지만 음식을 차려놓고 상견례를 했다.

"오늘은 참으로 뜻깊은 날인데 자리가 이렇게 누추해서 미안하오. 오늘 비록 이렇게 초라한 모습으로 출발하지만 우리의 뜻이 이루어지는 날은 이 세상을 평화롭게 만들 것이오."

지남이 오늘 모임의 의의를 밝히고 서로의 낯을 익히는 상견례를 시작했다.

"이쪽은 내가 어렵게 모셔온 박광웅 염초장이다. 보다시피 박 염초장은 나이도 나보다 훨씬 높고 젊어서부터 군기시에서 화약 제조에 관여하여 한때 조선 최고의 염초장의 자리에 오른 사람이다. 오랜 경험을 바탕으로 우리와 함께 손발을 맞출 사람이니 너희 둘은 잘 모셔라."

하고 박 염초장을 소개한 뒤, 그에게 갓마흔과 병이를 차례로 소개했다. 그러자 마흔과 병이도 염초장에게 인사를 올리고 서로 통성명을 했다.

마흔은 병이와 함께 이번 연행을 다녀왔지만 10년 전에 통신사도 같이 다녀왔다고 소개를 했다. 그러자 자신은 평생 밖에 한번 못 나가보고 이렇게 늙었다며 두 사람을 부러워했다.

그리고 이 실험은 매일 할 수 있는 것은 아니니까 열흘마다 돌아오는 순휴일(旬休日)이나 필요 시 기별을 하면 틈을 내서 도와줄 것을 당부했다. 그러나 염초장은 낮에도 특별한 일이 없으니 거의 매일 도와줄 수 있다고 했다. 모임 첫날은 식사를 하며 통성명을 하고 헤어졌다.

***

지남은 갓마흔과 병이, 마을 인부 5명과 함께 염초 제조에 쓸 흙 채취(取土)에 나섰다. 실험막사 앞에 호미와 흙을 담을 자루가 나란히 준비되어 있었다. 출발에 앞서 취토 요령을 설명했다.

"이제까지 우리나라에서는 취토할 때 민가의 부뚜막이나 담장 또는 지붕 밑의 흙을 주로 사용하였다. 그런데 이번에는 그런 흙이 아니라 길 위에 있는 흙이라도 그 맛을 보아서, 시고, 짜고, 달고 쓴 것을 사용하되 톡 쏘는 맛이 있는 것이 가장 좋다. 이런 맛을 가진 흙은 주로 어디에 있느냐 하면 사람 똥, 소똥, 개똥 할 것 없이 똥 밑에 있거나 아니면, 두엄 밑, 그리고 동굴 속같이 박쥐나 새들의 똥이 쌓여있는 곳에 가장 많다. 그러니 우리가 취토할 때는 이런 곳의 흙을 긁어서 반드시 먼저 맛을 보고 그런 흙만 골라서 담아야 한다."

갓마흔이 아주 못마땅하다는 듯이 인상을 쓰며 반기를 들었다.

"나으리, 소인도 취토 경력이 10년이 넘는데 똥 밑에 있는 흙을 맛보라는 말을 처음 듣습니다요."

그러자 마을의 일당 인부들도 똥 밑에 흙을 걸어 맛을 보라는 소리에 서로의 얼굴을 쳐다보며 입을 삐죽거리기 시작했다. 그중에 병이는 이러지도 저러지도 못하고 눈치만 보고 있었다.

하지만 워낙 진지하게 설명하는 지남의 기에 눌려 모두 다 손에는 호미를 들고 어깨엔 가마니 자루를 메고 길거리로 나섰다.

봄 거리는 새싹이 제법 파릇파릇하게 자랐고, 여기저기엔 노란 민들레가 피어있었다. 때마침 길섶에는 봄비에 젖은 소똥이 한 무더기 보였다. 지남은 그들을 모두 불러 세우고 시범을 보였다.

먼저 소똥을 걷어냈다. 똥 기운이 스민 흙은 약간 노르스름하게 똥물이 배어 있었다. 지남은 그 흙을 떠서 자연스레 맛을 보았다.

그런 다음 마흔에게 맛을 보게 하였다. 그는 눈을 감고 혀를 내밀었지만 혀끝에 똥흙이 닿자 몸서리를 치며 두서너 발 뒷걸음을 쳤다.

"나으리, 이것은 안 됩니다. 이게 어디 할 짓입니꺼?"

갓마흔은 동래사투리 쓰지 말라는 지적을 받고 늘 조심했지만 급하면 한 번씩 무의식중에 사투리가 나오곤 했다.

이번에는 병이를 불러 눈을 감고 혀를 내밀게 하였다.

지남이 병이의 혀에 손가락을 댔다. 그러자 병이도 뒤로 나자빠질 듯 휘청거리며 도망을 갔다.

그러자 옆에서 보고 있던 마흔이 병이의 귀를 붙잡고 끌고 와서,

"야이, 인간아! 나으리가 흙이 묻지 않은 맨 손가락을 네 혀에 가져다 댔는데 왜 지랄이냐 지랄이?"

병이는 겸연쩍어하며 이번에는 진짜 눈을 감고 혀를 내밀었다.

그러자 이번에는 소똥 밑에 있던 흙을 찍어 병이의 혀에 묻혔다.

"맛이 어떠냐?"

"약간 새콤한 게 그렇습니다요."

"그래, 그렇다니까."

14. 옛 연인, 강한 남자를 만들다

옆에 있던 인부들이 모두 놀라며 의아한 눈초리로 서로를 쳐다보았다. 그중에 젊은 한 인부가 말했다.

"나으리, 앞으로 우리가 할 일이 똥 밑에 깔린 흙 맛보는 것입니까?"

"똥 밑에 흙만 맛을 보라는 게 아니라, 시고 맵고 짜고 톡 쏘는 맛을 가진 흙을 긁는 일인데 그중에 똥 밑에 있는 흙이 좋다는 뜻이네."

그러자 그는 돈도 좋지만 똥을 먹어가며 이 짓은 못 하겠다고 하니 다른 네 사람도 모두 호미와 가마니를 돌려주고 돌아가 버렸다. 돌아가는 그들을 돌이킬 수는 없었다.

할 수 없이 지남은 마흔과 병이만을 데리고 취토를 계속했다. 그 흙을 긁어 가마니에 넣은 다음 그 똥의 종류, 똥흙이 있던 장소와 채취일자 등을 꼼꼼히 기록하였다.

실험에 필요한 흙은 적어도 몇 가마니는 되어야 하는데 세 사람이 그것도 틈이 날 때마다 작업을 하니 날짜가 너무 많이 걸렸다.

어쩔 수 없이 지남은 아내와 가족까지 동원하여 매일 취토하도록 시켰다. 그리하여 결국 지남의 가족들이 길거리는 물론 남의 집 두엄과 동굴 속의 날짐승 배설물까지 긁어모으다가 그것도 부족하여 똥흙을 비싼 값에 산다고 널리 소문까지 퍼뜨렸다. 달포가 지나자 어렵게 서너 가마니가 모였다. 결국은 가족들이 취토를 하고 모자라는 부분은 다른 동네 사람들로부터 사서 필요한 양을 준비하게 되었다.

***

다음은 두 번째 과정인 재 만들기에 들어갔다. 우리의 옛날 방식은 버드나무를 태워 재를 만들었다. 그러나 『자초신방』에는 다북쑥이 가장 좋고 그 외에도 볏짚, 기장, 피와 조와 콩과 팥대 등이면 모두 가능하다고 되어 있었다. 그래서 다북쑥대를 찌려고 길거리를 헤맸지만 계절이 봄이니 전부 새순이라 구하기가 매우 어려웠다. 볏짚과 조와 콩대 등을 구하려니 이것마저 계절이 맞지 않아 구할 수가 없었다. 우리식으로 버드나무를 잘라 손쉽게 재를 만들고 싶었지만 철저히 『자초신방』에 따르기 위해 다시 놉을 대서 버려진 논밭에서 각종 곡식대를 모으기 시작했다. 그래도 한 단두 단 모은 것이 제법 창고에 쌓이자 이를 태워 아쉬운 대로 몇 번은 실험할 수 있는 재를 만들었다.

***

그리고 세 번째 과정으로 흙과 재를 골고루 섞어 하나의 교합물(交合物)을 만들고, 네 번째로 이것을 걸러서(篩水, 사수) 정수(正水) 받기에 들어갔다. 정수를 받기 위해서는 틀이 필요했다.

먼저 커다란 독 밑에 작은 구멍을 내고, 그 안에는 가로와 세로로 나뭇가지를 걸친 다음 그 위에 대발(竹簾, 주렴) 두 벌을 역시 서로 반대 방향으로 깔았다. 그리고 그 위의 교합물을 고르게 편 다음 맑은 개울물을 부어 그 밑으로 흘러내리는 물을 가마에 받았다. 흘러내리는 물의 색깔이 옅어질 때까지 계속 맑은 물을 부었다. 지남은 책에서 지시한 대로 가마솥 2개에 가득하게 정수를 받았다.

***

다섯 번째로는 정수를 가마솥에 달이는 오수(熬水) 과정인데, 이를 거치면 염초의 초기 모습인 모초(毛硝)가 만들어지는 것이다. 이 과정은 염초 제조에 있어 가장 중요한 과정이기에 급히 박 염초장을 불러서 함께 작업을 시작했다.

지남은 염초장을 막사 안으로 안내한 후, 가마솥에 받아놓은 물맛을 보게 하였다.

"나으리, 맛이 아주 맵싹하고 톡 쏘는 게 기존에 우리 것 하고는 좀 다릅니다요."

"재료가 다르니 맛도 당연히 다르겠지."

하면서 옆에 쌓아놓은 짚단을 안아다 아궁이 앞에 놓으며 불을 지펴보라고 했다.

불은 장인(匠人)의 몫이다. 불은 자기 혼이 있어 아무나 다룰 수가 없다.

잘 다루면 꿈이 되고 못 다루면 재가 되는 게 불이다. 도공의 명품도, 대장장이의 강철도 모두 불의 조화다. 염초의 성패 역시 다르지 않기 때문에 지남은 박 염초장에게 맡긴 것이었다. 염초장은 짚단과 마른 옥수수대 등으로 불을 때니 워낙 빨리 타버리니 화력을 일정하게 유지하기가 매우 힘들어 옛날 방식으로 여러 가지 마른 나무로 물을 다렸다. 박 염초장은 아궁이 앞을 지키며 불을 때고 있는 동안, 지남은 가마솥 안의 물이 어떤 모습으로 변하는지를 살피면서 물이 끓는 정도와 김이 솟는 모양을 일일이 기록해 나갔다. 가마의 물이 반으로 줄었을 때 지남은 윗물을 걷어 따로 담은 뒤, 바닥에 깔린 찌꺼기를 걷어 내고 다시 끓이기 시작했다.

그런데 이상한 것은 가마의 물이 거의 바닥에 닿도록 끓였는데도 모초의 성분이 나타나질 않았다. 염초장이 당황하는 모습을 보였다. 아궁이의 불을 끄고 가마 속을 들여다보았지만 그 속에는 아무것도 남은 게 없었다.

"아, 이 일을 어찌한담?"

지남은 혼잣말을 이어가며 무엇이 잘못되어 이런 현상이 나타나는지 그 원인을 알 수 없었다. 지남의 실망한 표정에 염초장도 할 말을 잃고 아궁이에서 꺼낸 불을 끄느라 물을 끼얹자 푸슥푸슥 하고 소리를 내며 하얀 연기와 함께 꺼져갔다. 지남은 그 사라지는 연기를 보며 허탈감을 감추지 못했다.

첫 가마의 실패는 지남에게 모든 궁금증을 안겨주었다. 책대로 했는데도 실패를 하였다면 대책이 없는 게 아닌가 하는 고민에 빠졌다. 염초장 역시 그 원인을 모르겠다고 하였다.

다음 날 남은 한 가마를 다시 달이기 시작했다. 이번에는 마흔과 병이를 불러 함께 작업을 시작했다. 첫 실패가 만화(慢火)로 인한 것인가 하여 처음부터 조금 단불로 물을 끓여나갔다. 마흔과 병이는 긴 나무 주걱으로 쉬지 않고 번갈아 가마솥을 저어댔다. 끓는 물 속에는 작은 이물질이 많이 솟아올랐다. 지남은 그게 혹시 염초의 알맹이인가 하고 떠서 봤지만 그것은 똥에서 나온 찌꺼기였다. 물이 반쯤 달여졌을 때 찌꺼기를 건져내고 다시 달이기 시작했다. 그러나 솥 안은 물이 달아 바닥이 드러나는데도 희끗희끗한 흔적만 남을 뿐 염초는 생기지 않았다. 염초장은 물론 지남도 기가 완전히 꺾여버렸다.

이제 다시 시작하려면 취토부터 완전히 다시 시작해야 했다. 노모까지 합세하여 온 가족이 취토하던 생각을 하니 지남도 아찔한 생각이 들었다. 나라의 도움으로 인부를 사서 한다면 얼마나 수월할까 하는 생각도 해봤지만 다 부질없는 생각이었다. 거듭되는 실패에 대해 지남은 염초장의 실력을 의심하게 되었고, 염초장은 지남이 가지고 온 중국 책을 의심했다.

"염초장, 혹 우리가 불을 잘못 다룬 게 아닌가?"

"아닙니다. 소인은 수년간 그런 식으로 해서 만들었습니다."

"그렇다면 무엇이 문제야?"

14. 옛 연인, 강한 남자를 만들다

"나으리, 죄송합니다만 그 책이…. 좀."

박 염초장은 『자초신방』의 진실성을 의심하면서 기존의 우리가 하던 방식으로 만들어 보겠다고 했다.

지남은 이제까지 우리의 방식으로 염초 만드는 것을 본 적이 없기 때문에 그것도 좋겠다는 생각이 들어 그렇게 하기로 하였다. 박 염초장은 한쪽 옆에다 별도의 가마를 걸고 조선의 방식대로 염초를 제조하기 시작했다. 조선 염초의 제조 방법은 15단계로 아주 복잡했지만 그는 오랜 경험으로 책을 보지 않고도 능수능란하게 준비를 해나갔다.

그는 먼저 우리의 전통적 방법대로 민가의 집 부엌과 지붕 밑의 흙을 구해다가(취토) 이들을 섞어 버무리고(화합) 그 위에 말린 말똥을 덮어 불로 태우니 불기운이 아래로 스며들어 뜨거운 김에 떠서 하얀 이끼가 솟아났다(증백). 증백을 마친 흙을 걸러 본수를 만들고, 한편으로 재는 나무와 수숫대를 태워 만들었다. 그리고는 『신전자취염소방』에 나와 있는 순서대로 안부(安釜)-열조(列槽)-재토(載土)-재수(載水)-기화(起火)-초련(初煉)-재련(再煉)을 거쳐 불과 며칠 만에 얼마 되지 않는 소량의 염초를 만들어 냈다. 역시 그의 능력은 인정할 만했다. 그러나 지남의 생각은 달랐다. 많은 재료와 소요된 날짜에 비해 생산된 염초량이 너무 적었고 생산과정이 너무 복잡하다고 생각했다. 비록 실패는 하였지만 한두 번 실패하였다고 모든 것을 내팽개칠 수는 없었다.

***

지남은 의지를 다시 가다듬었다. 마흔과 병이를 데리고 거리로 나갔다. 그리고 물론 가족도 별도의 길을 가며 가세하였다. 처음에 했던 것처럼 길

바닥에 똥을 보면 소똥이든 개똥이든, 사람 똥이든 구분하지 않고 달려가 토할 것 같이 왝왝거리며 똥 밑에 젖은 흙을 걷어 맛을 보았다. 그리고 굳이 똥 밑이 아니더라도 그늘진 곳이나 낡고 무너진 담장을 지날 때도 그 밑에 묵은 흙을 긁어 맛을 보고 자루에 담았다. 이렇게 몇 번을 하더니 이제는 굳이 맛을 보지 않고 색깔만 보고도 긁어모았다. 이렇게 해서 취토를 하는 데 지난번보다는 훨씬 속도가 빨랐다.

재도 만들고 가마에 시루를 만들어 첫 번째처럼 교합물을 만들고 사수 과정을 거쳐 두 가마의 정수를 받은 다음 오수 준비를 마쳐놓고 다시 박 염초장을 불렀다. 염초장은 여전히 중국 책을 의심하며 다시 하더라도 성공을 기대하기는 어려울 것이라 생각했지만 지남의 호출을 거절할 수가 없어 다시 불려왔다.

"김 통사님, 소인이 명을 받아 어쩔 수 없이 오수를 하기는 하지만 소인이 볼 때는 이번에도 어려울 것 같으니 성공하면 좋고 만약 실패하더라도 소인을 탓하지는 마십시오."

"알았네, 어떤 결과가 나오더라도 모든 것은 내 책임이니 자네 탓하는 일은 없을 걸세. 다만 정성만 쏟게."

불을 지피기도 전에 실패할 것을 먼저 염려하는 염초장의 태도가 심히 못마땅했지만 그래도 불을 다루는 사람이라 함부로 할 수가 없어 그를 다독이며 물 달이기를 시작했다. 이번에도 이틀에 걸쳐 첫 가마를 달이고 마흔과 병이는 한시도 쉬지 못하고 가마를 저었다. 물이 반쯤 졸았을 때 아래 찌꺼기를 걷어 내고 마지막 남은 맑은 물을 바닥이 보일 때까지 달였으나 역시 모초라고 할 만한 물질은 나타나지 않았다.

지남은 세 번째 실험이 실패하자 나머지 한 가마를 또 시작하려 하였다.

그러자 박 염초장은 이제 자신은 더 이상 못 하겠다며 다른 사람을 불러서 하라고 뒤로 물러섰다. 그래도 지남은 통사정을 하며 남은 가마를 어찌할 수 없다며 한 번만 더 간곡히 부탁을 하여 네 번째 시도를 하였으나 결과는 똑같이 실패로 돌아갔다.

다음 날 지남은 다시 박 염초장과 수하들을 불러 마지막으로 한 번만 더 해보자고 하여 어렵사리 재시도를 하였지만 며칠 동안 죽을 고생만 하고 여섯 번째 실험도 결과는 똑같았다. 지남도 이제 더 이상 박 염초장을 잡아둘 면목이 없었다. 그길로 염초장은 돌아가서 다시 오지 않았다. 염초장 없이는 사실상 염초를 만들 수 없어 마흔과 병이도 모두 돌려보냈다.

지남도 이제는 『자초신방』에 대한 의심을 하게 되었다. 목숨 걸고 구해 온 책이 가짜라면 이 일을 어찌할 것인가? 유리창에서, 책문에서 있었던 일을 생각하니 모든 것을 포기하고 싶은 생각이 들었다. 결국은 실의에 빠져 밤이면 식은땀까지 흘리고, 가끔은 벼랑 아래로 떨어지는 악몽에 시달리기도 하였다.

그 뒤로 지남은 실의에 빠져 일체의 사역원에서 퇴근 후 시간이 있어도 염초 제조는 일체의 손을 놓아버린 상태였다.

**

그러던 어느 날 장 서방이 지남을 찾아왔다.
"삼촌, 그동안 별고 없으셨사옵니까?"
"오! 이 사람이 누군가 장 서방 아닌가?"
실의에 빠져 허송세월만 보내고 있던 지남이 장 서방을 보자 누구보다 반가웠다.

"그런데 삼촌, 어디 불편한 데가 있습니까? 안색이 그리 좋아 보이지 않습니다요."

"왜 내 안색이 어때서?"

서로 인사를 나누고 나니 장 서방이 저녁을 모시겠다고 하였다. 그러자 지남도 요즘 무료해서 죽을 지경인데 듣던 중 반가운 소리라며 흔쾌히 따라나섰다.

장 서방은 지남을 종루의 '양류관(楊流館)'으로 안내했다. 그곳은 지체 높은 양반들이 오기도 하지만 주로 육주비전(六注比廛) 대행수나 적어도 선전(縇廛)이나 면포전(綿布廛) 한두 개는 굴리는 사람들이 드나드는 곳이었다. 대문 안에 들어서니 마치 유리창의 기루(妓樓) 같은 분위기가 물씬 풍겼다. 대문 안쪽으로는 아름드리 버들이 양옆에 늘어져 있고 달빛에 흘러나오는 가야금 소리가 잔잔하게 봄바람을 흔들고 있었다. 지남은 역관 신분에 이렇게 화려한 곳을 드나드는 것이 두렵기도 했다. 장 서방은 그런 점을 미리 짐작하고 지남을 제일 조용한 방으로 모셨다.

방 안에 들어서니 한복을 곱게 차려입은 중년 여인이 문 앞에 고개를 숙인 채 서있었다. 방 안쪽에는 이미 산해진미로 상다리가 휘어질 듯했다.

지남은 자리에 앉으며 문득 여인을 바라보다 깜짝 놀랐다.

"아니! 이 사람…."

말을 이으려 하자, 여인은 머리에 두 손을 얹고 큰절을 올리고 나서 사뿐히 지남 앞에 앉으며 인사말을 올렸다.

"나으리, 그동안 옥체 만강하옵셨습니까?" 하고 드는 두 눈에는 반가움의 눈물이 고여있었다.

지남은 너무도 놀라 아무 말도 못 하고 그녀와 장 서방을 번갈아 가며 쳐다보았다.

"아니, 그동안이라뇨? 그럼 영위(領位)님은 오래전부터 나으리를 알고 계셨다는 말씀이십니까?"

장 서방도 놀라 두 사람을 쳐다보았다.

여인은 자리에서 일어나 지남의 갓과 두루마기를 받아 한쪽에 곱게 접어 장 위에 얹어 두고 다시 말문을 열었다.

"나으리, 그러고 보니 오늘이 나으리를 뵌 지 꼭 12년이 되는 날이군요. 나으리, 쇤네는 천한 것이 세상을 사노라 바람에 버들 부대끼듯 살다 보니 찾아뵙지도 못하고 세월만 흘렀습니다."

영실은 지남을 처음 만난 날을 지금까지 기억하고 있었다. 두 사람의 너무 깊은 대화에 장 서방은 아무 말도 못 하고 그냥 듣기만 하고 있다가 분위기를 좀 바꿔볼 요량으로 말을 꺼냈다.

"영위님, 옛이야기만 하지 마시고 그렇게 반가우시면 얼른 술이나 한잔 올리시지요."

장 서방이 술병을 들어 영실에게 건넸다.

"나으리, 오랜만에 쇤네가 올리는 술 한 잔 받으시지요."

지남에게 술을 따르고 나서 장 서방에게도 잔을 채웠다. 지남이 술병을 빼앗아 영실에게 술을 권하자 자신은 예전부터 술은 입에 대지도 못한다는 것을 아시면서 왜 그러느냐고 거절했다. 지남과 장 서방은 영실이 따라주는 술잔을 단숨에 쭈욱 들이켰다. 그런데 조금 전 장 서방이 영실을 보고 '영위님'이라고 한 것이 매우 궁금했다. '영위'라면 금난전권(禁難廛權)을 가진 육주비전의 높은 지위에 있는 사람을 이르는 말인데 영위님이라고 한 말이 궁금해서 다시 물었다.

"장 서방, 조금 전 이 사람을 보고 '영위님'이라고 했느냐?"

"네, 그렇습죠, 영위님이죠, 이 영위님은 우리 도가에서 신망도 제일 높고 재력도 단단한 분으로 통하고 있습니다요?"

"장 서방, 쓸데없는 소릴 그만 하세요. 조막만 한 점포 서너 개 가지고 있는 걸 가지고 뭘 그리 대단하게 말하시오. 나으리께서 오해하십니다."

"아니 사실이 그렇지 않습니까. 소인이 없는 말을 지어냈습니까? 한양의 종로, 이현에도 선전이 3개 있고 부산 동래와 왜관에도 2개 있으니 그 정도면 조선의 비단 상단에서도 손꼽히는 거상이지요."

"그만하시게. 그런데 장 서방은 나으리를 어찌해서 삼촌이라 부르는고?"

"나는 나으리가 좋아서 우리 삼촌하기로 했습니다. 그건 더 이상 묻지 마세요."

장 서방을 술 한 잔을 더 달라고 영실에게 잔을 내밀자 술잔을 가득 채워주었다.

오래전 부산에서 지남이 통신사를 마치고 돌아올 즈음이면 자신이 그곳에 없을 수도 있다고 한 영실의 말이 이제야 무슨 말이었는지 알 것 같았다. 그러나 그때 영실이 기생이었다는 사실을 장 서방이 눈치챌 것 같아 지남은 더 이상 말하지 않았다.

땀에 젖은 옷가지를 빨아주고 물집이 터져 피가 고인 발에 쇠비름 고약을 만들어 붙여주며, 정과정의 가야금이며, 이별이 아쉬워 영가대 끝자락에서 하얀 너울을 눈물로 흔들어 주던 그때 그 어린 기생이 지금 조선 비단 업계에 거상이 되어 자신 앞에 앉아있다고 생각하니 그 감회를 억제하기 어려웠다. 지남은 연신 술을 마시면서도 영실의 얼굴을 쳐다보고 또 쳐다보았다. 그녀의 얼굴을 한 번 볼 때마다 부산에서의 회상들이 그림처럼 지나갔다.

"나으리, 뭘 그리 생각하고 계십니까?"

14. 옛 연인, 강한 남자를 만들다

"아닐세. 아니야."

지남은 고개를 흔들며 지금 이 순간이 양류관이라는 사실을 다시 깨달으려고 애를 썼다.

"삼촌, 일전에 갓마흔 성님을 만났는데, 요즘 어려움이 많으시다고 들었습니다?"

"에끼 이 사람아, 어려움은 무슨 어려움이야. 세상의 모든 일이 뜻대로 되는 일이 어디 있나?"

"그러시지 마시고 사실대로 말씀해 보십시오, 민취도 대감이 평안도 관찰사로 좌천되어 가시는 바람에 더더욱 어렵게 되었다고 하시던데요."

장 서방은 일전에 갓마흔과 병이를 만나 이야기를 다 듣고 지남이 겪고 있는 어려움을 이미 파악하고 있는 터였다.

"좀 그렇기는 하네만."

지남이 어렵다는 사실을 시인하자 장 서방은 다시 말을 받았다.

"삼촌, 요즘 삼촌의 근황을 들은 영위님이 적극 돕겠다고 하십니다. 지난번 책문에서 문지기에게 준 뒷돈도 모두 해결해 주었습니다."

지남은 장 서방의 그 말을 듣고 들고 있던 술잔을 상 위에 다시 놓으며 말했다.

"아니, 무슨 말도 안 되는 그런 소릴 하느냐?"

약간 자존심이 상한 듯한 어투로 장 서방을 타박하자 영실이 말을 이었다.

"나으리, 그러실 것 없습니다. 나으리만 이 나라를 생각하는 것이 아닙니다. 쉰네가 비록 여자지만 세상의 풍파를 다 겪으면서 가진 게 있어야 나라도, 백성도 있다는 사실을 알게 되었습니다. 이제 쉰네가 나으리께서 가시는 그 길을 뒷바라지할 수 있을 정도는 되니 너무 마음 상하게 생각지 마십시오. 장 서방 말에 의하면 이제 여섯 번 실패하셨다고 들었는데 어찌 큰일을 하시는 분이 그 정도 실패에 좌절하십니까. 나으리답지 않으십니다."

영실의 그 말은 실의에 빠져있는 지남을 깨우는 사자후 같았다.

"내 자신이 부끄럽기는 하지만, 그건 내가 알아서 할 일이고 지금 이 문제는 자금이 아니라 나 자신과의 싸움이니 그리 아시게."

하고 영실의 성의를 거절하였다. 그러자 장 서방이 말을 받았다.

"삼촌이 과례는 비례라면서요. 나라를 위하는 길은 관리들만의 전유물은 아닙니다. 능력이 되면 누구라도 함께 도와야지요. 책문에서 문지기에게 건넨 비용은 영위님이 꼭 갚아주고 싶다고 하여 소인이 염치불구하고 이미 받았습니다요."

"그 돈을 왜 자네가….."

지남이 영실을 바라보자 영실이 말을 가로채며 반박을 하고 나섰다.

"나으리, 대쪽 너무 세우지 마십시오, 그렇게 하지 않으셔도 나으리의 결벽에 가까운 성품은 이미 널리 알려져 있으니까요, 그리고 쇤네가 그 비용을 대신할 수 있다는 게 너무도 행복하고 자랑스러웠습니다. 예전에 나으리께서 소녀를 괴시던 만큼 이제는 그 보답을 하고 싶습니다."

지남은 영실의 간곡한 뜻을 어떡하면 좋을지 몰랐다.

"그래, 고맙네, 늘 마음에 두고 있으면서도 가는 길이 달라 만나지 못했는데 오늘 이렇게 만나니 너무도 행복하네. 오늘 내가 취하고 싶으니 술이나 한 잔 더 따라주게."

"나으리, 아니 되옵니다. 이미 취하셨사옵니다. 장 서방! 나으리를 댁으로 모시지."

영실의 말이 떨어지자 장 서방은 지남을 부축하여 준비시켜 둔 인력거에 태워 보냈다.

지남은 이제까지 의지가 강한 사람처럼 살아왔는데, 그 몇 번의 실패로 영실 앞에 좌절하는 모습을 보인 게 자존심에 상처를 입었다.

무고(武庫)에서도 염초를 제조할 때는 7명 이상이 한 조가 되고, 필요한 모든 원재료는 나라에서 지원하고 있었다. 이렇게 화약을 만든다는 게 많은 손이 필요하고 그에 따르는 비용도 많이 들어 혼자서 하는 일은 아니었다.

그날 이후로 지남도 실험을 재개할 기회를 엿보고 있던 차에 장 서방이 다시 찾아왔다.

"삼촌, 그날 약주가 좀 되셨는데 댁에 잘 도착하셨습니까?"

"그날 내가 실수한 건 없었는가?"

장 서방은 일 전에 양류관에서 만났던 이야기로 운을 뗀 뒤 품속에서 작은 주머니 하나를 꺼내 놓았다.

"이건 이 영위님이 삼촌에게 전하라고 해서 심부름을 왔습니다. 이 속에 무엇이 들어있는지는 소인도 모릅니다."

장 서방은 그 주머니를 지남에게 건네고 뒤를 돌아보지도 않고 집 밖을 나가버렸다. 장 서방이 나간 뒤 지남이 그 주머니를 풀어보니 그 속에는 돈 2,000냥과 함께 작은 비단 글씨가 들어있었다.

> 존경하고 사랑하는 김 통사님! 저의 작은 성의를 가납하여 주시옵고 부디 큰 뜻을 이루시길 기도하겠습니다.
>
> 삼가 숙이 올립니다.

지남은 붉은 비단에 곱게 써 내려간 글귀를 받아들고 영실을 떠올렸다. 그리고 눈을 감았다. 그제서야 영실의 본명도 알게 되었다. '그래, 어떤 일이 있어도 꼭 성공하자.'

지남은 자신에게 다시 한번 다짐했다.

그리고 다음 날 새벽, 다시 백운봉을 찾았다. 구름에 쌓인 백운봉 정상에서 무릎을 꿇고 앉아 다시 기도를 올렸다. 자신 앞에 어떠한 실패가 따르더라도 포기하지 않는 용기를 달라고 빌고 또 빌었다.

***

한편 궁중의 장옥정은 자신이 중전으로 등극하고, 오빠 장희재가 포도 대장으로 승진한 데다 소생인 윤(昀)마저 세자로 책봉되었으니 이제 세상 엔 더 바랄 게 없었다.

그때부터 그녀는 자기 꿈을 꾸기 시작했다. 그녀의 꿈은 이 세상을 '옥정 의 세상'으로 만드는 것이었다. 그것은 허황된 것도 아니고, 실현 불가능한 것도 아니라고 생각했다. 다만 옆에서 새록새록 자고 있는 세자가 빨리 자라 주기만 바랄 뿐이었다. 그녀는 자고 있는 세자를 다독이며 혼잣말을 했다.

"세자님, 빨리빨리 좀 자라세요. 왜 그리 느리게 자라시옵니까?"

그녀는 장대라도 있으면 느린 해와 달을 밀어내고 싶은 조바심도 생겼 다. 그러면서 명성왕후에게 궁에서 쫓겨나던 기억을 되살리며 이제 자기의 눈 밖에 나는 여인은 모조리 출궁시켜 버릴 거라고 혼자서 야심을 품었다.

그러나 문제는 임금이었다. 임금이 젊고 예쁜 궁녀만 밝히니 그 벽을 아 무리 고치려 해도 고칠 수가 없었다. 궁리 끝에 그녀는 제조상궁을 불러 내명부의 궁녀 명부를 가져오게 했다. 그중에서 '젊고 예쁜 것들'은 모두 붉은 점을 찍으라 하여 하나씩 둘씩 대전에서 빼내 버렸다. 만약 명을 거 스르는 것들은 모조리 회초리를 치거나 퇴궁시켜 버렸다. 날로 미쳐가는 중전의 처사에 내명부에서는 어쩔 줄을 몰랐지만 이 소문이 오래갈 수는 없었다.

드디어 임금이 제조상궁을 불렀다. 이제까지의 중전의 거동을 일일이

14. 옛 연인, 강한 남자를 만들다

물었지만 그녀가 임금 앞에서도 감히 아뢰지를 못했다. 옥정의 거침없고 방자한 행동은 여기에 그치지 않았다. 조정이나 지방 수령 인사는 오빠인 장희재의 마음에 들지 않는 사람은 인재라도 낙점을 받을 수가 없었다. 중전에 대한 원성은 조정 신료들의 입에서까지 나오기 시작했다. 임금이 중전을 불렀다. 중전이 세자의 손을 잡고 편전으로 들었다.

"중전은 어찌하여 정사에까지 참섭을 하는 것이오?"

하고 큰소리로 나무랐다.

"이 나라는 주상전하의 나라이옵고, 신첩은 전하의 내자이온데 어찌 전하를 내조하지 않을 수 있겠나이까?"

"정사에 대한 참섭은 중전의 도리가 아니오, 앞으로는 결단코 이런 일이 있어서는 아니 될 것이니 이 점을 각별히 유념하시오."

그러자 옥정은 발끈하며 임금에게 언성을 높였다.

"전하! 신첩은 그렇게 못 합니다. 국정이 그릇되는 것을 보고만 있을 수는 없사옵니다."

옥정이 임금의 말에 따르지 않고 계속 말대답을 하자 화가 난 임금이 들고 있던 합죽선을 휙 집어던지며 큰소리로 호통을 쳤다.

"보고 있지 않으면 직접 정사를 챙기겠다는 말이오?"

하필, 부채가 세자 앞에 떨어져 놀란 세자가 큰 소리로 울기 시작했다. 그길로 옥정은 세자를 데리고 예도 갖추지 않고 편전을 그냥 나가버렸다.

임금도 어린 세자가 울어버리자 꼼짝없이 자중하고 말았다. 그때부터 옥정은 세자를 앞세우고 더욱더 방자해져 갔고 임금은 서서히 옥정을 멀리하기 시작했다.

임금과 장옥정 간의 피곤한 나날이 이어지면서 어느새 가을이 다가왔다. 임금은 허전한 마음을 달래려고 창덕궁 뜰을 걷고 있었다. 티 없이 파란 하늘이 곧 쏟아져 내릴 듯 맑았다. 임금은 저 하늘같이 푸르고 고운 세상이 그리웠다.

그때 향이 가득한 들국화 옆에 앉아있는 한 궁녀가 눈에 띄었다. 임금은 무심히 발길을 그쪽으로 돌렸다. 그녀는 임금이 오는 줄도 모르고 그 꽃을 거둬주고 있었다. 임금은 그녀를 한동안 바라보고 있다가 말문을 열었다.

"너는 거기서 무얼 하느냐?"

임금의 목소리에 놀란 궁녀는 어쩔 줄을 몰랐다.

"그렇게 놀랄 것 없다. 너는 거기서 무엇을 하고 있느냐니까?"

임금이 다시 물었지만 그녀는 겁에 질려 아무 대답을 못 하고 떨고만 있었다. 궁녀의 손에는 몇 송이 보라색 꽃이 들려있었다. 임금은 상궁을 돌아보며 말했다.

"저 꽃 이름이 무엇이냐?"

그때 상궁이 나서며 아뢰었다.

"자야국(紫野菊)이옵니다. '애틋한 그리움'을 상징하는 저 꽃은 백성들이 '쑥부쟁이'라고도 부르기도 한답니다."

"'애틋한 그리움'이라! 그래, '애틋한 그리움', 그런데 너는 그 꽃을 왜 안고 있느냐?"

임금의 거듭 묻는 말에도 그녀는 말이 없었다. 그녀는 지엄한 궁중 예절도 잘 모르는 그저 순진하고 겁 많은 소녀였다. 그러자 상궁이 호통을 쳤다.

"전하께서 하문하심에 어찌 그리 대답이 더딘고?"

상궁의 야단을 맞고서야 겨우 목구멍 안으로 기어들어 가는 목소리도 아뢰었다.

"이 꽃은 마마께서 좋아하시던 꽃인데 간밤에 불던 바람에 꺾어진 것을 거둬주고 있었사옵니다."

'마마'라는 말을 들은 임금이 다시 물었다.

"마마라니! 그 마마가 누구이더냐?"

또 말이 없다. 그러자 이번에는 임금이 큰소리로 물었다.

"폐비마마이옵니다, 잘못했습니다. 살려주시옵소서."

그녀는 폐비를 그리워한다면 큰 벌을 받을 줄 알고 그 자리에 주저앉아 울면서 말했다.

폐비마마란 소리에 임금은 깜짝 놀라 그녀를 가까이 오게 하였다. 그리고 고개를 들라 하였다.

고개를 들어보니 눈물이 흘러내린 두 뺨이 복숭아처럼 붉었고, 그녀의 눈망울을 가을 하늘보다 더 맑고 청초했다.

"너는 폐비가 보고 싶으냐?"

"네, 너무도 보고 싶습니다. 그래서 오늘도 이 꽃을 찾아왔습니다."

"허, 그것참! 묘한 일이구나!"

'과인도 너처럼 폐비가 보고 싶으니라.' 하고 말을 할 뻔하다가 임금은 차마 말을 못 하고 편전으로 돌아왔다.

임금은 그때부터 그녀를 궁으로 불러 대전에서 시중을 들게 하였다.

이 소문은 궐내에 순식간에 퍼졌고 당연히 중전의 귀에도 들어갔다. 중전은 즉시 그녀를 잡아 오게 하였다.

"네 이년, 여기가 어디라고 너같이 천한 무수리가 대전에 얼쩡거리느냐? 오늘부터 너는 저 문밖을 한 걸음도 나가서는 안 될 것이야. 알겠느냐?"

중전은 억지로 최 무수리를 임금으로부터 떼어내어 사실상 감금해 버렸다.

다음 날 임금이 불러다 놓은 궁녀가 보이지 않자 임금은 상궁을 불렀다. 자초지종을 들은 임금은 제조상궁을 보내 당장 그녀를 데리고 오게 했다.

그 뒤로 임금은 그녀에게 중전이 불러도 가지 말고, 잡혀가면 바로 도망을 쳐 오라고 일렀다.

이렇게 해서 임금은 무수리 최복순에게 은총을 내려 다음 해(1693년)에 첫아들을 낳게 하고, 그 이듬해(1694년)엔 둘째인 연잉군(후일 영조)을 낳게 했었다.

한편, 1694년 3월 23일, 조정 대신들이 임금을 알현하는 자리에서 우의정 민암이 아뢰었다.

"전하! 일전에 아뢴 바와 같이, 한중혁이란 자가 유복기, 강만태 등과 함께 돈으로 백성들을 매수하여 헛소문을 퍼뜨리고 조정을 헐뜯으며 민심을 어지럽게 하고 있다는 함이완의 고변이 있었사옵니다. 그 거짓 소문이 어찌나 허황되고 가증스러운지 그냥 두어서는 온 나라가 뒤집어질 것 같사옵니다."

"혹세무민하는 자는 엄벌로 다스리도록 하라!"

하고 임금은 하명하였다.

다음 날 의금부는 함이완의 고발서에 거짓 소문을 퍼뜨린 자로 이름이 있는 한중혁, 유복기, 이진명, 이후성, 김도명 등 8명을 붙잡아 왔다. 이들은 전부 서인(西人)들이었다. 죄인들을 문초하기 위한 단상에는 판의금부사 유명현, 지의금부사 정유악, 동의금부서 목임일 외에 우의정 민암도 참관하였다. 이들은 전부 남인(南人)들이었다.

주모자로 알려진 한중혁이 포승줄에 묶여 형틀에 앉혀졌고, 위관(委官)의 문초가 시작되었다.

"전하께서 혹세무민자는 엄벌로 다스리라는 어명이 계셨다. 죽기 전에 순순히 자복하라. 네놈이 이진명에게 은전을 주었다고 하는데 그 돈은 어디서 났느냐?"

"내 사재입니다."

"왜 주었느냐?"

"빌려준 것입니다."

"아니 이놈이! 이미 함이완의 고변에 너의 죄상이 낱낱이 밝혀져 있다. 너는 평소에도 무속인 임대(任垈)와 사이가 좋았는데, 그 무속인이 말하기를, 근래 별자리를 보면 금기(金氣)가 왕성하고 화기(火氣)가 쇠진하여 곧 남인(南人)은 실패하고, 서인(西人)이 득세할 징조이다. 그리고 백성들에게는 큰 역병이 돌아 걷잡을 수 없는 재앙이 닥칠 것이라고 했다는데 그런 거짓 소문의 근거는 무엇이더냐?"

"나는 그런 말을 한 적이 없습니다."

"네놈은 그 은화를 전라병사 홍이도에게서 받은 것이 아니더냐?"

"나는 홍이도를 한 번도 본 적이 없습니다."

위관이 물으면 무조건 잡아떼니 더 이상 물을 게 없었다.

그러자 이번에는 같은 혐의자 유복기를 형틀에 앉혀놓고 문초를 했으나 사전에 입을 맞췄는지 대답이 똑같았다. 세 번째도 네 번째도 모두 같은 답변을 하니 잡혀 온 자들은 느긋하고 오히려 의금부가 초조했다.

판의금 유명현이 의금부의 조사로는 자신들이 원하는 바의 죄상을 밝히기가 어렵다고 판단하고 임금에게 국청 개설을 상신하였다. 그러자 임금도 윤허하였고 가짜 소문을 퍼뜨린 자는 혹독한 형벌로 죄상을 밝히라고 하였다. 어명에 따라 국청이 열렸지만 한중혁 등은 아무리 곤장을 때리고 인두로 지져도 답변은 모두 다 똑같았다.

다음 날(3월 29일), 이번에는 한 서인(西人)이 상소문을 올렸다. 그는 유생 김인이었다. 그 내용은 오히려 남인들의 역모가 있다는 것이었다. 상소문은 언문으로 써져있었다. 임금은 언문은 잘 모르겠다며 한문으로 다시 번역하여 올릴 것을 명하였다.

한문으로 번역된 김인의 상소문 내용은 첫째 신천군수 윤희(尹憘)와 훈련원 별장 성호빈, 금위영 대장 목창명, 수어사 오시복, 우의정 민암 등이 반역(叛逆)을 도모하고 있고, 둘째, 특히 장 희빈의 오빠 장희재는 김해성(金海成)에게 뇌물을 주고 전하가 총애하는 최 숙원을 독살하도록 하였다는 투서였다. 그 외에도 장희재는 청나라에 주청사를 보낼 때 김지남과 함께 수만 근의 인삼을 불법으로 가지고 나갔다고 하였다.

이렇게 서로가 상대를 헐뜯고 씹으니 누가 흰 까마귀고 누가 검은 까마귀인지 알 수도 없고 충신과 역적이 한 달이 멀다 하고 바뀌었다. 숙종 임금도 1680년 경신환국 때부터 1694년 갑술년까지 벌써 14년째 대신들의 당파싸움에 지칠 대로 지쳐있었다.

임금은 다른 일은 신경도 쓰기 싫었다. 다만 자신이 너무도 좋아하는 최 숙원을 독살하려 했다는 제보에는 참을 수가 없었다. 그래서 그날 밤 2경에 임금도 될 대로 되라며 비망기를 내려 정국을 뒤엎어 버렸다.

"지난번 빈청에서 우의정 민암이 함이완의 일을 아뢰고, 의금부를 시켜 추핵하기를 청하므로 내가 윤허하였으나, 민암이 홀로 함이완을 만났다는 것은 심히 의심스럽다. 그런데 다음 날, 의금부의 당상이 방자하게 옥사(獄事)를 확대하여, 예전에 죄를 심판하던 자가 이제는 도리어 극형을 받게 되었다. 하루 이틀에 죄인이 감옥에 차서 넘치고, 투서와 대질이 끝나면 모두 죽이기를 청하니, 이렇게 되면 살아남는 자가 드물 것이다. 이 정상이 매우 통탄스러우니, 기사환국 때 국청을 주도한 대신 이하는 모두 관작을 삭탈하여 문외로 출송하고, 민암과 금부 당상은 모두 절도에 안치하라.”

라고 하며 어제까지만 해도 서인을 극형으로 다스리라고 했다가 하루 만에 갑자기 남인을 전부 죄인으로 몰아버렸다.

그리하여, 영의정 권대운, 좌의정 목내선, 영중추 김덕원, 대사헌 이봉징, 외에도 승지, 사간, 장령 정언, 문사랑 등의 요직인물 13명을 모두 삭탈관작하여 문외로 출송하고, 우의정 민암, 판의금 유명현, 지의금 이의징, 동의금 목임일 등 이번 사건 직접 관련자는 모두 먼 섬으로 유배되었다. 4월 1일, 영의정에 남구만을 임명하고 신여철을 어영청과 금위군의 총괄하는 대장으로 삼는 등 남인을 파직한 자리에 서인을 모두 임명하였다.

한편으로 폐비시켰던 민씨(인현왕후)를 중전으로 복위시키고 그 대신 장옥정을 중전의 자리에서 내쫓아 희빈으로 강등시키고 그의 오빠 포도대장 장희재를 유배시켰다.

김지남도 동평군 이항이 주청사로 갈 때 장희재를 만나 팔포 규정을 어기고 수만 근의 인삼을 가지고 갔다는 상소문에 따라 의금부에 가두었다.

***

또 다른 한편 2년 전에 연행사로 다녀온 부사 민취도 대감은 이번 역모에 가담하지도 않았지만 하여튼 남인들과 함께 중국 사신을 다녀왔다는 이유로 평안도 관찰사로 좌천을 시켰다. 민 대감은 자신이 평안도로 가는 것은 개의치 않았지만 지금 한창 염초 제조에 열을 올리고 있는 지남이 수인(囚人) 신세가 된 것이 매우 불만이었다. 그는 이번 역모 사건으로 아무런 관련도 없는 지남을 죽일 수는 없다고 생각하고 남구만을 찾아갔다. 그는 이번 갑술환국으로 갑자기 영의정이 된 사람이었다.

"아니, 민 대감, 이렇게 위중한 때에 무슨 일로 어려운 걸음을 하였소?"

"영상대감! 지금이 어떤 때인 줄 어찌 소직인들 모르겠소이까. 그러나 꼭 1가지 청이 있어 찾아뵈었습니다. 다름이 아니옵고, 지금 금부에 잡혀와있는 역관 김지남은 지난번 주청사 인삼 사건에 아무런 관련이 없사옵니다. 그때 장희재가 김 역관에게 제의를 했으나 그는 거절하여 처음부터 관련되지 않았습니다."

"아니? 민 대감은 왜 그 일개 역관의 역성을 들고 나오는 것이요?"

"그자는 일개 역관이 아닙니다. 그의 신분은 역관에 불과하지만 이 나라를 위해 앞으로 큰일을 할 사람입니다."

"큰일이라는 게 무엇이오?"

"그는 임진왜란과 두 호란을 거치면서 조선의 화약무기가 취약함을 절감하고 몇 년 전부터 우수한 조선 화약을 만드는 중에 있습니다. 그런데 이번에 또 무고로 죄인 신세가 되었으니 참으로 안타까운 일이 아닐 수 없습니다."

영의정은 민 부사의 이야기를 듣고 이렇다저렇다 말도 없이 고개를 끄덕끄덕하며 침묵하고 있었다. 그러자 민 부사는 다시 한번 부탁했다.

"영상 대감 꼭 부탁드립니다. 김 역관이 하는 일은 서인과 남인의 당파를 떠나 초당적으로 도와야 할 것입니다."

"그럼, 내가 한번 알아는 보겠지만 큰 기대는 하지 마시오."

이렇게 하여 김지남은 민 대감과 영상 남구만의 배려로 휘말렸던 갑술년 당쟁에서 죽지 않고 살아나왔던 것이다.

15.

환희

몇 해마다 한 번씩 생사가 바뀌는 당쟁 속에서도 지남은 살아남았고, 비록 염초 제조는 거듭되는 실패가 있었다. 하지만 일본의 에도나 중국의 심양에서 통곡하던 우리의 불쌍한 그 여인들을 생각하면 한 시도 손을 놓을 수 없었다. 박 염초장을 다시 찾아갔다.

　"박 염초장이 어렵다면 혹시 다른 사람이라도 소개해 줄 수 있겠소?"

　며칠 뒤 박 염초장은 배호상이라는 사람을 소개해 주었다. 그도 군기시에서 염초장으로 있다가 퇴임한 뒤 집에서 쉬고 있다고 했다. 지남은 차라리 잘되었다고 생각했다. 그는 특히 불을 잘 다룬다고 했었다.

　지남은 배 염초장을 초청해서 마흔과 병이 세 사람이 함께 자리를 같이했다. 첫날 모임을 가진 뒤, 지남은 세 사람에게 앞으로 잘 해보자는 뜻에서 먼저 50냥씩을 나눠주었다. 그리고 만약 성공을 하는 날에는 포상으로 각인에게 200냥씩 상금을 주겠다고 언약했다. 그들은 황송해서 어쩔 줄을 몰랐다. 그것은 모두 영실이 있었기 때문에 가능한 일이었다.

　취토를 다시 시작하는 날 갓마흔은 아내까지 데리고 나왔다. 그녀는 누구보다 취토에 열정을 보였다. 길바닥에 똥만 보이면 맨 먼저 달려가 그 똥이 젖었건 말랐건 무조건 그 밑을 긁어 맛을 보고 좋은 것만 골라 모았는데 그 양이 갓마흔의 2배에 달했다. 그리고 병이도 부지런히 재를 받을 짚단 등을 모았다.

배 염초장은 근성이 있어 자기 맘에 들지 않으면 밤샘을 하는 게 다반사였다. 그리고 지남은 하루하루의 실험 일지를 꼼꼼하게 기록해 나갔다. 그럼에도 결과는 박 염초장과 다름없었다.

"배 염초장, 이 실패의 원인이 어디에 있다고 봅니까?"

"저는 불이라고 생각합니다."

거듭되는 실패에도 두 사람은 머리를 맞댔다. 그러나 배는 그럴수록 더 강한 의지를 보였다. 그는 모든 게 불에 달려있다고 보고 불의 색깔에 관한 세심한 관찰을 했다.

지남이 실험을 다시 시작한 지 4개월이 되는 날, 새벽달도 졸음에 겨운 3경, 지남과 배호상은 피로에 지쳐 눈이 붓고 충혈이 된 모습으로 실험에 매달리고 있었다. 배는 볏짚과 수숫대로 불을 은근하게 조절하고 있었고, 지남은 눈을 뜨지 못할 정도로 땀을 흘리며 가마를 젓고 있었다.

가마의 물이 반으로 줄었을 때 지남은 윗물을 걷어 내고 아래에 깔린 찌꺼기를 걷어 내고 다시 끓이기 시작했다. 이러한 과정은 처음이나 지금이나 큰 차이는 없고 다만 그 정성을 들이는 차이만 있을 뿐이었다. 그런데 그때 지남이 젓고 있는 주걱에 투명한 엷은 빛이 아른거리는 것 같았다. 이제까지 실험을 하면서 이런 일은 처음이었다.

지남은 염초장에게 가마 속에 뭐가 아른거린다고 했다. 그러자 염초장은 불을 조절하기 시작했다. 그러자 가마의 물이 전과는 다른 반응을 보였다. 두 사람은 숨을 죽이고 가마 속을 바라보고 있었다. 그런데 그 물이 서서히 식으며 그 밑에는 이제까지 보지 못한 하얀 결정(結晶)이 짐승의 하얀 털처럼 가늘게 엉기는 모습이 보였다. 그것은 박 염초장이 몇 달 전 우리 조선의 방식대로 염초를 만들었을 때 보았던 그 모습이었다. 그 순간 배호상이 소리를 질렀다.

"나으리, 이겁니다! 이거!"

지남이 그 소리를 듣고 가마솥을 자세히 바라보니 그것은 분명히 그들이 만들려고 한 모초(毛硝)였다. 가마솥 바닥을 뚫어지게 보고 있던 지남의 온몸에는 소름이 느껴지더니 한순간 힘이 확 솟았다. 가마에 손을 넣어 염초를 꺼내 만져 보고 맛을 보았다. 그것은 분명히 이제까지 보지 못한 모초였다. 지남은 모초 한 움큼을 집어 이마에 대고 감사의 기도를 올렸다.

"하늘이시여! 감사합니다. 하늘이시여! 감사합니다."

그러나 모초는 염초의 씨앗에 불과했다. 모초가 정초(精硝)가 되려면 재련과 삼련을 거쳐야 했다. 그리고 다시 그 위에 아교물(膠水, 교수)을 첨가해야 비로소 완전한 염초가 된다고 책에 나와있었다.

모초를 만들고 난 뒤 배는 자신감을 보였다. 모초를 가마에 고르게 깔고 그 위에 맑은 물을 손가락 2개 높이만큼 부었다. 그리고 그것을 모초가 녹을 때까지 끓인 다음 아교물을 조금씩 부어주었다. 그러자 아래에 있던 불순물이 거품과 함께 솟구쳐 올랐다. 염초장은 지남에게 그 불순물이 올라올 때마다 걷어 내라고 말했다. 지남이 서너 번 불순물을 걷어 내자 염초장은 이 가마를 긁어서 옹기에 담고는 냉수를 그 위에 뿌려주었다. 그리고는 포대기로 위를 묶은 다음 막사 그늘에 옮겨놓았다. 그리고 배 염초장은 말했다.

"이제 이것이 식었을 때 예쁜 정초가 나오면 그것으로 끝이고 만약 모양과 형상이 마땅치 않으면 다시 세 번째 달임(三煉)을 할 것입니다. 그러니 오늘 밤은 기다려야 합니다."

두 사람은 사랑채에서 밤을 새웠다. 잠시 뒤 염초장의 코 고는 소리가 들렸다. 그러나 지남은 아무리 잠을 청해도 잠이 오지 않아 거의 하얗게 새

왔다. 지남은 마음이 초조해서 날이 샐 때까지 기다릴 수가 없었다. 염초장이 잠을 깰까 봐 조용하게 일어나는데,

"나으리, 지금 열어보면 안 됩니다!"

하는 소리에 깜짝 놀라 다시 자리에 누웠다. 염초장이 초저녁엔 코를 골았지만 그래도 신경이 쓰여 깊은 잠을 못 자는 것은 매한가지였다. 그렇게 해서 날이 훤히 샌 다음에야 염초장이 자리에서 일어나 먼저 세안을 하고 옷매무새를 다듬고는 막사로 내려갔다. 지남도 동행했다.

염초장은 조심스럽게 옹기의 포대기를 걷어 냈다. 그리고 그 위에 있는 물을 따라 내니 이게 웬일인가! 옹기 아래는 하얀 서릿발같이 생긴 염초가 불빛에 반짝이고 있었다.

"와! 나으리, 이것 보십시오, 정촙니다! 정초!"

배호상은 너무 좋아 펄쩍 뛰며 환호를 질렀다. 지남도 촛불로 옹기 바닥을 비춰 보니 그야말로 자초방에 기록된 염초가 가느다란 상아(象牙) 같기도 하고 어쩌면 약간 비취색이 곁들어진 옥비녀 같기도 했다. 지남은 그 정초를 보는 순간 머릿속이 환하게 맑아지면서 몸이 공중에 뜨는 것 같은 기분을 느꼈다.

"나으리, 재련에서 이렇게 잘 나오면 삼련은 필요가 없습니다. 이것으로 끝입니다."

이렇게 해서 지남은 천신만고 끝에 염초 제조에 성공을 하게 되었다.

***

이제는 화약이다. 염초를 만들었으니 거기에다 유황과 재를 일정 비율로 섞기만 하면 된다. 그러나 배합비율이 또 문제였다. 그 비율이 폭발력을 좌우하기 때문이었다. 그러나 그 시험은 걱정할 게 없었다. 지남이 염

초장에게 물었다.

"염초장, 우리는 이제까지 어떤 비율로 섞었는가?"

"소인이 할 때는 이렇게 적은 양이 아니고 많은 양을 한꺼번에 만들었는데, 화약 한 제를 만들 때 염초 10근에 유황 10냥, 버드나무 재 2근 8냥, 반묘 4돈 5푼을 넣어 배합했었습니다."

지남의 물음에 배 염초장은 자기의 경험을 살려 우리 조선의 비율을 설명했다. 지남은 일단 우리의 『신전자취염초방』에 나와있는 비율대로 배합해서 화약을 합제(合製)해 보기로 하고 합제한 화약을 조금 떠서 질그릇에 담고 불을 붙여보았다. 결과는 아주 좋았다. 화약은 '쏴악' 하는 소리를 내며 맹렬한 기세로 불꽃을 내며 타올랐다. 그 모습을 본 배 염초장이 깜짝 놀랐다. 화약의 폭발력이 예전에 군기시에서 만들었던 것보다 훨씬 더 맹렬했기 때문이다.

"통사 나으리, 이 염초가 예전 우리 것보다 훨씬 더 폭발력이 강한 것 같습니다. 대단한데요."

배 염초장은 신기해서 몇 번이고 같은 시험을 해보았다. 그러나 그 폭발력은 변함이 없었다. 그리고 며칠 뒤 지남은 배 염초장을 군기시에 보내 기존의 화약을 약간 얻어 오게 하였다. 이번에 만든 화약과 폭발력 비교를 해보기 위해서였다. 그날은 박 염초장과 갓마흔, 병이는 물론 장 서방까지 참석시켰다. 배 염초장이 똑같은 양의 화약을 질그릇에 담고 동시에 불을 붙였다. 그런데 지남이 만든 화약이 더 빨리 타고 그 폭발력과 화염의 높이가 훨씬 높았다. 그 자리에 모인 사람들이 모두 놀라 박수를 치며 "와!" 하고 환호성을 질렀다. 그때 장 서방이 뛰어나오면서 지남을 덥석 끌어안았다.

"삼촌, 대단하십니다. 정말 고생하신 보람이 있습니다."

장 서방은 지남을 안고 울었다. 갓마흔도 지남의 등 뒤에서 눈물을 훔치고 있었다. 그러자 모두는 서로 어깨동무를 하고 펄쩍펄쩍 뛰었다.

***

한편 위정자들이 눈만 뜨면 서로 헐뜯고 싸우더니 이제는 지쳤는지 아니면 그들 나름의 챙길 것은 챙겼는지 한동안 세상은 평온했다. 지남은 그 틈을 이용해 혼자서 부지런히 염초를 제조해 시험해 보았다. 일단 한번 성공을 한 뒤로는 거의 실패가 없었다. 자신이 붙은 지남은 취토에서 배합의 비율에 이르기까지 10단계의 전 과정을 '신전자초방(新傳煮硝方)'이란 서명을 붙여 체계적으로 기록을 해두었다. 그때부터 자신감을 가진 지남은 앞으로 어떤 일이 있을지 몰라 부지런히 염초와 화약을 제조하여 비축하기 시작했다.

이듬해(숙종 21년) 봄, 배 염초장이 옛 친구들을 만나 지남의 이야기를 한 것이 군기시에 들어가 그곳으로부터 전갈이 왔다. 남구만 도제조의 부름이었다. 당시 남구만은 영의정과 군기시 도제조를 겸임하고 있었다.

"그대가 갑술년에 민취도 대감이 큰일 할 사람이라고 부탁하던 그 사람인가?"

"네, 그러하옵니다. 대감님!"

"들자 하니 새로운 방법으로 염초를 만들었다고?"

"송구하옵니다. 대감님, 이게 다 대감님께서 보살펴 주신 은혜의 덕분이옵니다."

"오호! 장한 일이로고. 허면 무고에서 직접 시험을 해봐도 되겠느냐?"

"마땅히 그렇게 하시도록 채비를 해 올리겠나이다."

그렇게 하여 김지남은 무고의 감동(監董), 취토장, 염초장, 화약장들을 모아놓고 자기 방식의 염초 제조 방법을 설명했다. 그들은 모두 고개를 갸우뚱거렸다.

다음 날, 모든 과정을 지남의 지시로 염초 제조에 들어갔다. 취토는 갓마흔과 병이가 맡았다. 길거리 똥만 보이면 달려가 그 밑에 있는 흙을 긁어 맛을 보게 하였다. 무고에서 나온 관리나 인부들은 모두 기겁을 하며 거절했다.

그때 병이가 으스대며 말했다.

"이게 다 그냥 나온 게 아닙니다."

한마디를 내뱉고는 팔짱을 끼고 있었다. 그래도 모두 머뭇거리며 서로 쳐다만 보고 있었다. 그때 원정우라는 사람이 괭이를 들고 어디론가 사라지더니 잠시 뒤 남의 부뚜막 흙을 긁어 왔다. 갓마흔은 그 흙을 단숨에 쏟아 흩어버리면서 말했다.

"어제 그렇게 김 통사께서 가르쳐 주었는데도 남의 집 부엌을 뜯어 오다니. 이제부터 똥 밑에 있는 흙을 맛보는 일은 자네가 하도록 하게."

똥만 보면 그 흙을 떠서 원에게 맛보게 하였다. 이렇게 취토를 하고 다북쑥대와 싱싱한 풀을 베어 말리고 모든 과정의 준비를 지남의 지시에 따라 철저히 하였다. 그다음부터의 실제 시험은 모두 무고 측의 염초장과 화약장들이 직접 처리했다. 그들은 작업을 하면서도 지남의 지시대로 하면 결코 좋은 염초가 나올 수 없다고 불평을 늘어놓았다.

그런데 어찌된 셈인지 재련이 끝났는데 그들의 말대로 정초가 잘 형성되질 않았다. 그러자 그들은 지남의 방식대로는 염초를 만들 수 없다고 벌떼같이 일어났다.

"그러면 그렇지! 그렇게 해서 어떻게 염초가 나올 수 있겠어? 이게 다 거짓이야."

라고 하며 모두 손을 털고 제조막사 밖으로 나가버렸다.

그래도 지남은 놀라지 않았다. 자신은 수 없는 시행착오를 거쳐왔기 때문에 성공에 대한 확신을 가지고 있었기 때문이었다.

그는 재련이 끝난 가마솥 안을 자세히 바라보았다. 그리고 배 호상을 조용히 불렀다.

"염초장, 이것을 다시 삼련토록 하시오!"

배호상은 능숙한 솜씨로 재련된 정수를 세 번째 달임질에 들어갔다. 그 과정에서 만화(慢火)로 불 조절을 하면서 교수(膠水)로 불순물을 걷어 내고 가마 바닥에 엉김이 보일 때까지 다려 나갔다. 그리고 물을 받아 식힌 다음 웃물을 걷어 내자 그 아래는 하얀 빛깔의 고슴도치 바늘이 한겨울 서릿발처럼 엉겼다.

그래도 지남은 소리 하나 지르지 않고 가마 옆에서 그들이 다시 오기를 기다리고 있었다.

한참 뒤, 무고의 제조가 노발대발하며 염초 제조원들을 데리고 달려왔다. 그리고 지남을 불러 호통을 쳤다.

"네놈이 헛된 수작으로 공명을 얻으려고 도제조 대감을 기만했으니 이제 살아남지 못할 것이다."

그러자 옆에 있던 배호상이 아뢰었다.

"제조 어른, 실패가 아니었습니다. 성공입니다."

그 말은 들은 무고의 제조원들이 일제히 배호상이 거짓을 말한다고 소리를 질렀다.

"제조 어른, 그러면 가마를 직접 확인해 보시지요."

하고 그는 제조를 모시고 삼련을 마친 가마로 갔다. 그는 가마 안을 들여다보더니 얼굴색이 갑자기 확 바뀌어 버렸다.

"아니! 이게 어찌 된 일이냐?"

그때 지남이 조용히 설명을 했다.

"제조 어른, 염초를 달이다 보면 때로는 여러 가지 조건이 맞지 않으면 재련을 마쳐도 염초가 엉기지 않는 때도 있사옵니다. 그럴 때는 다시 아교를 섞어 불순물을 걸어 내고 삼련에 들어가면 좋은 염초를 얻을 수가 있사옵니다."

그 말을 들은 제조는 당황해서 어쩔 줄을 몰랐다.

"오! 그렇구나. 내가 경솔했네."

그제야 제조는 자기 경솔을 시인하고 돌아갔다.

***

지남이 제조한 염초가 화약으로서 기능을 인정받으려면 군기시로부터 3가지 관문을 통과해야 했다. 첫째 염초 시험, 둘째 화약의 폭발시험, 셋째 화포 발사시험이었다. 그런데 이미 염초는 제조의 확인으로 검정이 끝이 났고 나머지 두 관문이 남아있었다.

지남은 직접 만든 화약을 상자에 넣고 군기시에 찾아갔다. 화약의 폭발시험은 군기시의 화약장이 직접 실시하였다. 그 자리에는 화약에 남다른 관심을 가지고 있던 영의정도 참관하고 있었다. 화약장은 영의정이 보는 앞에서 기존의 화약과 김지남이 만든 화약을 저울에 달아 똑같은 양을 마당에 뿌려놓고 화약장이 불을 붙였다. 그러자 지남의 화약이 '뿌지직' 소리를 내며 기존의 화약보다 훨씬 맹렬하게 불길을 높이 쏘아 올리며 타올랐다. 화약장도 놀라는 표정으로 감탄하듯 말했다.

"화약의 성능이 매우 우수하구나! 이 정도면 폭발력이 중국의 화약을 능가하겠습니다."

라고 하자 영의정도 그 순간을 목격하고 내심으로 만족하는 듯이 고개를 끄덕이며 말했다.

"그럼 화포 발사시험은 어디서 할 것인가?"

"네, 연무대 뒤뜰 시험장이옵니다."

"그럼 그리로 가세."

하면서 남 영의정은 각종 총통과 화전과 신기전까지 발사시험을 참관하였다. 영의정은 시험을 참관한 후 매우 흡족해하며 말했다.

"내가 곧 전하께서 이 광경을 직접 확인하시게 아뢰올 터이니 그대들은 만반의 준비를 갖추게."

라고 하였다. 이로써 지남의 새로운 화약에 대한 꿈이 드디어 결실을 보게 되었다.

***

새로운 화약으로 화포시험을 참관한 남구만은 임금께 상주문을 올렸다.

신 영의정 겸 군기시 도제조 남구만은 근자에 무고에서 있었던 일들을 삼가 고하려고 합니다.

역관 김지남이라는 자가 임신년 부사 민취도의 부개로 배종하고 돌아오는 길에 사재를 털어 새로운 염초 비법을 터득하여 왔습니다. 그의 비법은 여러 가지 특장점이 있사옵니다. 첫째는 취토 시에 길거리 흙을 쓰기 때문에 백성들의 부엌이나 담장을 허물지 않아도 되고, 둘째 7월 이전에 다북쑥과 콩대 등을 연료와 재로 쓰기 때문에 산에 소나무를 베지 않아도 되니 산이 헐벗지 않고, 셋째 제조 과정도 아주 간단할 뿐만 아니라 산출량도 훨씬 많사옵니다. 그리고 만들어진 화약은 장마철이 되어도 습기가 차지 않아 한 여름에도 걱정이 없습니다. 일전에 무고에서 있었던 화포의 화력시험을 직접 참관한 결과 그 맹위는 가히 중국의 화포를 능가하는 파괴력을 보였 사옵니다.

임금은 이 상주문을 읽고 남구만을 입궐케 하였다.

"어서 오시오, 영상대감, 무고에서 화포화력시험이 있었다구요?"

"네, 그러하옵니다."

"중국의 화포를 능가하는 파괴력이 있었다고 하니 과인이 직접 한번 보고 싶소."

다음 날, 남구만은 임금의 하명을 받고 무고의 화포시험장에다 전처럼 천자총통, 지자총통 2가지와 개인 화기인 승자총통, 그리고 화전, 신기전 까지 대령해 두었다.

어전에서의 시범은 먼저 김지남이 만든 화약의 폭발시험을 하고 그다음 에 화포의 화력시험을 보이기로 하였다.

행사 총관인 제조가 명을 내렸다.

"역관 김지남은 직접 만든 염초를 대령하라!"

그러자 지남은 작은 상자 하나를 들고나와 무릎을 꿇고 바쳤다. 승지가 그 상자를 받아 어상(御床)에 올려놓고 상자를 열어보니 그 안에는 한지로 싼 봉지가 있었다. 그 봉지를 열어보니 그 속에는 고슴도치 털같이 생긴 염초가 모습을 드러냈다.

"오! 이것이 그대가 만든 염초라고?"

"네, 그러하옵니다. 전하!"

"이것은 가루가 아니구나."

"네, 그러하옵니다. 전하!"

"그래, 가상하도다. 그럼 과인이 이 화약의 폭발력을 보고 싶구나."

어명을 받은 제조가 다시 복창하였다.

"역관 김지남은 화약의 폭발력을 선보이도록 하라!"

지남은 엊그제 화약장 앞에서 했던 대로 기존의 화약과 이번에 만든 새화약을 두 줄로 부어놓고 불을 붙였다. 그러자 같이 불을 붙였지만 지남이 만든 화약이 훨씬 빠른 속도로 타고 연기도 더 높이 솟아올랐다. 임금은 그 광경을 보고 너무 기뻐하며 손뼉을 쳤다.

다음은 총통의 화력 시범이었다. 첫 시범은 승자총통이었다. 총관의 발사 명령에 따라 3명의 사수가 한 사람은 엎드리고, 한 사람은 무릎 자세로, 나머지 한 사람은 선 자세로 100보 앞에 있는 과녁을 향해 승자총통을 발사했다. 총통에서 발사된 탄환이 대나무 쪼개지는 소리를 내더니 검은 연기를 내뿜으며 과녁을 단숨에 쓰러뜨렸다.

이번에는 지자총통과 천자총통이 500보와 800보 앞에 설치된 왜적의 함선(艦船)과 성벽을 향해 발사되었다. 두 화포는 지축이 갈라지는 굉음과 함께 검은 연기를 내뿜으며 날아갔다. 잠시 뒤 짙은 포연이 사라지자 적의 함선은 완전히 부서져 있고 적의 성채는 허물어져 있었다. 임금은 박수를 치면서도 화약 연기에 목이 따가웠던지 계속 콜록대며 기침을 했다.

마지막 화력 시범은 신기전이었다. 이 신기전은 임진왜란 때도 있었지만 이번 것은 지남이 각종 병서를 보고 직접 제작한 것으로 두 대를 가져와 설치해 놓고 있었고, 그 300보 앞에는 말을 탄 과녁 수십 개가 설치되어 있었다. 말을 타고 무장을 한 적병이 떼를 지어 있는 모습을 보자 비록 과녁이지만 임금도 매우 긴장한 모습을 보였다. 그때 총관이 발사 명령을 내렸다.

"신기전 발사!"

그러자 신기전 발사대에 꽂혀있는 불화살들이 일제히 검은 연기를 내며 쉴 새 없이 하늘로 솟구쳤다. 그리고 그들이 내뿜는 연기가 하늘을 자욱이 가렸지만 천지는 순간 적막처럼 조용했다. 화염이 서서히 걷히자 모두 말에서 떨어져 죽어 있는 과녁의 모습을 보고 임금이 박수를 치며 말했다.

"그때는 왜 저런 화약이 없었던고! 저걸로 외적에게 시원하게 한풀이라도 한번 해봤으면…."

하며 왜란과 호란에서 당한 역사의 아픔을 안으로 삭이는 듯했다.

16.

진포대전

임금의 소원이 하늘에 닿았을까? 아니면 말이 씨앗이 되었을까? 신기하게도 그때 마침, 목멱산(현 남산) 봉수대에서 두 줄기 화염이 솟아오르고 있었다. 봉수대의 화염을 본 임금은 깜짝 놀라며 말했다.

"도승지, 저게 봉수 아니요?"

그 말을 들은 도승지가 목멱산을 바라보니 이미 2개의 봉수대에서 붉은 화염이 하늘 높이 솟아오르고, 그 아래는 봉졸(烽卒)들이 분주하게 오가는 모습이 능선에 아른거렸다.

"그러하옵니다. 2거(炬)이옵니다."

"그러면 적이 출현하였다는 말이 아닌가?"

"네, 그러하옵니다."

평시에 타오르는 봉화는 1거(炬)이고, 적이 출현하면 2거, 적이 접근하면 3거, 교전이 벌어지면 4거, 우리 뭍으로 올라오면 5거가 피어오르도록 되어있었다. 그리고 북쪽에서 외적이 침입하면 아차산(현 서울 광진구) 봉수대에서, 남쪽 왜적이 육지로 침입하면 부산 다대포 봉수대에서 시작되어 성남 금토동 천림산 봉수대에 연결되며, 바다로 침입하면 여러 중간 봉수대를 거쳐 양천현 개화산(현 서울 강서구 방화동)과 안산 봉수대에서 남산 봉수대로 이어지도록 되어있었다.

낮에는 연기로, 밤에는 횃불로 신호를 보내며, 전국 5개 봉수 노선(경흥-한양, 동래-한양, 강계-한양, 의주-한양, 순천-한양)에 20~30리 정도의 간격으로, 전국 620여 곳에 봉수대가 있어 어디서나 한나절이면 남산에 도달했다.

그때 도승지가 병조판서에게 물었다.
"병판, 어디서 온 봉수입니까?"
"양천현 개화산입니다."
"그렇다면 왜구인데 전라우수사나 충청수영에서 연락이 있었습니까?"
"봉수는 하루면 족하지만 기발은 이틀은 걸립니다. 이제 곧 치계(馳啓)가 올 것입니다."
라고 두 사람이 대화를 하는 중에 다시 봉수가 하나 더 올라 전체 세 개의 불꽃이 솟아오르기 시작했다. 3거의 봉수를 본 임금은 크게 당황하며 급히 어가를 타고 궁으로 돌아왔다.

***

임금은 환궁하자마자 도승지에게 비변사의 지변사재상들을 모두 소집하라고 했다. 그러자 도승지는 먼저 도성 경비부터 강화하고, 대신들은 현지의 장계를 받고 난 이후에 소집하는 것이 나을 것 같다고 하였다. 그러자 임금도 도승지에 의견에 따랐다.
그 즉시 도승지는 금위영에 어명을 하달하니 궁궐을 지키던 5초(哨)가 금세 2배로 강화되고 돈화문 앞에는 궁궐을 수비하는 기병들의 말발굽 소리가 요란했다.

환궁한 첫날, 임금은 해가 저물어도 아무런 소식이 없자 초조한 하루를 보냈다. 그다음 날 아침, 밤새 달려온 기발이 전라우수사 김숙(金淑)의 장계를 전달했다. 김숙의 장계가 도착했다는 보고를 받은 임금은 즉시 변경의 국방을 맡고 있는 대소신료들을 전부 불러 모았다.

　마음이 급했던 임금은 정전으로 나아가 용상에서 먼저 신료들을 기다리고 있었다. 영의정 남구만(南九萬)이 병조판서 서문중(徐文重)과 함께 맨 먼저 입궐하였다. 이어서 훈련대장 신여철, 어영대장 윤지완, 경기도 방어를 맡고 있는 총융사 이기하가 뒤를 이어 도착했다. 도승지가 관계신료들이 모두 참석하였다고 아뢰자 임금은 도승지로 하여금 직접 장계를 낭독하라고 하였다. 도승지는 목이 약간 쉰 듯한 굵은 목소리로 장계를 읽어 내려갔다.

> 신 전라우수사 김숙, 전하께 삼가 글을 올립니다. 오늘 7월 초 사흘 미시(오후 2시)경, 우리의 척후선이 순시를 나갔을 때, 서해 먼바다에서 북상하는 20여 척의 왜구선단을 발견하고 추적한 결과 놈들이 진포(鎭浦, 현 군산과 장항 앞바다) 쪽으로 향하고 있다는 급보를 알려왔습니다. 신은 그 보고를 접한 즉시 전선을 출동하여 뒤를 쫓고 있습니다. 하오나 저희가 보유하고 있는 화약은 습기로 인해 폭발력을 잃어 눈앞에 적선을 보고도 쾌히 공격을 하지 못하는 안타까운 실정입니다. 충청도 수영 역시 사정이 다르지 아니하오니 긴급히 새로운 화약을 보내주시면 왜구를 일시에 수장시켜 버리겠사옵니다.
>
> 갑술 7월 4일
> 신 전라우수영 수군절도사 김숙

　이라고 장계의 낭독이 끝나자 임금은 흥분이 되어 용안이 붉으락푸르락하며 고함을 질렀다.

　"그걸 말이라고 하는가? 이제까지 무엇을 하고 있다가 지금 왜구가 출

현하자 화약 타령을 하는 것인가? 지금 충청수영도 사정이 다르지 않다고
하지 않는가?"

노기등등한 임금의 고성이 쩌렁쩌렁 울렸다. 임금의 위세에 눌려 아무
도 함부로 나서지 못하고 고개만 숙이고 있었다. 그러자 영의정이 고개를
들고 아뢰었다.

"황공무지로소이다. 전하! 그러나 지금은 일단 역관 김지남이 만든 새로
운 화약을 두 수영에 급송해서 왜구를 섬멸하는 것이 급선무라고 사료되
옵니다."

"전하! 노여움을 푸시고 영상대감의 청을 가납하시는 것이 순서일 듯하
옵니다."

라고 어영대장이 영의정 말에 동조를 하고 나섰다.

그러자 임금은 다시 물었다.

"새로운 화약은 충분히 있는가?"

"충분치는 않으나 이번 왜구를 물리칠 수 있는 정도의 양은 비축되어 있
다고 하옵니다."

라고 하자 신속히 그렇게 하라고 하명하였다.

그러던 잠시 뒤, 당직 승지가 전라도 관찰사 겸 전주부윤 최규서의 장계
를 도승지에게 또 전해주었다. 임금은 도승지에게 그 장계도 계속해서 낭
독하라고 했다. 그 장계의 내용은 왜구들이 임피현 진성창(鎭城倉)의 곡식
을 탈취하다가 금강을 따라 용안현 득성창(得成倉)까지 쳐들어와 우리 군
과 득성토성에서 대치하고 있는데 보리와 밀 등 하곡수확기라 일손이 모
자라 왜구와 맞싸울 병력이 부족하니 구원병을 신속히 보내달라는 내용이
었다.

임금은 전주부윤의 장계를 보고 병판에게 물었다.

"먼저 전주부 용안현에 군사를 보내야 하겠는데 누굴 보낼 것인가?"

하문을 받은 병판은 한참을 머뭇거리다가 아뢰었다.

"금위영 중군별장(禁衛營 中軍別將) 이우진 장군이 적합한 인물로 여겨집니다."

"아, 이우진 장군? 오 그렇구나, 한때 임피진 첨사도 맡아보았으니 그 해역과 지리에 밝겠구나. 그러면 이 장군에게 필요한 군사를 주어 급히 사고지역으로 보내도록 하시오."

라고 임금이 하교하였다.

***

다음 날 아침, 어명을 받은 이우진은 금위영 별무반 포수, 화전사수(火箭射手, 불화살) 500명과 통역을 담당할 역관 둘을 차출하여 전주감영으로 급히 내려갔다. 그날따라 비가 추적추적 내리고 있었다. 이 장군은 밤낮없이 빗속을 달려 그 이튿날 오후에 전주감영에 도착했다. 감영 입구에 도착하니 이미 경비가 삼엄하고 전주성 정문에는 군사들이 삼엄하게 경계를 펴고 있었다. 이 장군은 수문장의 안내를 받아 동헌으로 들어갔다.

"어서 오시게 이 장군!, 이 우중에 먼 길 오시느라 수고가 많았소. 어서 안으로 듭시다."

전라도 관찰사 겸 전주부윤을 겸하고 있는 최규서도 이미 융복에 투구를 쓰고 이미 전투태세를 갖추고 있었다. 동헌으로 들어가니 벌써 전라우수사 김숙, 충청도수사 한공준(韓公俊)이 먼저 와서 기다리고 있었다. 서로 인사만 나누고 바로 작전회의에 들어갔다.

먼저 전라우수사가 왜구를 처음 발견한 때부터 지금까지 있었던 상황을 요약해서 설명했다.

"지난 7월 초사흘, 우리 영 척후선이 연안해역 순시를 하고 있을 때 먼바다에서 왜구의 해적선으로 의심되는 20여 척의 대규모 선단을 발견했다는 급보가 있어 급히 전하께 장계를 올리고 충청수사에게도 기발을 띄우는 한편, 전선 30여 척을 출항시켜 놈들을 추적했습니다. 그러더니 놈들은 그중 10여 척은 진포 입구에 있는 금란도에 진을 치고 길목을 차단하고 있고 나머지 10척은 강을 타고 들어가 우리의 조창(漕倉)을 급습하러 임피로 항진해 갔습니다. 그러나 우리 함대는 습기로 인해 화약이 폭발하지 않아 공격을 하지 못하고 위협만 주고 있을 뿐입니다. 그러니 놈들은 우리의 선단을 바라보며 비웃기라도 하듯이 유유히 진포 안으로 들어갔습니다."

그러자 최 관찰사가 이어서 현재 상황을 설명했다.

"어제 임피 토성에서 놈들과 치열한 공방전이 벌어졌는데 우리 군사들이 적의 화력에 밀려 진성창을 내주고 말았습니다. 그리하여 놈들은 여세를 몰아 용안현 득성창(得城倉)에 몰려와 득성토성에서 교전을 벌였는데 그곳까지 무너뜨렸습니다. 그리곤 창고 안에 들어있는 모든 곡식을 약탈한 뒤 마을 부녀자와 어린 소녀들까지 납치하여 강 한가운데 배를 띄워놓고 술판을 벌이고 있는 중입니다. 만약 날씨가 들어 파도가 잔잔해지면 놈들은 바로 이곳을 빠져나갈 것입니다."

관찰사와 수사로부터 현재 상황을 들은 이 장군은 심각한 표정을 지으며 말했다.

"놈들이 병법을 모르고 용안현에까지 들어왔다면 살아서 돌아가지는 못할 것입니다."

"장군은 무슨 비책이라도 있습니까? 놈들이 강 한가운데 배를 띄워두고 있어 지금으로서는 놈들을 공략할 수 있는 방법이 없습니다."

라고 충청 한 수사가 물었다.

그러자 이 장군은 자신 있게 말했다.

"있습니다."

"그래요? 그 비책을 말씀해 주시지요."

"분포전술(糞砲戰術)로 놈들을 유인하여 일거에 섬멸해 버릴 것입니다."

"분포전술이라면 그것은 일명 '똥장군 전술' 아니오?"

"그렇습니다. 똥장군 전술이옵니다."

그 말에 깜짝 놀란 최 관찰사가 다시 물었다.

"예!? 똥장군요? 설마 농을 하시는 것은 아닐 테지요?"

"농이라니요? 이 전략은 이미 임진왜란 때 우리의 의병들이 사용하여 대승을 거둔 우리 고유의 고급전술입니다."

라고 하며 관찰사 얼굴을 한번 힐끗 바라본 뒤, 자신이 임피진 첨사 시절의 기억을 더듬어 직접 그린 진포 앞바다와 용안 일대의 지도 한 장을 탁자 위에 내놓으며 작전 계획을 설명하기 시작했다.

"지금 현재 놈들이 강 한가운데 배를 띄워놓고 있기 때문에 작은 배로서는 공격이 어렵습니다. 허나 소장이 거느리고 온 화전사수들로 하여금 강의 양쪽에 불화살을 쏘아대면 놈들이 어찌하겠습니까? 그 자리에서 불에 타 죽지 않으려면 당연히 그곳을 빠져나갈 것입니다. 그러면 우리는 계속 따라가며 불화살을 쏠 것입니다. 그러면 놈들은 진포 앞바다 넓은 곳으로 도망을 가서 진포 앞바다를 벗어나려고 할 것입니다. 그러면 그때는 충청 수사께서는 대죽도 서북쪽 뱃길에 진을 치고, 전라우수사께서는 반대쪽인 대죽도 서남쪽 뱃길에 일자진을 치고 퇴로를 차단하면 놈들은 강 하구에 갇혀 오도 가도 못 하는 독 안에 든 쥐가 되고 말 것입니다. 그래도 계속 강

양쪽에서 불화살을 쏘아대면 놈들은 산이 많은 쪽을 택해서 뭍으로 오를 것입니다. 그때 관찰사께서는 옥구와 임피 일대 농민들이 농사지으려고 묵혀둔 똥물을 화산(花山)에서 영림산(靈林山)에 이르기까지 그 일대 해안선에 질펀하게 뿌려두면 그 악취에 놈들은 코를 들고는 숨을 쉴 수가 없어 반대 방향인 서천 장암 쪽으로 오를 것입니다. 그러면 그때 우리의 포수와 사수들이 매복하고 있다가 그냥 놈들을 주워 담으면 될 것입니다."

이 장군의 말을 듣고 있던 한 충청수사가 박수를 치며 놀라움을 표시했다.

"소장도 한 병서에서 임진왜란 때 실시한 분포전술(糞砲戰術)을 재미있게 읽은 적이 있습니다. 농사에 쓰기 위해 1년 이상 묵힌 똥은 '금분'이라 하여 그것을 죽통에 넣어 분사를 하면 그 악취에 도저히 견딜 수가 없어 적은 전의를 상실한다고 실제 있었던 전사를 읽은 적이 있습니다."

그때서야 김 관찰사도 고개를 끄덕이며 수긍하는 모습을 보였다.

"지금 놈들을 공략할 수 있는 방법이 없어 손을 맺고 있었는데, 이 장군의 '불화살과 똥장군전술'은 매우 설득력이 있는 것 같습니다."

라고 하자 이 장군은 다시 말했다.

"혹시 전라우수사께서는 염두에 두고 있는 전술이 있습니까?"

"없습니다. 소장이 듣기에도 이 장군의 전술이 잘 맞아떨어질 것 같습니다."

그러자 이 장군은 시간이 없으니 즉시 작전을 수행하자고 하여 작전에 들어갔다.

그 순간 관찰사는 각 지방 수령들에게 전령을 보내 집집마다 묵혀둔 뒷간 똥물을 똥장군에 지고 이 장군이 지정한 장소에 두텁게 뿌리라고 전령을 보냈다.

그러자 각 마을 사람들은 왜구에 웬 똥장군이냐고 의아심을 가지면서도 지시를 따를 수밖에 없어 밤새 똥장군을 지고 진포 남쪽 해안선에 똥물을 퍼붓기 시작했다. 해안선 일대는 순식간에 묵은 똥밭이 되어 때마침 불어

16. 진포대전

오는 남서풍에 코를 들 수가 없는 지경이 되었다.

***

이렇게 금분이 진포 남쪽 해안지대에 대량으로 뿌려지자, 날이 어두지기를 기다린 이 장군이 이끄는 화전부대의 공격이 시작됐다. 화전부대의 불화살은 남쪽 용두리 해안에서부터 먼저 날아갔다. 강 한가운데서 술판을 벌이고 조선 여자들을 끼고 희희낙락하던 왜구는 깜짝 놀라며 주위를 살피기 시작했다. 놈들은 불화살이 남쪽에서 날아오는 것을 알고 배를 금강 북쪽 연안 청포 쪽으로 이동시켰다. 그때를 노리고 있던 이 장군의 포수와 비전부대의 불화살이 일제히 불을 뿜었다. 화살에 매달린 화약이 '슉! 슉! 슉!' 하고 불을 뿜으며 적선을 향해 날아갔다. 날씨가 흐려 비가 흩뿌리고 있었지만 이미 두서너 척은 명중이 되어 불길이 하늘로 치솟았다. 어둠 속에 타오르는 그 불길은 표적이 되어 불화살의 세례를 수없이 받게 되자 배가 불이 붙은 채로 용두리를 벗어나 진포 앞바다 쪽으로 도망을 갔다.

강 한복판에서 술판을 벌이고 있던 왜구가 줄행랑을 치자 구경을 나와 있던 백성들이 두 손을 들고 환호성을 질렀다. 놈들이 서해바다 쪽으로 도망을 가자 이우진 군사들은 따라가며 양쪽에서 불화살을 퍼부어 놈들을 진포 금란도 앞바다까지 내몰았다.

금란도 앞바다에서 진을 치고 있던 왜구 두목은 퇴로를 만들기 위해 서천 보령 쪽 해안을 택해 선단을 이끌었다. 그때 갑자기 대죽도 뒤에 잠복해 있던 충청수영의 함대가 대죽도와 장항 양편에서 협공을 하며 왜선을 가로막고 나섰다. 놈들이 조선 함대를 보자 화력이 신통치 않다는 것을 알고 마구 대들었다. 양측 선단의 거리가 1천 보쯤에 다다르자 충청수영 수 (帥) 자를 단 기함에서 하늘이 쪼개지는 듯한 포성을 울리며 천자포가 발사되었다. 첫발이 적의 두목선 조타실에 명중하여 선장이 그대로 쓰러져 버렸다. 연이어 두 번째 포탄이 또 날아들었다. 연거푸 두 방을 맞은 배에 하늘에서 불화살까지 비 오듯 쏟아졌다. 두목선의 피격으로 놈들은 완전히 방향을 잃고 좌충우돌하며 겨우 서남쪽 바다로 도망을 가기 시작했다.

놈들이 이렇게 초전에 박살이 난 것은 이미 한성에서 김지남이 만든 새로운 화약이 충청 전라 양 수영에 전달되어 막강한 화력을 갖추고 있다는 사실을 까마득히 몰랐기 때문이었다.

그때 이미 전라우수사 김숙은 막강화력을 갖추고 놈들이 내려오기만 기다리고 있었다.

드디어 배 이물에는 불이 붙은 채 달려오는 놈들의 두목선을 향해 역시 김 수사의 기함에서 천자포가 작렬했다. 하늘이 무너지고 바다가 갈라지는 포성이 울리며 두목선이 그대로 고꾸라지기 시작했다. 두목을 포함한 왜구들이 자기 배를 버리고 바다로 바로 뛰어들어 동료들 배에 올라탔다. 전라우수영 전함들이 일제히 불을 뿜었다. 이제 남은 십여 척도 불길에 싸여 모두 다 바다로 뛰어들었다.

그때 바다는 출렁이고 하늘에 불화살이 비 오듯 쏟아지는데, 놈들에게 끌려갔던 조선의 소녀들과 부녀자들이 물속에 빠져 왜구들과 함께 허우적거리는 모습이 보였다.

"사격을 중지하라! 사격을 중지하라!"

김 수사의 다급한 목소리가 밤하늘에 퍼졌다.

16. 진포대전

그때 우후 하성호 장군이 조선의 여인들을 구하기 위해 장대 쌍날도끼를 들고 왜선에 직접 올라 왜적과 단병접전을 벌였다. 하 장군의 장대 쌍날도끼 솜씨에는 천하에 당할 자가 없었다. 아무리 칼 잘 쓰는 왜구라 하더라도 일당백이었다. 장군이 칼을 들고 덤비는 왜구 두 놈을 쌍날도끼 단 1합에 박살 내니 다른 놈들은 겁을 먹고 꽁무니를 빼더니 아예 바다로 뛰어들어 버렸다. 배에 놈들이 없는 것을 확인하고는 도끼로 선실 문을 쪼개서 갇혀있던 조선 여자들을 보이는 대로 끌어내어 일단 바닷속으로 던져주었다.

바다에 던져진 여인들은 포염과 횃불 속에 물속에 빠졌다 나오기를 반복하며 허우적거렸다. 그 순간 이를 본 기선의 장졸들이 일제히 바닷속으로 뛰어들어 여인들을 한 사람씩 안고 나왔다. 배 안으로 구조된 여인들 중 의식을 잃은 사람들은 담요를 덮고 몸을 주무르며 의식을 회복시켰다. 이렇게 서로의 포성과 총성이 오고 가는 전투 속에서도 한 사람의 목숨이라도 구하려는 수군 병사들의 노력이 눈물겨웠다.

한편 이제 놈들의 퇴로는 없었다. 이 장군의 예측대로 놈들에게 남은 길은 오직 하나 저승길뿐이었다. 잔꾀에 밝은 왜적들은 배를 버리고 뭍으로 오르기 시작했다. 어둠 속에 멀리 보이는 화산(花山)과 영림산(靈林山)을 염두에 둔 퇴로였다. 그런데 이게 웬일인가. 뭍에 오르니 온통 천지가 똥밭이고 악취로 코를 들 수가 없었다. 그런데 그 중 얼빵한 한 놈이 헛발을 디뎌 똥구덩이에 미끄러지고 말았다. 놈이 허우적거리며 나오기는 했지만 옷에 묻은 묵은 똥 냄새가 어찌나 지독한지 놈들이 숨을 쉴 수 없다며 여러 놈이 소리를 질렀다.

"아! 이키가 데키나이, 우시로니 모도래, 모도래(아! 숨을 못 쉬겠어. 뒤로 돌아! 돌아!)!"

그리하여 왜구들은 오던 길을 다시 돌아 서천 장암 쪽으로 도망을 쳤다. 그때 바다에선 전라와 충청 수군들이 계속해서 놈들을 몰아붙이고 있었다.

***

그런데 바람 따라 똥 냄새를 맡고 있던 이 장군의 부하들이 이미 매복을 하고 있었다. 어둠에 보이지도 않는 장암산 중턱에 오른 놈들은 이제 살았다 하고 동쪽 하늘을 바라보니 멀리 영림산 동쪽 능선엔 여명이 트기 시작했다. 이제까지 지독한 똥 냄새로 참았던 숨을 몰아쉬며 숨이라도 한번 쉬어보자고 기지개를 켜는 순간, 바로 뒤에서 '탕! 탕! 탕!' 하는 총소리가 들렸다. 왜구들은 무의식적으로 모두 엎드려 주위를 살폈다. 여명이라 매복한 조선의 군사들은 보이지도 않았다. 그때 장검을 손에 쥔 이 장군이 부장들을 거느리고 놈들 앞에 나타났다.

"죽음을 택하겠느냐? 명을 따르겠느냐?"

이 장군의 하문을 역관이 통역했다.

"무조건 명을 따르겠습니다."

이 장군의 물음에 두목은 주저 없이 대답했다.

그러자 부장들은 놈들을 한 줄로 묶어서 장암진 관아로 내려왔다. 왜구들에게서 구출한 어린 소녀들과 부녀자 12명은 장암진 첨사에게 인계하고 산채로 생포한 왜구 54명을 전라우수영 감옥에 전부 가두어 두고 이 장군은 부하들을 데리고 한양으로 개선(凱旋)했다.

17.

함부로 백성을
입에 담지 말라!

이우진 장군이 개선한 다음 날, 인정전에는 전하께 복명하는 어전회의가 열렸다. 임금은 참으로 뜻깊은 날이라 여겨 조정 대신들과 훈련대장 등 오군영 대장들까지 모두 입궐하게 했다. 이 장군과 오늘이 있게 만든 김지남도 물론 함께 참석케 했다. 특히 이 장군은 무장은 해제했으나 전투에 임했던 갑옷을 입고 투구는 겨드랑이에 낀 채 참석했다.

　진포 해전의 대승으로 정전 안은 축하와 격려로 오랜만에 화기애애한 분위기를 맞았다. 영의정을 포함한 대신들과 훈련대장과 어영대장 등 동서반을 가릴 것 없이 모든 신료들이 이 장군과 김지남에게 손을 내밀며 축하해 주었다.

　그런데 이 장군이 입고 온 갑옷이 문제였다. 진포 남쪽 해안의 '분포작전'으로 뿌렸던 묵은 똥 냄새가 갑옷에 배어 대신들이 코를 들지 못했다. 그러자 이 장군은 어쩔 수 없이 임금이 오실 때까지 쫓겨나듯이 대전 밖에 나가 있었다. 그때였다. 내관이 임금의 행차를 알렸다.
　"주상전하 납시오."
　라고 알리자 이 장군도 얼른 들어와 제자리에 서있었다. 그런데 임금이 무슨 냄새냐고 물었다. 임금의 물음에 아무도 대답을 하지 않자 이장군이 나서며 직접 아뢰었다.
　"전하! 참으로 송구하옵니다. 이 불쾌한 냄새는 소장이 놈들과 전쟁을 하기 위해 금즙(金汁, 묵은 똥물)을 사용했기 때문입니다. 용서하여 주시옵소서."

이 장군이 묵은 똥을 사용했다는 말을 들은 대신들이 얼굴을 찡그리며 이 장군 옆에서 한발씩 물러서기 시작했고, 이 장군과 김지남만이 덩그렇게 남아있었다. 그 모습을 본 임금이 두 눈에 노기를 띠며 소리를 질렀다.

"생사를 가르는 전장에서 나라를 지키고 백성을 구한 영웅들에게 이게 무슨 짓인가?" 임금의 호통이 인정전을 쩌렁쩌렁하게 울렸다. 전쟁에서 이기고 돌아온 영웅에게 작전상 어쩔 수 없었던 악취를 참지 못해 그들을 멀리하는 것을 보고 임금은 심히 속이 상했던 것이다.

"이번 진포대전에서 여러분도 느꼈을 것이오. 중인(中人) 한 사람이 열 양반보다 낫고, 유능한 장군 한 사람이 백 중신보다 낫다는 사실을! 눈만 뜨면 싸움만 하는 그대들은 진실로 백성을 위해 무엇을 했소? 그대들은 이제 함부로 백성을 입에 담지도 말라!"

경신년(1680년) 허적의 천막사건과 기사년(1689년) 왕자 정호사건으로 쌓였던 임금의 분노가 이번 이 장군 갑옷의 악취사건으로 한꺼번에 터지면서 계속되는 임금의 질타에 분위기는 쥐죽은 듯했다. 그래도 임금은 노기를 스스로 다스리려는 듯 잠시 침묵하다가 다시 말을 이어갔다.

"이번 변란을 성공으로 이끈 이 장군은 그 공에 상응하는 상을 올리고, 나라의 앞날을 반석 위에 오르게 한 수역 김지남에게 큰 벼슬을 내릴 것이니 해조에서 속히 품신하도록 하며, 그가 쓴 『신전자초방』은 나랏돈으로 발간하여 팔도 군영에 하달하도록 하라! 그리고 이왕 말이 나왔으니 마지막으로 한 마디 더 첨언하겠소. 일찍이 선왕께서 '國家雖安 忘戰必危(국가수안 망전필위, 나라가 비록 편안해도 전쟁을 잊으면 위험해진다).'라고 하셨소. 여러분들이 늘 입으로 말하는 그 백성들을 진정으로 사랑한다면 밤잠은

잊어도 망전필위는 잊어서는 안 될 것이오!"

라고 하며, 끝으로 할 말이 있느냐고 이 장군에게 물었다. "신 이우진 전하께 삼가 아뢰옵니다. 나라가 약하면 백성이 피를 흘립니다. 하오니 안으로 당쟁을 막아주시고 밖으론 외환이 일어나지 않도록 깊이 살펴주시옵소서."

라고 아뢰었다. 그러자 임금은 잠시 눈을 감고 과거의 회상에 잠기는 듯하더니, "이 장군의 말이 참으로 귀하다. 나라가 약하면 백성이 피를 흘린다."라고 하며 용상에서 일어나 복명회의를 모두 마쳤다.

〈끝〉

별첨

<연행사 노정 (燕行使 路程)>

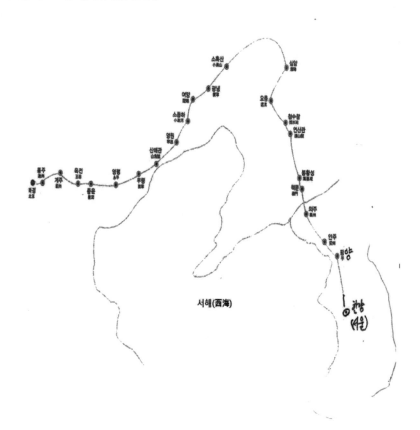

참고문헌

1. 『조선왕조실록』

2. 『동사록』(김지남)

3. 『북정록』(김지남)

4. 『신전자초방』(김지남)

5. 『심양일기』(소현세자)

6. 『흠정 만주원류고』(남주성)

7. 『북간도』(안수길 대하소설)

8. 『징비록』(류성룡)

9. 『열하일기』(박지원)

10. 『주해 을병연행록』(홍대용)

11. 『육효박사』(이시송)

12. 『주역』(노태준)

13. 『유마도』(강남주)

14. 『역주 화포식언해 신전자취염소방언해』(세종대왕기념사업회)

15. 『심행일기』(이준)

16. 『승정원일기』(박홍갑 외)

17. 『인물로 보는 조선사』(김정우)

18. 『조선붕당실록』(박영규)

19. 북간도 반환청구소송(강정민)

20. 『조선역관열전』(이상각)

21. 『인현왕후전』(태을출판사 편집부)

22. 『객주』(김주영 대하소설)

23. 백두산정계비 건립 실황기(국토통일원)

24. 『백두산정계비의 비밀』(김병렬)

25. 『연행사의 길을 가다』(서인범)

26. 『조선후기 중국과의 무역사』(유승주, 이철성)

27. 「'황여전람도'와 일본 고지도에 나타난 장백산과 토문강」(이돈수, 『간도학보』. 2021년 12월호)

28. 「'대고려국', 만주국, 동북인민정부의 상관관계연구」(신용우, 『간도학보』, 2020년 9월호)

29. 「한국이 '간도협약의 무효'를 중국에 통보하지 않는 이유분석」(이일걸, 『간도학보』, 상기호)

30. 「간도문제에 있어서 일본 책임론에 관한 연구」(조병현, 2016년 간도학회)

31. 그 외 인터넷 검색자료

대
역
관 **김지남**

②

초판 1쇄 발행   2024. 3. 26.
　　2쇄 발행   2024. 3. 29.

지은이　하치경
펴낸이　김병호
펴낸곳　주식회사 바른북스

편집진행　김재영
디자인　김민지

등록　2019년 4월 3일 제2019-000040호
주소　서울시 성동구 연무장5길 9-16, 301호 (성수동2가, 블루스톤타워)
대표전화　070-7857-9719 | **경영지원**　02-3409-9719 | **팩스**　070-7610-9820

•바른북스는 여러분의 다양한 아이디어와 원고 투고를 설레는 마음으로 기다리고 있습니다.

이메일　barunbooks21@naver.com | **원고투고**　barunbooks21@naver.com
홈페이지　www.barunbooks.com | **공식 블로그**　blog.naver.com/barunbooks7
공식 포스트　post.naver.com/barunbooks7 | **페이스북**　facebook.com/barunbooks7

ⓒ 하치경, 2024
ISBN 979-11-93879-39-9 04810
　　979-11-93879-03-0 04810(세트)